K-IFRS를 반영한
회계원리

ACCOUNTING PRINCIPLES

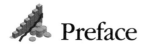 Preface

　　한국채택국제회계기준(K-IFRS)은 최근 재무보고개념체계의 내용이 일부가 개정되었다. 이에 기준서의 개정 내용과 실무의 변화를 좀 더 충실히 반영하고 그 동안 강의 중에 발견된 미흡한 점을 보완하기 위하여 7판을 출간하게 되었다. 지난 6판은 인쇄된 출판물이 아닌 전자책으로만 출간된 바 있으나 오프라인 강의환경에서는 여전히 인쇄된 출판물이 강의와 학습에 더 적합하다는 판단에 따라 7판은 다시 종이책으로 출간하게 되었다. 7판에서 개정된 주요 내용과 본서의 특징을 요약하면 다음과 같다.

　　독자의 이해를 돕고자 각 주제별로 개념에 대한 설명이 부족하였거나 설명방식이 명쾌하지 않았던 것을 보다 이해하기 쉽도록 보완하였다. 예를들어 11장 현금흐름표에서 영업활동의 현금흐름은 애매모호하던 내용을 명쾌한 설명으로 개선하였다. 현금흐름표는 그 중요성에도 불구하고 재무회계를 수강하는 학생을 대상으로는 설명을 생략하는 경우가 많다. 그것은 이 내용이 다른 회계주제에 비해 어려워서 일 것이다. 특히 영업활동 현금흐름을 제대로 이해하도록 설명하는 것은 쉽지 않다. 본서에서는 이를 효과적인 방식으로 설명하여 학습자의 이해에 도움을 줄 수 있도록 하였다.

저자가 매번 개정 작업을 하면서 고민하는 것은 각 회계 주제들을 얼마나 효과적으로 독자에게 전달할 수 있을까하는 것이다. 복잡하게 서로 연결된 회계개념들을 독자에게 어떤 순서로 설명하는 것이 효과적일지 또한 기준서에 제시된 내용들 중 어느 부분을 포함하고 어느 부분을 생략할 것인지를 고민하였다. 이에 각 회계주제의 중요성이나 학습난이도를 감안하여 일부 내용은 일반적인 순서배치와 달리하였다. 예를들어 10장 금융자산은 5장 당좌자산에 연결되는 내용이지만 이를 분리하여 별도의 장에서 다루었다. 이를 통해 금융자산을 보다 충실히 학습할 수 있도록 하였다. 마지막으로 각 장에 있었던 오자와 탈자를 바로잡았으며 논란을 줄 수 있거나 어색한 표현들을 바로잡았다.

본 개정판의 출간에는 많은 분들의 도움이 있었다. 개정판 원고 수정과정에 도움을 준 학생들, 본서를 이용한 강의를 통하여 피드백을 주신 주위의 교수님들에게 깊은 감사를 드리고, 편집, 디자인, 출판에 수고해주신 출판사 직원 여러분께도 감사의 마음을 전한다.

2024년 2월 저자 일동

 Contents

CHAPTER 3 거래의 기록원리

6 재고자산

CHAPTER 8 부 채

CHAPTER 9 자 본

CHAPTER 10 금융자산

CHAPTER 11 현금흐름표

CHAPTER 12 재무제표의 작성과 표시

CHAPTER 13 재무제표분석

K-IFRS를 반영한
회계원리

회계학의
이해

Accounting principles reflecting K-IFRS

제1절 회계학의 체계

1 회계의 정의

종전에는 회계를 단지 거래나 사건들을 일정한 방법으로 기록하고 분류하여 요약하는 기술적인 것으로 여겼다. 그러나 오늘날에는 회계를 회계정보이용자가 의사결정을 하는 데 필요로 하는 정보를 생산하여 제공하는 일련의 정보시스템으로 여긴다.

예를 들면 'A사의 주식을 살 것인가? 팔 것인가?' 또는 'B사에 돈을 빌려줄 것인가? 말 것인가?'와 같이 주주나 채권자들이 의사결정을 할 때 도움이 되도록 당해 기업과 관련된 유용한 정보를 식별하고 측정해서 전달하는 과정을 회계라 한다.

> 회계(accounting)란 회계정보이용자가 합리적인 의사결정을 할 수 있도록 경제적 사건을 식별하고 측정하여 전달하는 과정이다.

회계는 단순히 회계정보를 생산하는 과정만을 의미하는 것이 아니라 회계정보를 해석하고 전달하는 과정까지를 포함하는 하나의 정보시스템이다. 이러한 점에서 회계는 부기와 구별된다. 부기란 발생한 거래들을 일정한 규칙에 따라 장부에 기록하는 과정이고 회계란 거래를 기록하는 데 그치지 않고 회계정보이용자들의 의사결정에 도움이 되도록 정보를 생산하여 제공하는 일련의 과정이다.*

★ 부기(book-keeping)는 기업에 발생하는 거래들을 장부에 기입 한다는 '장부기입(帳簿記入)'의 준말이다. 부기에는 어떤 거래를, 누구를 위해, 어떻게 기록해야 하는가에 대한 논리적 탐구과정이 없다. 오로지 복식부기 원리라는 정해진 규칙에 따라 장부에 기록하고 최종적으로 요약하는 기계적 과정의 반복만 있다.

(1) 회계정보이용자

회계정보이용자는 회계정보를 이용하여 의사결정을 하려는 기업의 이해관계자를 말한다. 기업의 이해관계자는 주주, 채권자, 감독·규제기관 및 일반대중 등 매우 다양하다.

(2) 합리적인 의사결정

합리적인 의사결정은 결정하고자 하는 내용을 잘 알고서 결정하는 것을 말한다. 이를 위해서는 정보*가 필요하다. 정보란 전에는 몰랐던 사실을 새로이 알게 해주는 자료(data)나 지식(knowledge)으로 의사결정에 관련된 미래의 불확실성을 감소시키는 역할을 한다.

> ★ 정보에는 계량정보와 비계량 정보(고객만족도, 종업원의 숙련도, 경쟁 기업의 전략 등)가 있는데 계량정보를 다시 화폐정보와 비화폐정보(이자율, 환율, 예상수요량 등)로 구분하면 회계정보는 화폐로 측정된 정보이다.

(3) 경제적 사건

경제적 사건(economic events)이란 회계의 대상이 되는 사건을 말하는 것으로, 생산, 교환 및 소비 등에서 발생한 결과로서 기업실체가 소유한 자원에 변동을 가져오는 일련의 사건을 말한다. 예를 들어 기업이 상품을 판매하거나 비용을 지출하는 것은 자원의 보유 상태를 변동시키므로 경제적 사건이다.

(4) 식별·측정·전달하는 과정

'식별'이란 장부에 기록할 사건이 맞는지, 그 사건을 지금 기록할 것인지, 나중에 기록할 것인지를 판단하는 것이다. '측정'이란 경제적 사건이 유발한 자원의 변동이 얼마나 되는지를 화폐금액으로 측정하는 것이다. '전달'이란 식별·측정된 회계사건을 체계적으로 분류하고 요약하여 회계정보이용자에게 보고하는 것을 말한다.

② 회계의 분류

회계정보이용자는 내부이용자와 외부이용자로 구분할 수 있다. 내부이용자는 기업의 경영자를 말하고 외부이용자는 주주, 채권자 및 정부기관 등을 말한다. 경영자의 의사결정에 유용한 정보를 제공하는 것을 목적으로 하는 회계를 관리회계(managerial accounting) 라고

하고, 주주나 채권자의 의사결정에 유용한 정보를 제공하는 것을 목적으로 하는 회계를 재무회계(financial accounting)라고 한다.★

★ 관리회계가 관리자원의 제공자(경영사)를 위한 회계라면, 재무회계는 재무자원의 제공자(투자자)를 위한 회계라고 할 수 있다.

(1) 관리회계

관리회계는 경영의사결정을 다루는 회계분야이다. 경영의사결정은 경영상의 문제를 해결하기 위하여 가능한 대안을 탐색하고 그 중에서 가장 최선의 대안을 선택하는 과정이다. 경영자가 사용하는 정보 중 가장 대표적인 정보는 원가정보이다. 관리회계는 원가정보의 산출, 즉 제품원가계산을 주로 다루는 원가회계와 원가정보의 활용을 다루는 협의의 관리회계로 세분하기도 한다.

(2) 재무회계

재무회계는 투자자나 채권자의 의사결정에 필요한 정보를 제공하는 회계분야이다. 재무회계는 불특정 다수의 투자자들이 요구하는 정보를 제공하는 것이 목적이다. 그들이 요구하는 정보는 매우 다양하고 이들 간에는 이해가 상충되기도 하여 모든 투자자의 요구를 충족시키는 것은 복잡하고 시간과 비용이 많이 들기 때문에 현실적으로 불가능하다. 따라서 이들의 다양한 정보 욕구들 중 최소한의 공통 욕구를 충족시킬 수 있는 수준에서 회계정보를 제공하게 된다. 이런 의미에서 이들에게 제공되는 회계보고서는 일반용(general purpose) 보고서이다. 이때 따라야 할 지침을 '일반적으로 인정된 회계원칙(Generally Accepted Accounting Principles, GAAP)'이라 한다.

반면 관리회계에서 산출되는 정보의 이용자는 경영자 한 사람이다. 경영자에게 필요한 정보를 제공하는 것에는 보고형식이나 보고빈도, 보고수단에 어떤 제한을 둘 필요가 없다.

표 1-1_ 관리회계와 재무회계

구 분	관 리 회 계	재 무 회 계
보고대상	경영자	일반투자자
보고기준	없음	GAAP
보고빈도	연중 수시보고	연 1회 보고
보고형식	없음	재무제표

(3) 세무회계

기업은 경영활동의 결과에 따라 일정한 방법으로 계산된 세금을 정부에 납부하게 된다. 세무회계는 세법에 따라 과세소득을 계산하는 과정을 다룬다. 과세소득은 회계기준에 따라 산출된 회계이익을 토대로 회계기준과 세법의 차이를 조정하여 계산된다. 회계기준에 따라 산출되는 회계이익과 세법규정에 따라 산출되는 과세소득은 여러가지 면에서 공통점이 있다. 그러나 회계기준과 세법은 추구하는 목적이 달라 회계이익과 과세소득이 일치하지는 않는다. 과세소득 계산을 위해 회계기준과 세법의 차이를 조정하는 것을 세무조정이라고 한다. 이러한 세무조정 업무는 공인회계사나 세무사에 의해 수행된다.

(4) 회계감사

기업은 당장의 자원 획득이나 이미지 개선 등의 목적으로 회사의 실적을 실제보다 좋게 꾸미려는 동기를 가진다. 반면 세금부담을 줄이거나 정부의 규제나 소비자의 비난을 피하기 위해 실적을 실제보다 나쁘게 꾸미기도 한다. 이런 행위로 인해 회계정보이용자는 잘못된 의사결정을 할 수 있다. 이런 이유로 정부는 기업들이 회계정보를 적정하게 공시하는지 감시하는 기능을 마련하고 있다. 경영자가 작성한 재무제표가 일반적으로 인정된 회계원칙에 따라 적정하게 작성된 것인지를 독립적인 제3자가 검증하는데 이를 회계감사(audit)라고 한다.

제2절 회계의 유용성

1 회계정보이용자

회계정보이용자에는 투자자, 채권자, 공급자와 그 밖의 거래 채권자, 종업원, 고객, 정부 등이 있다. 이들은 각자의 다양한 정보 수요를 충족하기 위하여 회계정보를 이용한다.

투자자나 채권자들은 재무자원을 제공한다. 투자자는 투자에 내재된 위험과 투자수익에 대한 정보에 관심을 가진다. 가령 증권을 살 것인지, 말 것인지, 계속 보유할 것인지 등에 관한 의사결정에 회계정보를 필요로 한다. 채권자는 대출의 여부, 대출기간 연장, 대출금 상환 독촉, 이자율 결정 등에 관한 의사결정에 회계정보를 이용한다.

종업원들은 기업의 안정성과 수익성에 대한 정보에 관심을 갖는다. 여기에 회계정보는 안정적 고용, 적절한 보상 등을 판단하는 데 유용한 정보를 제공한다. 또한 기업은 외부에서 원재료, 생산설비 등을 조달한다. 외부 공급자들은 외상거래 여부, 외상거래 유지, 외상기간 연장, 외상대금 독촉 등에 관한 의사결정에 회계정보를 이용한다.

정부는 기업에 공공서비스를 이에 정부는 효율적인 자원배분을 위해 기업의 경영 활동에 관심을 가진다. 정부는 지원이나 규제를 어떤 기업을 대상으로, 어떻게 전개할 것인지에 관한 판단에 회계정보를 이용한다. 마지막으로 기업이 제공하는 재화나 서비스의 이용자인 고객도 특정 기업과 장기간 거래관계를 유지하거나 의존하고 있어서 그러한 관계의 존속가능성을 판단하기 위해 회계정보에 관심을 갖는다.

2 회계의 사회적 기능

경영자는 주주나 채권자가 위탁한 기업의 재무자원을 효율적으로 운용할 책임을 진다. 그리고 기업의 재무자원을 운용한 결과를 회계수치를 이용하여 보고한다. 주주나 채권자에 대한 경영자의 회계보고는 외부에 공개되기 때문에 주주나 채권자만 이용하는 것이 아니라 해당 기업에 관심을 가진 모든 당사자에게 널리 이용된다. 이를 통해 회계정보는 사회의 모든 구성원들이 합리적 의사결정을 하는데 유용한 정보를 제공하는 기능을 한다.

기업과 관련을 맺고 있는 수많은 이해관계자들은 자원을 효율적으로 사용하는 우량기업과 거래하고자 한다. 우량기업이란 일반적으로 수익성(profitability)이 높고 위험도(risk)가 낮은 기업이라고 하자. 그리고 수익성이란 보다 많은 이익을 창출할 수 있는 능력을 말하고, 위험도란 도산할 가능성을 말하는 것으로 하자. 이해관계자들은 기업의 수익성과 위험도에 큰 관심을 가지며, 기업의 수익성과 위험도를 평가하는 데 회계정보를 사용한다.

이와 같이 기업의 회계정보가 광범위한 사회구성원들에 의하여 이용됨으로써 회계정보는 공공정보가 되어 사회적자원의 효율적 배분에 기여한다. 회계정보가 광범위한 이용자들에게 기업실체에 대한 정보를 제공함으로써 다양한 사회구성원에게 기여하는 역할을 회계의 사회적 기능이라 한다.

③ 회계정보의 유용성과 외부감사제도

회계정보이용자에게 제공되는 재무제표는 회계기준을 준수하여 작성되어야 한다. 그런데 재무제표의 작성자는 기업의 경영자이므로 경영자의 도덕적 해이가 존재하는 상황에서는 회계분식의 가능성이 있다. 따라서 재무제표가 회계기준을 준수하여 작성되었는지를 독립적인 제3자가 회계감사를 통해 검증한다.

회계감사는 일정한 자격을 갖춘 공인회계사에 의해 수행되며 회계감사의 결과는 감사의견으로 표명된다. 감사의견에는 적정의견, 한정의견, 부적정의견 및 의견거절이 있다. 적정의견(unqualified opinion)은 감사범위의 제한을 받지 않고 충분하게 감사한 결과 중요한 회계기준 위배 사항이 없는 경우에 표명된다. 부적정의견(adverse opinion)은 회계보고서에 중대한 왜곡이 있어서 회계수치의 의미가 없다고 판단될 때 표명된다. 한정의견(qualified opinion)은 감사범위의 제한이 있거나 중요한 회계기준의 위배사항이 있는 경우에 표명된다. 다만 부적정의견과는 달리 회계보고서 자체의 의미가 상실된다는 것은 아니며 언급된 회계기준 위배사항을 제외하고는 회계보고서가 적정하다고 해석된다. 한편 감사인이 독립성을 결여한 상태에 있거나 적절한 감사절차를 수행하지 못한 경우에는 의견거절(disclaimer of opinion)을 할 수도 있다.

🐝 표 1-2_ 감사의견의 종류와 판단기준

구 분	없음	중요함	매우중요함
감사범위의 제한 여부	적정의견	한정의견	의견거절
회계기준의 위배 여부	적정의견	한정의견	부적정의견

감사의견은 감사보고서를 통해 공시된다. 다만 감사보고서에는 감사의견이 '적정', '한정', '부적정' 등으로 표시되어 있지는 않으며 감사보고서의 의견문단에 기술된 내용을 통해 그러한 의미로 받아들인다. 감사의견의 유형별로 의견 문단의 표현을 살펴보면 다음과 같다.

적정의견인 경우

"우리의 의견으로는 회사의 연결재무제표는 주식회사 ×××와 그 종속기업의 20 × 5년 12월 31일과 20 × 4년 12월 31일 현재의 재무상태, 동일로 종료되는 양 보고기간의 재무성과 및 현금흐름을 한국채택국제회계기준에 따라 중요성의 관점에서 공정하게 표시하고 있습니다."

부적정의견인 경우

"본 감사인의 의견으로는 위 문단에서 언급된 사항의 영향이 중대하므로 상기 연결재무제표는 ××× 주식회사와 그 종속기업의 20 × 5년 12월 31일 현재의 재무상태와 동일로 종료되는 회계연도의 재무성과 및 현금흐름의 내용을 한국채택국제회계기준에 따라 공정하게 표시하고 있지 아니합니다."

한정의견인 경우

"우리의 의견으로는 별첨된 회사의 재무제표는 한정의견의 근거 문단에서 설명하고 있는 사항을 제외하고는 한국채택국제회계기준에 따라 중요성의 관점에서 공정하게 표시하고 있습니다.

의견거절인 경우

우리는 별첨된 회사의 재무제표에 대하여 의견을 표명하지 않습니다. 우리는 의견거절 근거 문단에서 기술된 사항으로 인하여 감사의견의 근거가 되는 충분하고 적합한 감사증거를 입수할 수 없었습니다.

제3절 회계정보의 질적 특성

회계정보가 한정된 자원의 효율적 배분이라는 기능을 다하기 위해서는 정보이용자의 의사결정목적에 유용하여야 한다. 그러면 회계정보가 어떠한 속성을 지녀야 그러한 유용성을 가질 수 있을 것인가? 이러한 속성은 K-IFRS의 '재무보고개념체계'에서 유용한 재무정보의 질적 특성(qualitative characteristics)으로 제시되어 있다. 회계정보가 유용하기 위해서는 근본적으로 목적적합하고, 나타내고자 하는 바를 충실하게 표현하여야 한다. 이 두 가지 특성을 근본적 질적 특성이라고 한다. 그리고 회계정보의 유용성은 그것이 비교가능하고, 검정가능하고, 적시성이 있고, 이해가능할 때 보강된다. 이를 보강적 질적 특성이라고 한다.

1 근본적 질적 특성

(1) 목적 적합성(relevance)

회계정보가 유용하기 위해서는 정보이용자의 의사결정목적에 적합해야 한다. 목적적합한 정보는 해당 정보가 제공되었을 때 그렇지 않은 경우와 비교하여 정보이용자의 의사결정이 달라질 수 있는 정보를 말한다. 정보가 목적적합하기 위해서는 정보이용자가 기업실체와 관련된 사건의 결과를 예측하는 데 도움이 되거나(예측가치) 당초의 평가를 확인 또는 수정함으로써 정보이용자의 의사결정에 차이를 가져올 수 있어야 한다(확인가치). 그런데 목적적합

성은 해당 정보가 중요하다는 것을 전제한다(중요성). 해당 정보의 누락이나 잘못 기재되었을 때 정보이용자의 의사결정에 영향을 줄 수 있을 때 그 정보는 중요성을 가진다.

(2) 충실한 표현(faithful representation)

재무정보가 정보이용자의 의사결정에 유용하기 위해서는 그 정보가 기업의 경제적 현상을 충실하게 표현하여야 한다. 이를 위해서는 서술이 완전하고, 중립적이며, 오류가 없어야 한다.

완전한 서술이란 기업의 재무상태와 경영성과를 누락하거나 왜곡하지 않고 완전하게 표현하는 것을 말한다(완전성). 또한 중립적으로 표현되려면 정보의 선택이나 표시에 편의(bias)*가 없어야 한다(중립성). 오류가 없다는 것은 현상의 서술에 오류나 누락이 없고, 정보를 생산하는 데 사용한 절차의 선택, 적용 과정에 오류가 없음을 뜻한다. 그러나 서술 내용이 모든 면에서 완벽히 정확하다는 의미는 아니다.

> ★ 편중, 편파, 강조, 경시 등의 방식으로 정보를 조작하는 것을 말한다.

(3) 목적 적합성과 표현 충실성의 상충

거래나 사건을 측정·보고함에 있어 회계정보에 요구되는 속성이 서로 상충(trade-off)되는 경우가 있다. 예를 들어 자산을 공정가치로 평가하는 것은 미래 현금흐름의 예측에 도움을 주어 목적적합성이 높다. 그러나 적절한 시장이 없는 자산을 공정가치로 평가하면 추정에 과도하게 의존하게 되어 충실한 표현에서 멀어질 수 있다. 반면 자산을 역사적 원가, 즉 과거에 거래가 이루어진 가액으로 표시하면 표현의 충실성을 확보할 수 있지만 목적적합성은 낮아진다. 다른 예를 들면, 회계정보가 목적적합성을 가지기 위해서는 정보이용자에게 적시에(timely) 제공될 필요가 있다. 그러나 적시에 정보를 제공하기 위해서는 특정 거래나 사건의 진실이 확인되기 전에 보고해야 할 수도 있는데 이것은 표현의 충실성을 훼손할 수 있다.

② 보강적 질적 특성

보강적 질적 특성은 근본적 질적 특성을 보강하는 것으로 비교가능성, 검정가능성, 적시성 및 이해가능성이 있다. 만일 어떤 두 가지 대안이 현상을 동일하게 목적적합하고 충실하게 표현하는 것이라면, 보강적 질적 특성이 두 가지 방법 중에 어느 것을 선택해야 할지를 결정하는 판단 기준이 될 수 있다.

(1) 비교가능성(comparability)

정보이용자가 항목 간의 유사점과 차이점을 식별하고 이해할 수 있도록 하는 질적 특성이다. 회계정보가 일관성(consistency)을 갖추었을 때 비교가능성 목표를 달성할 수 있다.

(2) 검정가능성(verifiability)

합리적 판단력이 있고 독립적인 서로 다른 관찰자가 '어떤 서술이 충실한 표현이다'라는 데 대체로 의견이 일치할 수 있다는 것을 의미한다. 예를 들어 어떤 자산의 공정가치 측정치에 대해 관찰자들이 거의 일치된 의견을 제시했을 때 그 측정치는 검정가능성이 충족된 것이다.

(3) 적시성(timeliness)

정보를 적시에 이용할 수 있도록 하는 것이다. 예를 들어 연차 보고서보다 반기 또는 분기 보고서가 적시성이 높은 정보이다.

(4) 이해가능성(understandability)

정보가 유용하기 위해서는 정보이용자가 이해할 수 있어야 한다. 정보를 명확하고 간결하게 분류하고 표시하면 이해가능성이 높아진다. 다만, 이해가능성은 아무런 사전 지식이 없는 정보이용자를 대상으로 하는 것은 아니다. 이해가능성은 사업 활동에 대한 합리적인 지식이 있고, 부지런히 정보를 검토하고 분석하는 정보이용자가 이해할 수 있도록 재무보고서가 작성되어야 함을 의미한다.

보론 1 사회발전과 회계의 역사

1. 중세 이탈리아 도시국가들의 상거래활동과 복식부기 태동

회계는 중세 이탈리아의 도시국가들이 활발한 동방무역을 통해 부를 축적해 가면서 경제활동을 기록하기 위한 수단으로 본격적으로 발전하기 시작했다. 특히 11세기 말에 있었던 십자군 정복활동은 동방제국과의 교역을 확대시키고 상업 활동을 촉진시키면서 베네치아나 제노바 등 이탈리아 도시국가들에게 막대한 부를 가져다 주었다. 이러한 경제활동의 비약적 발전은 이전까지의 회계기록방법으로는 그들의 사업 활동을 충분히 기록할 수 없었고 새로운 기록방법을 모색하게 되었다. 특히 받을 금액과 지급할 금액을 기록한 후 그 잔액을 정산하는 신용거래 방식이 널리 통용되면서 수입과 지출을 상계시킬 수 있는 좌우 대조형식의 계정기록 방식이 발전되어 복식부기*가 나타났다. 그 밖에 이 시대에 도입된 아라비아 숫자, 한층 발달된 사유 재산 개념, 확대된 신용제도, 자본의 축적과 자본가의 등장은 이후 인류의 경제생활에 지대한 공헌을 했다.

> ★ 복식부기 기록방식은 볼로냐의 수도승 Paccioli가 1494년에「대수, 기하, 비 및 비례총람」이란 당대 지식의 백과사전을 출판하면서 처음으로 인쇄되어 소개되었다. 그의 저술은 이후 100년간에 걸쳐 각국의 언어로 번역되어 유럽 전역에 복식부기 지식이 전파되었다.

2. 계속기업의 등장과 발생주의 성과측정

대항해시대에는 해외무역을 담당한 코멘다(commenda)에서 생긴 이익을 어떻게 배분할 것인지가 회계의 중심과제였다. 초기의 코멘다는 모험사업(venture busines)을 위해 자본을 모아 항해를 한 후, 항해가 무사히 종료되면 코멘다를 청산하여 잔여재산을 배분하고 다음 항해에는 또다시 자본을 모으는 식으로 운영되었다. 이후 항해가 계속됨에 따라 각 항해별로 자본을 모으고 청산하는 방식 대신 영구적으로 자본을 투하하고 영구조직으로 운영하는 방향으로 나아갔다. 그러나 계속기업으로 운영된 결과 항해가 끝나도 청산하지 않으므로 항해의 성과를 측정할 수 없었다. 그 결과 사업의 청산과 무관하게 매 일정기간마다 기간의 손익을 계산하여 성과를 배분할 방법이 모색되었고, 기간 손익계산 방식이 중요한 회계문제로 대두되었다. 여기서 생긴 대표적인 회계개념이 발생주의에 의한 성과측정과 역사적 원가 개념이다. 초기의 코멘다에서 사업을 청산할 때 청산가치(시가)로 재산 가치를 평가하던 입장은 기업의 가치에 영향을 미치는 중요한 변화가 없는 한 자산을 재평가하지 않는다는 입장으로 바뀌었다.

3. 주식회사 등장과 새로운 회계개념

사업운영 조직이 계속기업 형태로 전환되자 이는 주식회사 제도의 태동과 발전을 가져왔다. 중상주의 시대를 대표하는 회사인 동인도회사는 처음에는 조합조직으로 출발하였으나 점차 주식회사 형태로 발전했다. 유한책임, 자유로운 주식양도를 특징으로 하는 주식회사 제도는 불특정 다수에게서 대규모 자본을 쉽게 조달할 수 있어서 대규모 해외사업을 벌이고 있던 동인도회사와 같은 조직에게는 꼭 필요한 시대적 요청이었다. 유한책임 조직인 주식회사는 필연적으로 채권자 보호 장치의 보완을 필요로 했다. 그 결과 기업의 자본을 일정수준 이상으로 유지해야 할 법적의무가 제도화되었다. 구체적으로 주주에 대한 배당은 이익잉여금의 범위 안에서만 지급하도록 하는 법률이 제정되었다. 여기서 대두된 회계적 개념이 자본거래와 손익거래의 구분, 포괄주의에 의한 손익측정과 당기업적주의에 의한 손익측정 등이다.

4. 산업혁명과 회계발전

산업혁명은 가내수공업을 대체하여 대량반복 생산체제를 열었다. 이로 인해 상업회계에서는 없던 제조업회계, 즉 원가회계에 대한 관심이 싹트기 시작했다. 그리고 이때 등장한 중요한 회계개념이 감가상각이다. 대규모 자본집약적 사업인 철도회사들은 철도시설에 대한 감가상각비를 고려하지 않고 손익계산을 하여 당기순이익을 과대하게 산정하였고 이로 인해 원초자본을 배당금으로 지급하는 오류를 범하다가 파산을 하기도 했다.

5. 대공황에서 태동한 회계제도

1920년대 말에 생긴 대공황은 본질적으로 1차 대전 후의 수요위축과 과잉생산으로 인해 발생한 실물경제의 문제였다. 그러나 혼란의 과정에서 주가의 폭락현상이 발생하였고 그 책

임의 일부는 당시 거의 자유방임적이었던 회계제도에 있는 것으로 지적되었다. 그 당시에는 제도화된 회계기준이 없어 기업들은 실적을 부풀리는 회계수치를 공시했다. 대공황은 미국 정부로 하여금 회계기준 제정과 회계감사제도를 확립하게 하는 계기를 제공했다. 그리고 이후 회계영역에서는 어떤 정보를 어떤 방식으로 처리하여 증권시장에 제공하느냐 하는 문제가 중심이 되어 오늘날까지 재무회계는 자본시장을 핵심대상으로 발전해오고 있다.

보론 2 회계전문직

공인회계사

공인회계사(CPA, Certified Public Accountant)는 기업의 회계보고서가 분식이 없이 적정하게 작성되었는지 여부를 감사하는 사람이다. 공인회계사는 오늘날의 자본주의 경제사회에서 절대적으로 필요한 '전문직업인'이다. 공인회계사의 역할은 우리나라의 경제규모가 커져감에 따라 그 중요성이 더해가고 있으며 앞으로도 그 사회적 지위가 향상될 것으로 전망된다. 공인회계사의 회계감사(audit)는 소규모 형태의 감사반이나 Big4와 같은 대형회계법인에 소속된 감 사팀에서 수행된다. 공인회계사는 회계감사 외에도 회계와 관련된 제반 인증(attestation)업무, 경영컨설팅과 세무서비스를 제공한다. 공인회계사는 공인회계사 자격시험을 통과하여 일정 기간의 실무연수를 마쳐야 독자적으로 회계서비스 업무를 수행할 수 있다. 매년 약 1천 명이 선발되고 있으며 공인회계사 시험과목은 다음과 같다.

> 1차 시험(객관식): 회계학, 경영학, 세법개론, 경제원론, 상법
> 2차 시험(주관식): 재무회계, 원가회계, 세법, 회계감사, 재무관리

공인회계사 시험에 응시하기 위해서는 일정 학점 이상의 회계 및 경영/경제 과목을 이수하 여야 한다. 즉 회계학 및 세무관련 과목 12학점, 경영학 과목 9학점, 경제학 과목 3학점 등 총 24학점 이상의 이수자에 한해 응시자격이 주어진다. 2차 시험은 부분합격제가 도입되

었고 2007년부터 영어 과목은 TOEIC 등 공인영어시험으로 대체되었다.

TIP! Big4 회계법인

회계감사 서비스 시장을 과점하고 있는 4대 회계법인을 말한다. 이들은 전세계적인 영업망을 갖추고 수천에서 수만 명의 공인회계사와 컨설턴트를 보유하여 감사, 세무 및 컨설팅 등의 서비스를 제공하고 있다. 우리나라에도 Big4와 제휴관계를 맺고 있는 회계법인들이 있다. Big4(국내 제휴법인)의 명칭은 다음과 같다.

- PricewaterhouseCoopers(삼일회계법인)
- Deloitte & Touche(안진회계법인)
- Ernst & Young (한영회계법인)
- KPMG (삼정회계법인)

세무사

세무사는 세무지식이 부족한 납세의무자의 의뢰를 받아 세금납부에 관한 일체의 업무를 수행하는 세무에 관한 전문변호사라고 할 수 있다. 구체적으로 세무에 관한 각종 서류의 작성이나 세무상담, 세무대리 등 세무에 관한 업무를 대행한다. 주요 업무는 크게 상담 및 자문 업무, 기장(記帳)대행 업무, 세무대리 업무, 행정심판대리 업무 등으로 분류할 수 있다. 세무사는 개인사무실을 운영하거나 여러 세무사가 공동으로 세무법인을 운영하고 있다. 경제규모가 성장함에 따라 세무사들의 업무도 더욱 늘어나고 전문화될 전망이다. 게다가 조세제도의 정비나 자진 신고납세제도의 확립은 세무사의 활동영역을 더욱 넓혀주고 있다.

세무사가 되기 위해서는 국세청에서 시행하는 세무사시험에 합격해야 하며, 공인회계사 및 변호사 자격증이 있는 경우에도 세무업무를 수행할 수 있다. 세무사 자격시험은 1, 2차 필기시험으로 나누어지며, 응시에 있어 학력, 전공 등의 제한은 없다. 영어과목은 2009년부터 TOIEC 등 공인영어성적으로 대체되었다.

1차 시험(객관식): 재정학, 회계학개론, 세법학개론, 상법·민법·행정소송법 중 1

2차 시험(주관식): 세법학1부, 세법학2부, 회계학1부, 회계학2부관세사

관세사란 무역 및 통관관련분야에 전문지식을 가진 자에게 국가가 시험을 거쳐 관세사 자격을 부여하며, 관세사는 관세와 통관에 대한 업무를 대리한다. 관세사는 관세와 무역업무에서 세무사와 같은 역할을 한다. 관세사 시험에 합격하면 선택할 수 있는 진로는 예를 들면 개인이나 합동 관세사사무소의 개설, 통관취급법인에 취업하거나 개인(합동)관세사 또는 관세법인에 취업하는 길이 있다. 관세사가 되기 위해서는 관세청에서 시행하는 관세사시험에 합격해야 하며, 관세사 시험과목에 소비세법과 회계학이 포함되므로 대학에서 무역, 경영, 회계 관련 학과를 전공하면 유리하다.

1차 시험(객관식): 내국소비세법, 관세법개론, 회계학, 무역영어

2차 시험(주관식): 관세법, 관세율표 및 상품학, 관세평가, 무역실무

K-IFRS를 반영한
회계원리

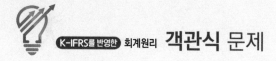

01 재무회계와 관리회계를 비교한 설명 중 옳지 않은 것은?

① 재무회계는 보고할 내용과 양식, 보고빈도 등을 미리 정한 형식에 맞춘다.
② 관리회계에서 제공되는 정보는 상대적으로 목적적합하다.
③ 재무회계에서 제공되는 정보는 상대적으로 중립적이고 충실하게 표현된다.
④ 관리회계는 주주나 채권자에게 유용한 정보를 제공하는 데 초점을 맞춘다.

02 회계정보가 의사결정에 유용하기 위해서 지녀야 할 바람직한 속성 중 일차적으로 거론되는 두 가지 개념은 무엇인가?

① 중립성과 완전성　　　　　　　② 적시성과 중립성
③ 목적적합성과 표현의 충실성　　④ 예측가치와 확인가치

03 회계정보가 가져야 할 바람직한 속성에 대한 설명으로 옳은 것은?

① 예측가치가 있는 정보는 확인가치를 충족한다.
② 목적적합한 정보가 되기 위해서는 표현의 충실성이 있어야 한다.
③ 연차보고는 분기보고에 비해 적시성이 낮다.
④ 누락이나 왜곡이 없이 중립적이면 표현의 충실성이 있다고 본다.

04 다음 설명 중 올바르지 않은 것은?

① 재무회계는 불특정 다수의 투자자들이 요구하는 정보를 제공하는 것으로 '일반적으로 인정된 회계원칙'을 따른다.
② 한정의견은 감사범위의 제한이 있거나 회계수치에 중요한 영향을 미치는 회계기준의 위배사항이 있을 때 표명된다.
③ 역사적 원가주의는 목적적합성 측면에서는 유용하나 표현의 충실성 측면에서 유용하지 못하다.
④ 투자자를 위한 경영자의 회계보고는 외부에 공표되기 때문에 투자자뿐 아니라 기업에 이해관계를 가진 모든 당사자들에게 널리 이용된다.

정답

01 관리회계는 경영자가 필요로 하는 정보를 제공한다. **정답** ④

02 핵심적 속성은 목적적합성과 표현의 충실성이다. **정답** ③

03 ① 예측가치가 있는 정보라고 해서 모두 확인가치를 가지는 것은 아니다.

② 목적적합성과 표현의 충실성은 상충되는 경우가 있다.

④ 서술이 완전하고 중립적이며 오류가 없어야 충실하게 표현되었다고 할 수 있다. **정답** ③

04 역사적 원가주의 원칙은 신뢰성이 높으나 목적적합성 측면에서는 유용하지 못하다. **정답** ③

CHAPTER

02

재무제표의
이해

Accounting
principles
reflecting K-IFRS

 제1절
재무제표

1 재무제표의 의의

회계보고의 목적은 재무정보 이용자들에게 그들의 의사결정에 유용한 정보를 제공하는 것이다. 구체적으로 현재 및 잠재적인 투자자나 채권자가 합리적인 투자나 신용 의사결정을 하는 데 유용한 정보를 제공하는 것이다. 이것은 투자자나 채권자에게 그들이 미래에 받게 될 현금흐름의 크기, 시기 및 불확실성을 평가하는 데 유용한 정보를 제공함으로써 달성될 수 있다. 그리고 미래 현금흐름의 크기, 시기 및 불확실성을 평가하기 위해서는 기업실체의 재무상태, 경영성과, 현금흐름 및 자본변동에 관한 정보가 필요하다. 따라서 기업은 이러한 정보를 재무제표의 형태로 제공한다.

재무제표(財務諸表)란 한 회계기간 동안의 영업, 투자 및 재무활동을 요약한 일련의 재무보고서를 말한다. 재무제표에는 재무상태표, 손익계산서, 현금흐름표, 자본변동표가 있으며, 재무제표의 본문 수치를 보완하여 설명하는 재무제표에 대한 주석을 포함한다.

- 재무상태표는 특정시점의 재무상태에 관한 정보를 제공한다. 재무상태표를 통해 기업실체의 유동성과 재무건전성을 평가할 수 있다.
- 손익계산서는 한 회계기간의 경영성과에 관한 정보를 제공한다. 손익계산서에서 기업의 수익성을 평가할 수 있다.
- 현금흐름표는 한 회계기간의 현금흐름에 관한 정보를 제공한다. 현금흐름을 활동별로(영업, 투자 및 재무활동)★ 구분하여 보여줌으로써 미래 현금흐름을 전망하는 데 유용한 정보를 제공한다.
- 자본변동표는 한 회계기간의 자본금, 자본잉여금, 이익잉여금 등의 변동에 대한 정보를 제공한다.

> ★ 재무활동은 주주나 채권자들로부터 자금을 조달하는 활동을 말하고, 투자활동은 재무활동을 통해 조달된 자금으로 필요한 자산을 구입하는 활동이다. 영업활동은 재무활동과 투자활동이 아닌 그 밖의 모든 활동을 말한다.

② 재무제표에 대한 주석

재무제표에 대한 주석(notes)은 재무상태표나 손익계산서에 표시되는 수치를 더 자세히 설명하는 정보이다. 재무제표는 특정 항목에 대한 수치를 일정한 틀 속에 담아 일목요연하게 제시한다. 반면 제한된 형식과 공간으로 인해 재무제표에는 정보이용자의 의사결정에 유용한 세부적이고 구체적인 내용을 담지 못하는 한계가 있다. 그리고 재무제표의 본문에 표시되는 수치들은 일정한 인식요건을 충족하여야 한다. 따라서 정보이용자의 의사결정에 필요한 정보임에도 불구하고 인식요건을 충족하지 못하면 본문에 표시되지 않는다.

주석은 이러한 문제를 완화하고 정보이용자의 의사결정에 유용한 정보를 가능한 한 많이 제공하기 위해 재무제표에 표시된 항목을 구체적으로 설명하거나 더 자세한 정보를 제공하는 기능을 한다. 주석은 재무제표와 동등한 비중을 가지는 재무제표로 간주된다. 주석은 기본적으로 다음과 같은 정보를 제공한다.

❶ 재무제표의 작성근거와 기업이 사용한 구체적인 회계정책
❷ K-IFRS에서 요구하는 정보이지만 재무제표 어느 곳에도 표시되지 않는 정보로서 재무제표를 이해하는 데 유용한 정보

제2절 재무상태표

① 재무상태표의 의의

재무상태표(statement of financial position)는 일정시점의 재무상태를 나타내는 표이다. 재무상태란 일정시점에서의 자산, 부채 및 자본의 구성내용과 크기를 의미한다. 재무상태표를

통하여 현재 기업이 보유한 자원과 기업이 부담하는 의무가 얼마인지 파악할 수 있다.

기업이 소유하고 있는 자원(자산)의 합계는 이들 자산에 대한 청구권(부채와 자본)의 합계와 같아야 한다. 이러한 관계를 다음과 같이 표현할 수 있는데 이를 회계등식(accounting equation)이라 한다.

$$자\ 산\ =\ 부\ 채\ +\ 자\ 본$$

자산은 기업이 보유한 자원이다. 자원이란 미래에 경제적 효익을 가져다줄 것으로 기대되는 물리적 재산과 무형의 권리를 말한다. 재산에는 현금, 상품, 토지, 건물, 기계장치 등이 있고, 권리에는 수취채권, 산업재산권 등이 있다. 경제적 효익이란 기업에 현금 유입을 가져다줄 잠재력 정도로 이해할 수 있겠다.

부채는 기업이 현재 부담하고 있는 의무이다. 기업이 과거의 거래로 인해 현재 부담하는 의무로서 미래에 그 의무를 이행하는 데 기업의 자원이 소비된다. 예를 들어 은행의 차입금은 기업이 현재 이 차입금을 갚아야 할 의무를 부담하며 이를 갚기 위해서는 미래에 현금자원이 유출되는 부채이다. 또한 기업이 재화나 용역을 외상으로 구입하여 생긴 채무(매입채무)나 월말까지 지급하지 않은 직원의 급여(미지급급여)도 부채이다.

자본은 자산에서 부채를 차감한 잔여분으로 소유주의 지분이다. 자본에는 소유주가 출자한 납입자본과 영업활동을 통해 벌어들인 이익잉여금이 있다. 이익이 발생하면 이익잉여금이 증가하고 손실이 발생하면 이익잉여금이 감소한다. 또한 소유주에게 배당금을 지급하는 경우에도 이익잉여금이 감소한다.

② 재무상태표의 구성항목

〈표 2-1〉은 재무상태표를 예시하고 있다. 상단은 자산항목이고 하단은 부채와 자본항목이다. 예시된 재무상태표는 편의상 소수의 항목만을 표시하고 있는데 실제로는 훨씬 많은 항목들이 사용되고 있다.

🐝 표 2-1_ **재무상태표**

재무상태표

제27(당)기 20 × 7년 12월 31일 현재
제26(전)기 20 × 6년 12월 31일 현재

ABC(주)   (단위: 천원)

	제27(당)기		제26(전)기	
Ⅰ. 유동자산		488,220		481,350
현금및현금성자산	22,900		23,400	
매출채권및기타채권	198,570		210,000	
재고자산	134,250		123,450	
기타의 유동자산	132,500		124,500	
Ⅱ. 비유동자산		894,540		803,650
투자자산	156,780		145,600	
유형자산	603,200		534,600	
무형자산	134,560		123,450	
자산총계		1,382,760		1,285,000
Ⅲ. 유동부채		387,620		380,600
매입채무및기타채무	185,620		178,900	
단기차입금	152,000		145,000	
기타의 유동부채	50,000		56,700	
Ⅳ. 비유동부채		212,240		205,000
장기차입금	160,000		160,000	
기타의 비유동부채	52,240		45,000	
부채총계		599,860		585,600
자본금		600,000		600,000
이익잉여금		161,700		78,200
기타자본구성요소		21,200		21,200
자본총계		782,900		699,400
부채와자본총계		1,382,760		1,285,000

(1) 유동자산과 비유동자산

유동자산은 1년 또는 정상적인 영업주기* 이내에 현금화되거나 그 효익이 소멸하는 자산을 말한다. 그렇지 않은 자산은 비유동자산으로 분류된다. 유동자산에 속하는 세부 항목에는 현금 및 현금성자산, 매출채권 및 기타채권, 재고자산

> ★ 영업활동을 위한 자산의 취득 시점부터 그 자산이 현금으로 실현되는 시점까지 소요되는 기간. 이를 명확히 식별할 수 없는 경우에는 그 기간을 1년으로 간주한다.

등이 있다. 매출채권은 주된 영업활동 과정에서 재화나 용역을 외상으로 판매하여 생긴 채권을 말한다. 기타채권에는 미수금, 미수수익 등이 있으며 미수금은 주된 영업활동이 아닌 거래(비유동자산의 처분)에서 발생한 채권을 말하고 미수수익은 시간의 경과에 따라 실현된 수익(이자, 임대료, 사용료 등)의 대가를 아직 받지 못한 것이다. 재고자산은 판매를 위해 보유하는 제품이나 상품, 생산과정에 있는 재공품, 생산 또는 서비스 제공과정에 투입될 원재료나 소모품 등을 말한다.

비유동자산에는 투자자산, 유형자산, 무형자산 등이 있다. 투자자산은 장기투자 성격의 자산으로 장기금융자산, 투자부동산 등이 있다. 유형자산은 영업활동에 사용하는 자산으로서 토지와 건물, 기계설비, 차량 등이 있다. 그리고 무형자산은 무형의 권리로서 여기에는 산업재산권, 저작권 등이 있다.

(2) 유동부채와 비유동부채

유동부채는 1년 이내에 상환되는 부채로서 매입채무 및 기타채무, 단기차입금 등이 있다. 매입채무는 주된 영업활동 과정에서 원자재나 상품 등을 외상으로 취득하여 발생한 채무이다. 기타채무에는 미지급금, 미지급비용 등이 있으며 미지급금은 주된 영업활동이 아닌 거래(비유동자산의 취득)에서 발생한 채무를 말하고 미지급비용은 제공받은 용역 대가의 미지급액을 발생기준으로 인식한 것이다. 단기차입금은 금융기관 등에서 일정한 이자를 지급을 약속하고 차입한 금액이다.

비유동부채는 상환기일이 1년 이상 남은 부채로서 여기에는 장기차입금, 사채, 퇴직급여부채 등이 있다.

(3) 자본

자본은 자본금, 이익잉여금, 기타의 자본으로 구성된다. 자본금은 주주들의 출자액 중 일정부분으로 주식의 액면금액을 말한다. 이익잉여금은 기업이 영업활동을 통해 벌어들인 이익의 누적액으로 주주에게 배당으로 지급하지 않고 사내에 유보한 부분이다. 기타의 자본에는 자본조정과 기타포괄손익누계액 등이 있으며 이에 대해서는 후술하는 자본 편에서 자세히 다룰 것이다.

예제 2-1 **재무상태표**

다음은 (주)서울이 20 × 5년 말 현재 보유하고 있는 자산, 부채와 관련된 자료이다. 회사는 20 × 5년 초에 자본금 ₩1,000,000으로 설립되었다.

① 현 금	₩150,000	② 매출채권	₩600,000
③ 투자자산	500,000	④ 재고자산	450,000
⑤ 유형자산	800,000	⑥ 매입채무	200,000
⑦ 단기차입금	1,000,000	⑧ 이익잉여금	?

요구사항

1. 20 × 5년 말의 자본을 계산하시오.
2. 20 × 5년 중 자본의 변동액을 계산하시오.
3. 20 × 5년 말의 재무상태표를 작성하시오.

해답

1. 20 × 5년 말 자본

자   산 = 현금 + 매출채권 + 재고자산 + 투자자산 + 유형자산
= 150,000 + 600,000 + 450,000 + 500,000 + 800,000
= ₩2,500,000

부   채 = 매입채무 + 단기차입금 = 200,000 + 1,000,000 = ₩1,200,000

자   본 = 자산 − 부채 = 2,500,000 − 1,200,000 = ₩1,300,000

2. 20 × 5년 자본 변동액

  기말자본 - 기초자본 = 1,300,000 - 1,000,000 = ₩300,000

3. 20 × 5년 말 재무상태표

재무상태표

(주)서울   20 × 5년 12월 31일   (단위: 원)

1. 유동자산		매 입 채 무	₩200,000
현 금	₩150,000	단기차입금	1,000,000
매 출 채 권	600,000	부 채 총 계	1,200,000
재 고 자 산	450,000		
2. 비유동자산		자 본 금	1,000,000
투 자 자 산	500,000	이익잉여금	300,000
유 형 자 산	800,000	자 본 총 계	1,300,000
자 산 총 계	₩2,500,000	부채와자본총계	₩2,500,000

제3절 손익계산서

1 손익계산서의 의의

손익계산서(income statement)는 일정기간 동안의 경영성과를 나타내는 보고서이다. 경영성과는 순이익의 크기로 측정되는데 순이익은 기업이 회계기간 동안 벌어들인 수익에서 그 수익을 창출하기 위해 발생한 비용을 차감한 것이다.

기업은 자산을 효과적으로 운용하여 이익을 내는 것을 목적으로 한다. 기업이 이익을 내기 위해 수행하는 제반 활동을 영업활동이라 한다. 예를 들어 호텔은 음식과 숙박서비스를 제공하는 것이 영업활동이고, 통신회사는 통신서비스를 제공하는 것이 영업활동이다. 이러한 영업활동의 결과로 수익과 비용이 발생한다. 수익(revenue)은 영업활동을 통해 벌어들인 돈을 말한다. 상품을 판매하거나(매출액) 서비스를 제공하면(용역수익) 수익이 발생한다. 한편 여유자금을 은행에 맡겨서 생기는 이자수익도 수익이다. 비용(expense)은 수익을 창출하기 위해 쓴 돈을 말한다. 음식점에서 손님에게 요리를 제공하고 받은 식대가 수익이라면, 요리를 만드는 데 든 재료비, 음식점에 근무하는 종업원의 인건비, 조리 과정에 발생한 전기, 가스, 수도료와 점포의 임차료 등이 비용이다.

② 손익계산서의 표시

수익과 비용 항목을 다양하게 결합하면 기업의 성과를 여러 단계의 측정치로 표시할 수 있다. 그 결과 각 단계의 이익측정치는 포괄하는 범위가 다르다. 또한 미래의 경영성과에 대

표 2-2_ 손익계산서

	손익계산서	
	제27(당)기 20 × 6년 1월 1일~20 × 6년 12월 31일	
	제26(전)기 20 × 5년 1월 1일~20 × 5년 12월 31일	
ABC(주)		(단위: 천원)
	제27(당)기	제26(전)기
매 출 액	390,000	355,000
매 출 원 가	(220,000)	(206,600)
매 출 총 이 익	170,000	148,400
판 매 비 와 관 리 비	(34,000)	(32,100)
연 구 개 발 비	(20,000)	(21,000)
영 업 이 익	116,000	95,300
기 타 의 수 익	10,600	11,300
기 타 의 비 용	(12,100)	(11,200)
금 융 원 가	(23,500)	(22,800)
법 인 세 비 용 차 감 전 이 익	91,000	72,600
법 인 세 비 용	(21,800)	(9,100)
당 기 순 이 익	69,200	63,500

한 예측가능성을 높이기 위해 정상적 영업활동에서 발생한 수익과 비용을 그렇지 않은 수익과 비용으로 구분하여 표시할 수 있다. 손익계산서에 표시되는 항목들을 요약하면 다음과 같다.

- 매출액(또는 수익): 재화나 용역의 판매대가
- 매출원가: 판매된 상품(또는 제품)의 취득원가(또는 제조원가)
- 연구개발비: 연구개발활동에 소요된 비용
- 판매비와 관리비: 판매와 관리활동에 소요된 비용(급여, 임차료, 소모품비, 감가상각비 등)
- 금융원가: 자금조달 활동에 소요된 이자비용 등의 원가
- 기타수익: 수수료수익, 이자수익, 배당금수익 등
- 기타비용: 연구개발비, 관리비 및 금융원가에 속하지 않는 기타 비용
- 법인세비용: 당기에 부담하는 법인세 비용

예제 2-2 　손익계산서

다음은 (주)서울의 20 × 5년 영업활동의 성과이다.

① 매출액	₩5,000,000	② 이자수익	₩140,000
③ 매출원가	3,000,000	④ 급　여	1,000,000
⑤ 임차료	700,000	⑥ 이자비용	100,000
⑦ 접대비	30,000	⑧ 기부금	50,000

요구사항

1. ① 내지 ⑧의 항목들을 수익과 비용으로 분류하여 20 × 5년 당기순이익을 계산하시오.
2. 20 × 5년 손익계산서를 작성하시오.

해답

1. 20 × 5년 당기순이익

　수　익 = 매출액 + 이자수익

　　　　 = 5,000,000 + 140,000 = ₩5,140,000

　비　용 = 매출원가 + 급여 + 임차료 + 이자비용 + 접대비 + 기부금

　　　　 = 3,000,000 + 1,000,000 + 700,000 + 100,000 + 30,000 + 50,000 = ₩4,880,000

　당기순이익 = 수익 - 비용 = 5,140,000 - 4,880,000 = ₩260,000

2. 20 × 5년 손익계산서

손익계산서

매 출 액		₩5,000,000
매출원가		3,000,000
매출총이익		2,000,000
판매비와관리비		1,730,000
급　　여	1,000,000	
임 차 료	700,000	
접 대 비	30,000	
영업이익		270,000
기타의 수익		140,000
이자수익	140,000	
기타의 비용		150,000
이자비용	100,000	
기 부 금	50,000	
당기순이익		₩260,000

③ 당기순이익의 측정 방법

🎀 총거래기록법

일정기간 동안 발생한 수익과 비용의 차액으로 당기순이익을 계산하는 방법이다. 수익과 비용을 항목별로 요약하고 이 항목들을 체계적으로 모두 열거하는 과정에서 구체적인 수익, 비용의 발생내역, 당기순이익의 크기를 모두 알 수 있다.

$$당기순이익 \ = \ 총수익 \ - \ 총비용$$

🎀 순자산비교법

수익은 순자산을 증가시키고 비용은 순자산을 감소시킨다.* 따라서 당기순이익은 기말의 자본에서 기초의 자본을 차감한 자본의 변동으로도 설명될 수 있다.

> ★ 순자산은 자산에서 부채를 차감한 잔액으로 자본을 말한다.

$$당기순이익 \ = \ 기말자본 \ - \ 기초자본$$

다만 주주가 자본금을 출자하거나 주주에게 배당금을 지급하는 경우에도 자본의 변동이 생길 것이므로 이로 인한 변동 부분을 제외해야 한다. 출자나 배당이 있는 경우에는 이로 인한 자본의 변동 부분을 제외하고 당기순이익은 다음과 같이 측정된다.

$$당기순이익 \ = \ 기말자본 \ - \ 기초자본 \ - \ 출자액 \ + \ 배당액$$

🎀 총거래기록법과 순자산비교법의 비교

총거래기록법에서는 당기순이익을 자본의 증가액(수익)에서 자본의 감소액(비용)을 차감하여 측정하고, 순자산비교법에서는 당기순이익을 기말의 자본에서 기초의 자본을 차감하여 측정한다. 그렇지만 두 가지 방법으로 측정되는 당기순이익은 같다. 이를 다음의 예를 통해 알아보자.

　장마철 집중호우로 댐의 수위가 10m에서 11m로 불어났다고 하자. 이것을 자본에 비유하자면 물이 불어난 후의 댐의 수위는 기말자본이고 불어 난 댐의 수위는 자본의 변동으로 볼 수 있겠다. 일정한 한도 이상 수위가 불어나면 수문을 열어 수위를 조절할 것이다. 따라서 불어난 댐의 수위만으로는 그 동안 물이 얼마나 들어와서 얼마나 빠져나갔는지는 알지 못한다. 가령 수위가 16m까지 높아졌다가 방류한 결과 11m로 낮아진 것이라면 유입량(6m)과 방류량(5m)으로 불어난 댐의 수위를 설명할 수 있다. 이것을 기록하는 것이 손익계산서이다. 손익계산서에서는 이를 수익과 비용으로 기록한다. 순자산비교법이 비가 오기 전의 수위와 비가 온 후의 수위를 비교하여 늘어난 수량을 측정하는 것이라면, 총거래기록법은 들어온 물의 양과 흘러 나간 물의 양을 비교하여 측정한다.

예제 2-3　총거래기록법과 순자산비교법

(주)서울의 기초와 기말의 재무상태는 다음과 같다.

	기초	기말
자　산	1,000,000	1,500,000
부　채	600,000	②
자　본	①	480,000

당기 중에 발생한 거래는 다음과 같으며 출자나 배당 등 주주와의 거래는 없었다.

매 출 액	₩4,000,000	이자수익	₩100,000
매출원가	3,000,000	직원급여	450,000
임 차 료	340,000	이자비용	③

요구사항

주어진 자료에서 ①~③에 들어갈 금액을 산정하시오.

 해답

① 기초자본 = 기초자산 - 기초부채 = 1,000,000 - 600,000 = ₩400,000

② 기말부채 = 기말자산 - 기말자본 = 1,500,000 - 480,000 = ₩1,020,000

③ 당기순이익 = 기말자본 - 기초자본 = 480,000 - 400,000 = ₩80,000

　총수익 = 매출액 + 이자수익 = 4,000,000 + 100,000 = ₩4,100,000

　총비용 = 총수익 - 당기순이익 = ₩4,020,000

　이자비용 = 총비용 - 기타비용 = 4,020,000 - (3,000,000 + 340,000 + 450,000) = ₩230,000

제4절 기타의 논의

1 연결재무제표

　기업은 여러 가지 이유로 다른 회사의 주식을 취득하게 된다. 그 결과 어떤 경우에는 그 회사의 경영을 결정할 권한을 갖게 되기도 한다. 예를 들어 A사가 B사 가 발행한 주식의 50%를 넘는 지분을 취득하면 A사는 B사의 경영을 결정할 수 있게 된다. 이런 상황을 A사가 B사를 지배한다라고 하고 A사는 지배기업, B사는 종속기업이 된다. 이런 경우 법적으로 A사와 B사는 별개이지만 경제적으로 통합된 단일의 실체로 본다. 즉 A사와 B사는 하나의 경제적실체를 구성한다.

　A사와 B사는 경제적으로는 하나의 실체이므로 두 회사를 합하여 하나의 재무제표로 나타낼 필요가 있다. 지배기업과 종속기업을 합하여 하나의 재무제표로 만든 것을 연결재무제표(consolidated financial statements)라고 한다. 한편 연결재무제표를 작성하는 지배 기업이 별도로 그 자신만을 회계실체로 하여 작성한 재무제표를 별도재무제표(separated financial statements)라고 한다.

🐝 표 2-3_ **연결재무제표와 별도재무제표**

	별도재무상태표		연결재무상태표	
유동자산		254,800		3,851,200
현금및현금성자산	232,000		832,760	
매출채권및기타채권	19,040		2,341,280	
재고자산	-		307,660	
기타유동자산	3,760		369,500	
비유동자산		7,799,000		13,481,500
종속기업투자	1,094,995		-	
관계기업투자	5,958,335		9,815,310	
유형자산	22,300		2,477,695	
투자부동산	618,270		654,960	
기타비유동자산	105,100		533,535	
자산총계		8,053,800		17,332,700
유동부채		134,995		2,896,800
매입채무및기타채무	99,520		1,967,825	
기타유동부채	35,475		928,975	
비유동부채		149,880		1,850,000
장기차입금	-		1,193,370	
기타비유동부채	149,880		656,630	
부채총계		284,875		4,746,800
지배기업에 귀속되는 자본		7,768,925		12,252,000
자본금	880,360		880,360	
자본잉여금	2,410,000		2,410,000	
이익잉여금	4,452,225		8,853,240	
기타자본항목	26,340		108,400	
비지배지분		-		333,900
자본총계		7,768,925		12,585,900
부채와자본총계		8,053,800		17,332,700

〈표 2-3〉에서 별도재무제표의 자산총계는 ₩8,053,800이고 연결재무제표의 자산총계는 ₩17,332,700으로 전자는 후자보다 크다. 마찬가지로 연결 재무제표의 부채총계는 별도 재무제표의 부채총계보다 크다. 이것은 연결 재무제표의 자산이나 부채에는 종속기업들의 자산과 부채가 합쳐져 있기 때문이다. 한편 별도재무제표상의 종속기업투자계정은 지배기업이 종속기업들의 주식을 취득하는데 투자한 금액을 나타낸다. 이 항목은 종속기업의 자본과 상계되어 연결재무제표에서는 표시되지 않는다.

2 재무제표의 상호관련성

재무제표의 각 요소는 동일한 거래나 사건의 다른 측면을 반영하고 있으므로 서로 연관되어 있다. 각각의 재무제표가 서로 다른 정보를 제공한다 할지라도 어느 한 재무제표가 의사결정에 충분한 정보를 제공하지 못할 수 있기 때문에 다른 재무제표와 함께 활용해야 한다.

손익계산서는 기업의 수익성을 평가하는 데 유용한 정보를 제공한다. 손익계산서 정보는 재무상태표 정보와 함께 이용될 때 더욱 의미 있는 해석을 할 수 있다. 재무상태표 항목인 자기자본과 손익계산서 항목인 당기순이익을 결합하면 더 풍부한 정보를 얻을 수 있다.

손익계산서 정보는 현금흐름표 정보와 함께 이용될 때 더욱 유용성이 높아진다. 현금흐름표는 회계기간의 현금유입과 현금유출에 대한 정보를 제공하는데 현금유입과 현금유출은 손익계산서의 수익과 비용에 대응된다. 그러나 이 수치들은 일치하지는 않는데 양자의 차이에서 손익계산서에서는 알 수 없는 추가적 정보를 얻을 수 있다.

3 재무제표 정보의 유용성과 한계

재무제표는 정보이용자에게 기업의 재무상태와 경영성과에 관한 정보를 전달하는 핵심적 수단이다. 아무런 정보가 없이 의사결정을 하는 것보다는 신뢰할 수 있는 정보를 이용함으로써 정보이용자는 합리적 의사결정에 이를 수 있다. 그러나 재무제표는 다음과 같은 한계가 있다.

첫째, 재무제표에는 화폐로 측정되는 정보만 표시된다. 즉, 화폐로 측정되지 않는 정보는 재무제표에 보고되지 않는다. 따라서 화폐금액으로 측정되지 않으면 중요한 정보이더라도 표시되지 않는다.

둘째, 투자자나 채권자는 기업의 미래 전망을 보고 의사결정을 한다. 그러나 재무제표는 과거의 거래와 사건을 집계하여 작성된 것으로 미래의 예측치를 제공하지는 않는다.

셋째, 재무제표는 얼핏 보면 숫자로 표시되어 있어서 매우 정확할 것처럼 보이지만 재무제표에 나타난 수치는 경영자의 주관적 추정을 반영하는 경우가 많다. 예를 들어 유형자산의 내용연수, 매출채권의 회수가능성 등은 합리적이고 체계적인 방법으로 추정해야 한다. 이러한 추정과정에서 주관적 판단이 개입되는 것이 불가피하다.

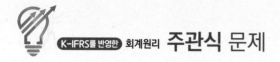

2-01 재무제표항목의 구분

다음은 재무상태표와 손익계산서에 나타나는 항목들이다. 이들 항목을 자산, 부채, 자본, 수익과 비용으로 구분하여 괄호 안에 기입하시오.

① 상   품   (   )   ② 차 입 금   (   )
③ 건   물   (   )   ④ 이 자 수 익   (   )
⑤ 매 출 원 가 (   )   ⑥ 대 여 금   (   )
⑦ 임 차 료 (   )   ⑧ 이 익 잉 여 금 (   )
⑨ 매   출   (   )   ⑩ 미 지 급 비 용 (   )

2-02 회계등식

회계등식을 이용하여 다음 독립된 사례의 질문에 금액을 계산하시오.

① 자산이 ₩45,000이고 자본이 ₩28,000일 때 부채는?
② 부채가 ₩58,000이고 자본이 ₩25,000일 때 자산은?
③ 자산이 ₩28,500이고 부채가 ₩18,300일 때 자본은?
④ 비용이 ₩18,300이고 순이익이 ₩2,800일 때 수익은?

2-03 회계등식

회계등식을 이용하여 다음 독립된 사례의 ①~⑫에 들어갈 금액을 계산하시오.

	총수익	총비용	순이익	기말자산	기말부채	기초자본	기말자본
A사	10,000	8,000	①	15,000	9,000	②	③
B사	④	6,000	1,000	11,000	⑤	6,400	⑥
C사	6,500	⑦	1,200	⑧	4,000	⑨	5,100
D사	⑩	8,200	(1,100)	⑪	7,300	8,800	⑫

2-04 재무상태표 작성

다음은 (주)고려의 재무자료이다. 회계등식을 이용하여 현금에 기록될 금액을 구하고 재무상태표를 작성하시오.

현 금	?	단 기 차 입 금	200,000
건 물	135,000	미 지 급 비 용	15,000
이 익 잉 여 금	25,000	상 품	40,000
매 출 채 권	140,000	토 지	194,000
매 입 채 무	130,000	자 본 금	180,000

2-05 재무상태표 작성

다음은 (주)한국의 재무자료이다. 회계등식을 이용하여 이익잉여금에 기록될 금액을 구하고 재무상태표를 작성하시오.

현 금	80,000	단 기 차 입 금	120,000
건 물	135,000	미 지 급 비 용	5,000
매 입 채 무	23,000	상 품	40,000
매 출 채 권	14,000	토 지	94,000
자 본 금	200,000	이 익 잉 여 금	?

2-06 손익계산서 작성

다음은 (주)개성의 영업활동에 관한 자료이다. 이중 수익과 비용에 해당하는 항목들을 선택하여 손익계산서를 작성하시오.

급 여	180,000	매 출	1,850,000
배 당 금	25,000	법 인 세 비 용	120,000
광 고 비	125,000	임 차 료	215,000
기 계 설 비	140,000	매 출 원 가	620,000
보 험 료	110,000	이 자 수 익	115,000
미 수 이 자	15,000	미 지 급 급 여	80,000

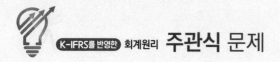

2-07 재무상태표와 손익계산서

다음은 (주)만주의 회계보고서이다. 이 보고서는 회계등식에 맞지 않게 작성되었다. 각 항목들을 자산, 부채, 자본 그리고 수익과 비용으로 적절히 분류하여 재무상태표와 손익계산서를 작성하시오.

<table>
<tr><td colspan="4" align="center">회계보고서</td></tr>
<tr><td>현　　　　　금</td><td>₩ 300,000</td><td>상　　　　　품</td><td>₩ 900,000</td></tr>
<tr><td>매 출 채 권</td><td>1,350,000</td><td>비　　　　　품</td><td>800,000</td></tr>
<tr><td>매 입 채 무</td><td>1,130,000</td><td>차 　 입 　 금</td><td>1,250,000</td></tr>
<tr><td>자 　 본 　 금</td><td>500,000</td><td>이 익 잉 여 금</td><td>470,000</td></tr>
<tr><td>매 　 출 　 액</td><td>3,400,000</td><td>매 출 원 가</td><td>2,900,000</td></tr>
<tr><td>급　　　　　여</td><td>250,000</td><td>임 　 차 　 료</td><td>100,000</td></tr>
<tr><td>판 매 수 수 료</td><td>50,000</td><td>이 자 수 익</td><td>35,000</td></tr>
<tr><td>이 자 비 용</td><td>20,000</td><td>법 인 세 비 용</td><td>15,000</td></tr>
<tr><td></td><td>₩7,000,000</td><td></td><td>₩6,470,000</td></tr>
</table>

2-08 재무상태표와 손익계산서

다음은 (주)만주의 재무상태와 경영성과를 나타내는 수치들이다.

현 금	118,400	단 기 차 입 금	343,200
토 지	789,000	미 지 급 비 용	12,300
이 익 잉 여 금	?	상 품	56,700
매 출 채 권	234,500	자 본 금	364,200
매 입 채 무	333,300	매 출 액	1,234,500
급 여	198,700	임 차 료	123,400
미 수 수 익	25,600	매 출 원 가	789,000
이 자 비 용	34,500	이 자 수 익	34,500

요구사항

1. 자산, 부채, 자본에 해당하는 항목들을 이용하여 재무상태표를 작성하고 이익잉여금에 기록될 금액을 구하시오.
2. 수익과 비용에 해당하는 항목들을 이용하여 손익계산서를 작성하고 당기순이익을 구하시오.

CHAPTER

3

거래의
기록원리

Accounting principles reflecting K-IFRS

거래의 기록 방법

1 회계기록의 대상: 거래

기업은 재화나 용역을 제공하는 활동을 통하여 수익을 창출한다. 기업이 수행하는 수많은 활동과 그 활동의 결과로 발생한 사건들 중에서 기업의 재무상태에 영향을 미치는 것을 거래라 한다. 재무상태란 자산, 부채 및 자본의 보유상태를 말한다. 즉, 거래는 특정기업의 자산, 부채 및 자본의 보유상태를 변동시키는 사건이다.

> 거래(transaction)란 기업의 경제적 사건들 중에서 기업의 재무상태에 변동을 가져오는 사건을 말한다.

거래는 기업 외부에서도 일어나고 기업 내부에서도 일어난다. 매장에 필요한 설비를 구입하거나 건물주에게 임차료를 내고 고객에게 상품을 파는 것은 외부거래이고, 영업을 위해 매장의 설비를 이용하는 것은 내부거래이다. 그런데 자산, 부채, 자본의 변동이 일어나야 회계상의 거래이므로 회계상의 거래가 아닌 것도 많다. 매매계약을 체결하거나 차입금에 대한 담보로 부동산을 제공하는 것을 얼핏 거래라고 오해하기도 한다. 그러나 담보제공이나 임차계약, 판매계약 등의 행위는 이로 인하여 기업의 자산, 부채 및 자본의 변동이 생기지 않는다. 반면에 화재로 인한 건물의 훼손, 상품의 도난이나 파손, 상품가격의 하락 등은 일상생활에서는 거래라 하지 않지만 이 사건들은 회계거래에 해당한다. 왜냐하면 화재, 도난, 파손 등으로 인하여 기업의 자산이 감소하기 때문이다.

한편 거래를 회계장부에 기록하기 위해서는 거래가 기업의 재무상태에 미치는 영향을 화폐금액으로 측정할 수 있어야 한다. 예를 들어 직원에게 급여를 지급하면 현금이라는 자산이 감소한다. 자산이 감소하였으므로 이것은 거래에 해당하며 이 거래의 영향은 지급된 현금금액으로 측정될 수 있다. 한편 후원하는 축구단이 리그에서 우승하여 기업의 이미지와 브랜드 가치가 높아졌다고 하자. 그러나 그 영향을 신뢰성 있는 금액으로 측정할 수 없기 때문에 이것은 회계기록의 대상이 되지 않는다.

예제 3-1 | **거래의 식별**

다음은 영업활동과 관련하여 발생한 사건들이다.

(1) 은행에서 현금 ₩10,000,000을 차입하였다.

(2) 은행에 회사의 건물 (장부금액 ₩13,000,000)을 담보로 제공하였다.

(3) 3년간 ₩10,000,000에 해당하는 공사를 수주하였다.

(4) 화재가 발생하여 ₩500,000의 상품이 전부 소실되었다.

(5) 월 급여 ₩200,000을 주기로 하고 직원을 고용하였다.

(6) 이 달에 발생한 급여 ₩200,000을 미지급하였다.

(7) 건물을 ₩800,000에 취득하는 계약을 체결하였다.

(8) 월세 ₩50,000에 건물의 임대차 계약을 맺었다.

(9) 건물에 대한 1개월치 월세 ₩50,000을 미리 받았다.

(10) 상품을 취득하고 그 대금 ₩50,000을 현금으로 지급하였다.

요구사항

위 사건들을 회계장부에 기록해야 할 것과 아닌 것으로 구별하고 그 이유를 설명하시오.

해답

(1) 차입을 통하여 증가한 자산(현금)과 부채(차입금)를 장부에 기록한다.

(2) 담보를 제공한 것은 건물의 소유권을 이전하는 것이 아니므로 거래가 아니다.

(3) 계약에 따라 실제 공사가 진행되는 시점에 거래를 기록한다.

(4) 화재발생으로 자산(상품)이 감소하였으므로 장부에 기록한다.

(5) 고용계약에 따라 직원이 실제로 근로를 제공할 때 장부에 기록한다.

(6) 급여를 지급할 의무가 발생하였으므로 장부에 기록한다.

(7) 계약일에는 재무상태의 변동이 없으므로 거래로 기록하지 않는다.

(8) 임대차 계약에 따라 건물을 실제로 사용한 후에 거래로 기록한다.

(9) 수취한 월세만큼 자산(현금)이 증가하였으므로 거래로 기록한다.

(10) 상품이라는 자산이 증가하고 현금이라는 다른 자산이 감소하였다. 자산총액으로는 변동이 없지만 그 구성요소가 변동하였으므로 장부에 기록한다.

② 회계등식을 이용한 거래의 기록

자산은 부채와 자본의 합과 같다. 이 회계등식은 기말과 기초 어느 시점에서나 성립하고 기말 금액과 기초 금액의 차액, 즉 그 변동액에 대해서도 성립한다.

> 기초자산 = 기초부채 + 기초자본
> 기말자산 = 기말부채 + 기말자본
> 자산변동 = 부채변동 + 자본변동
>
> (3-1)

식(3-1)에서 '자본'을 '납입자본'과 '이익잉여금'으로 구분하여 표현하면 다음과 같다.

> 자산변동 = 부채변동 + 납입자본변동 + 이익잉여금변동
>
> (3-2)

식(3-2)에서 이익잉여금은 '수익발생'으로 증가하고 '비용발생'으로 감소한다. 따라서 이익잉여금변동을 그 구체적 내용인 수익발생과 비용발생으로 대체할 수 있다.

> 자산변동 = 부채변동 + 납입자본변동 + 수익발생 − 비용발생
>
> (3-3)

음수로 표현되는 '비용발생'을 양수로 표현하기 위해 좌측으로 옮긴다. 또한 '납입자본변동'은 앞으로 편의상 '자본변동'으로 축약하여 표현한다.

> 자산변동 + 비용발생 = 부채변동 + 자본변동 + 수익발생
>
> (3-4)

복식부기는 이러한 관계를 장부기록에 적용한 것이다. 기업에 어떤 거래가 발생하면 회계등식의 좌변 항목이나 우변 항목이 증가하거나 감소하는데 이러한 변동내역을 회계등식의 등호관계를 그대로 유지하면서 기록한 것이 복식부기이다.

복식부기 기록방식에서는 어떤 거래가 발생하면 관찰된 사건뿐 아니라 그 사건의 원인이

되는 사건이 동시에 기록된다. 예를 들어 사업에 필요한 자본을 조달하기 위해 소유주가 1억 원을 출자했다고 하자. 이 사건을 기업의 입장에서 보면 기업은 1억 원의 현금을 받고 이에 대해 1억 원에 상당하는 지분증권을 발행한 것이다. 기업이 받은 현금은 자산증가로 기록될 것이고, 기업이 발행한 지분증권은 소유주의 몫임을 나타내기 위해 자본으로 기록된다. 그리고 사업에 필요한 자금을 은행에서 1억 원을 빌렸다고 하자. 기업은 은행에서 1억 원의 현금을 받았고 이에 대해 1억 원에 상당하는 채무를 부담한다. 기업이 받은 현금은 자산증가로 기록되고 은행에 대한 채무는 부채로 기록된다.

아래에서는 청소용역을 제공하는 기업에서 발생한 거래를 회계등식을 이용하여 기록하는 것을 설명한다.

사례1

1월 5일 박○○씨는 청소용역 회사 '대청소(주)'를 설립하고 자본금 ₩1,000을 출자하였다. 이 거래로 인하여 자산이 ₩1,000 증가하고 자본이 ₩1,000 증가하였다. 이를 회계등식에 내입하면 다음과 같다.

자산변동	+	비용발생	=	부채변동	+	자본변동	+	수익발생
1,000						1,000		

사례2

1월 8일 청소비품을 ₩600에 취득하고 대금은 1개월 후 지급하기로 하였다. 이 거래로 인하여 자산이 ₩600 증가하고 부채가 ₩600 증가하였다. 이를 회계등식에 대입하면 다음과 같다.

자산변동	+	비용발생	=	부채변동	+	자본변동	+	수익발생
600				600				

사례3

1월 10일 청소용 소모품을 구입하고 ₩200을 지급하였다. 이 거래로 인하여 자산(소모품)이 ₩200 증가하고 자산(현금)이 ₩200 감소하였다. 이를 회계등식에 대입하면 다음과 같다.

자산변동	+	비용발생	=	부채변동	+	자본변동	+	수익발생
200								
(200)								

사례4

1월 15일 청소용역을 제공하고 대가 ₩100을 수취하였다. 이 거래로 자산(현금)이 ₩100 증가하고 수익(용역수익) ₩100이 발생하였다. 이를 회계등식에 대입하면 다음과 같다.

자산변동	+	비용발생	=	부채변동	+	자본변동	+	수익발생
100								100

사례5

1월 20일 미지급한 청소비품 대금 중 ₩250을 지급하였다. 이 거래로 인하여 자산(현금)이 ₩250 감소하고 부채가 ₩250 감소하였다. 이를 회계등식에 대입하면 다음과 같다.

자산변동	+	비용발생	=	부채변동	+	자본변동	+	수익발생
(250)				(250)				

사례6

1월 30일 직원 급여 ₩40과 기타영업비용 ₩17이 발생하였다. 급여는 지급하였으나 기타영업 비용은 월말까지 미지급 상태이다. 이 거래로 ₩57의 비용이 발생하고, 자산이 ₩40 감소하고 부채가 ₩17 증가하였다. 이를 회계등식에 대입하면 다음과 같다.

자산변동	+	비용발생	=	부채변동	+	자본변동	+	수익발생
(40)		40						
		17		17				

사례1 내지 사례6의 기록을 모두 표시하면 다음과 같다.

	자산변동	+	비용발생	=	부채변동	+	자본변동	+	수익발생
사례1	1,000						1,000		
사례2	600				600				
사례3	200								
	(200)								
사례4	100								100
사례5	(250)				(250)				
사례6	(40)		40						
			17		17				
	₩1,410		₩57		₩367		₩1,000		₩100

위의 거래들을 기록한 결과 최종 잔액은 자산 ₩1,410, 부채 ₩367, 자본 ₩1,000이다. 그리고 수익은 ₩100이고 비용이 ₩57이다. 그리고 자산과 비용의 합(₩1,467)은 부채, 자본 및 수익의 합(₩1,467)과 일치한다. 즉 모든 거래를 회계등식이 유지되도록 기록한 결과 그 잔액도 회계등식이 성립한다. 이상의 결과를 요약하여 다음과 같은 간단한 회계보고서로 작성할 수도 있다.

요약 회계보고서

자 산	₩1,410	부 채	₩367
		자 본	1,000
비 용	57	수 익	100
	₩1,467		₩1,467

위의 회계보고서에는 회계등식의 왼쪽 요소와 오른쪽 요소가 구분 표시되었다. 보고서 왼쪽에는 자산과 비용이, 오른쪽에는 부채, 자본 및 수익이 기재되었다. 그리고 좌변의 합(₩1,467)은 우변의 합(₩1,467)과 일치하는데 이를 통해 거래의 기록에 오류가 없었음을 알 수 있다.

예제 3-2 | **회계등식을 이용한 거래의 기록**

1) 현금 ₩1,000을 출자하여 택배서비스 사업을 개시하다.

2) 은행에서 현금 ₩1,000을 차입하다.

3) 운반비 ₩100을 현금으로 지급하다.

4) 택배서비스를 제공하고 ₩500을 받다.

5) 급여 ₩100을 현금으로 지급하다.

6) 위의 차입금 중 ₩250을 현금으로 상환하다.

요구사항

회계등식을 이용하여 각 거래를 기록하시오.

해답

	자산변동	+	비용발생	=	부채변동	+	자본변동	+	수익발생
1)	1,000						1,000		
2)	1,000				1,000				
3)	(100)		100						
4)	500								500
5)	(100)		100						
6)	(250)				(250)				
	2,050	+	200	=	750	+	1,000	+	500

③ 계정을 이용한 거래의 기록

앞에서 자산, 부채, 자본 및 수익, 비용으로 나누어 거래를 기록하였다. 그러나 이러한 기록방식에서는 자산, 부채, 자본의 세부항목을 나타내지 못한다. 즉 기말의 자산총액은 알 수 있지만 이 중 현금이 얼마인지 매출채권이 얼마인지를 알 수 없다. 또한 자산의 증가액 중 현금의 증가액이 얼마인지 자산의 감소액 중 현금의 감소액이 얼마인지를 알 수 없다.

이러한 문제를 해결하기 위해 고안된 것이 계정(account)이다. 계정이란 거래를 기록하는 표준화된 분류 항목을 말한다. 그리고 계정과목은 각 계정에 고유한 이름을 붙인 것이다. 이제부터는 자산의 변동이 생기는 거래를 자산으로 통합하여 기록하는 대신 자산을 구성하는 세부 계정을 이용하여 기록한다. 마찬가지로 부채, 자본 및 수익, 비용도 각각의 세부 계정을 이용하여 기록한다. 계정은 재무상태표 계정과 손익계산서 계정으로 구분된다. 재무상태표 계정은 자산, 부채 및 자본에 관련된 계정들이고, 손익계산서 계정은 수익과 비용에 관련된 계정들이다. 계정과목은 기업의 특성과 영업환경을 반영하여 그 성격과 내용을 명확히 할 수 있는 이름을 사용한다. 거래의 빈도가 높고 중요한 항목은 별도의 계정과목을 사용하고 거래의 빈도가 낮고 중요하지 않은 것은 다른 항목과 통합하여 사용한다.

표 3-1_ 계정의 분류와 계정과목

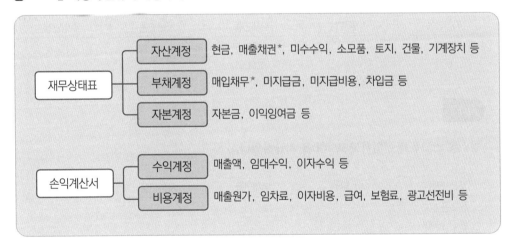

★ 매출채권(매입채무)은 외상매출금(외상매입금)과 받을어음(지급어음)을 통합한 계정이며 재무상태표에 표시할 때 사용하는 계정 과목이다. 거래를 기록할 때에는 매출채권(매입채무)이 아니라 외상매출금(외상매입금)으로 기록해야 한다. 다만 당분간은 편의상 매출채권(매입채무)으로 기록하기로 한다. 이에 대해서는 "매출채권과 수취채권"편에서 자세히 배울 것이다.

계정을 이용한 거래의 기록 방식은 다음과 같다.

사례1

자본금 ₩1,000을 출자하여 청소용역을 제공하는 회사를 설립하였다.

자산변동	+	비용발생	=	부채변동	+	자본변동	+	수익발생
현 금						자본금		
1,000						1,000		

사례2

청소용 비품을 ₩600에 취득하고 대금은 1달 후에 지급하기로 하였다.

자산변동	+	비용발생	=	부채변동	+	자본변동	+	수익발생
비 품				미지급금				
600				1,000				

사례3

청소용 소모품을 구입하고 ₩200을 지급하였다.

자산변동	+	비용발생	=	부채변동	+	자본변동	+	수익발생
소모품 600								
현 금 (600)								

사례4

청소 용역을 제공하고 대가 ₩100을 수취하였다.

자산변동	+	비용발생	=	부채변동	+	자본변동	+	수익발생
현 금								용역수익
100								100

사례5

비품의 미지급금 중에서 ₩250을 지급하였다.

자산변동	+	비용발생	=	부채변동	+	자본변동	+	수익발생
현 금				미지급금				
(250)				(250)				

사례6

직원 급여 ₩40과 기타비용 ₩17이 발생하였다. 급여는 지급하였고 기타비용은 미지급한 상태이다.

자산변동	+	비용발생	=	부채변동	+	자본변동	+	수익발생
현 금(40)		급여 40						
		기타 17		미지급비용17				

표 3-2_ 계정을 이용한 거래의 기록

	자산변동			비용발생		부채변동		자본변동	수익발생
	현금	비품	소모품	급 여	기 타	미지급금	미지급비용	자본금	용역수익
사례1	1,000							1,000	
사례2		600				600			
사례3	(200)		200						
사례4	100								100
사례5	(250)					(250)			
사례6	(40)			40	17		17		
잔액	610	600	200	40	17	350	17	1,000	100

거래를 계정에 기록한 결과 자산 등의 구체적인 구성요소가 확인된다. 즉 자산은 현금 ₩610, 비품 ₩600 및 소모품 ₩200으로 구성되고, 부채는 미지급금 ₩350과 미지급비용 ₩17으로 구성되었다.

예제 3-3 계정을 이용한 거래의 기록

법률자문업을 목적으로 설립된 ACE법률자문은 지난 1년간 다음과 같은 거래들이 있었다.

(1) 주주들이 자본금 ₩8,000을 새로 출자하다.
(2) 건물(₩5,000)을 취득하였으나 대금은 미지급한 상태이다.
(3) 영업개시 광고를 하고 현금 ₩600을 지급하다.
(4) 법률자문수수료 ₩3,000을 현금으로 받다.
(5) 은행에서 운영자금 ₩4,000을 차입하다.
(6) 위 (2)번 거래의 채무 중 ₩4,000을 지급하다.
(7) 직원의 급여 ₩900을 지급하다.
(8) 차입금에 대한 이자 ₩200이 발생하였으나 미지급한 상태이다.
(9) 보험료 ₩800을 지급하다.
(10) 사무실 관리비 ₩1,200이 발생하였으나 미지급한 상태이다.

요구사항

위의 거래들을 적절한 계정을 이용하여 기록하시오.

해답

(1)	자산변동	+	비용발생	=	부채변동	+	자본변동	+	수익발생
	현금						자본금		
	8,000						8,000		

(2)	자산변동	+	비용발생	=	부채변동	+	자본변동	+	수익발생
	건물				미지급금				
	5,000				5,000				

(3)	자산변동	+	비용발생	=	부채변동	+	자본변동	+	수익발생
	현금		광고비						
	(600)		600						

(4) | 자산변동 | + | 비용발생 | = | 부채변동 | + | 자본변동 | + | 수익발생 |
| 현 금 | | | | | | | | 용역수익 |
| 3,000 | | | | | | | | 3,000 |

(5) | 자산변동 | + | 비용발생 | = | 부채변동 | + | 자본변동 | + | 수익발생 |
| 현 금 | | | | 차입금 | | | | |
| 4,000 | | | | 4,000 | | | | |

(6) | 자산변동 | + | 비용발생 | = | 부채변동 | + | 자본변동 | + | 수익발생 |
| 현 금 | | | | 미지급금 | | | | |
| (4,000) | | | | (4,000) | | | | |

(7) | 자산변동 | + | 비용발생 | = | 부채변동 | + | 자본변동 | + | 수익발생 |
| 현 금 | | 급 여 | | | | | | |
| (900) | | 900 | | | | | | |

(8) | 자산변동 | + | 비용발생 | = | 부채변동 | + | 자본변동 | + | 수익발생 |
| | | 이자비용 | | 미지급비용 | | | | |
| | | 200 | | 200 | | | | |

(9) | 자산변동 | + | 비용발생 | = | 부채변동 | + | 자본변동 | + | 수익발생 |
| 현 금 | | 보험료 | | | | | | |
| (800) | | 800 | | | | | | |

(10) | 자산변동 | + | 비용발생 | = | 부채변동 | + | 자본변동 | + | 수익발생 |
| | | 관리비 | | 미지급비용 | | | | |
| | | 1,200 | | 1,200 | | | | |

거래기록의 요약

	자산변동		비용발생					부채변동			자본변동	수익발생
	현금	건물	광고비	급여	보험료	이자비용	관리비	미지급금	미지급비용	차입금	자본금	용역수익
(1)	8,000										8,000	
(2)		5,000						5,000				
(3)	(600)		600									
(4)	3,000											3,000
(5)	4,000									4,000		
(6)	(4,000)							(4,000)				
(7)	(900)			900								
(8)						200			200			
(9)	(800)				800							
(10)							1,200		1,200			
계	8,700	5,000	600	900	800	200	1,200	1,000	1,400	4,000	8,000	3,000

 제2절

거래 기록의 첫 단계: 분개

수많은 거래를 계정에 직접 기록하다 보면 잘못된 계정에 기록하거나 기록을 누락할 수도 있다. 따라서 계정에 직접 기록하기 전에 각 거래를 어느 계정에 기록할지 또한 계정의 어느 쪽에 기록할지를 판단하는 과정이 필요하다. 이를 거래의 분석이라 하며 그 결과를 기록하는 것이 분개(分介)이다.

① 거래요소의 결합관계

식 (3-4)에서 자산변동을 "자산증가"와 "자산감소"로 구분하면 거래의 영향을 모두 나타낼 수 있다. 마찬가지로 "부채변동"과 "자본변동"도 각각의 증가와 감소로 구분하면 식(3-4)의 회계등식은 다음과 같이 표현될 수 있다.

$$\text{(자산 증가 − 자산 감소) + 비용발생}$$
$$\text{= (부채 증가 − 부채 감소) + (자본 증가 − 자본 감소) + 수익발생} \qquad \text{(3-5)}$$

식(3-5)에서 음수로 표시된 항목들은 반대쪽으로 보낸다. 즉 등식의 왼쪽 요소인 자산감소는 오른쪽으로, 등식의 오른쪽 요소인 부채감소와 자본감소를 왼쪽으로 보내면 다음과 같다.

$$\text{자산 증가 + 부채 감소 + 자본 감소 + 비용발생}$$
$$\text{= 자산 감소 + 부채 증가 + 자본 증가 + 수익발생} \qquad \text{(3-6)}$$

식(3-6)에서 등식의 왼쪽 요소인 자산은 그 증가만 왼쪽에 남고, 감소는 오른쪽으로 넘어갔다. 그리고 등식의 오른쪽 요소인 부채와 자본은 그 증가만 오른쪽에 남고 감소는 왼쪽으로 넘어갔다. 그 결과 자산증가는 왼쪽에, 자산감소는 오른쪽에 기록된다. 반면 부채증가는 오른쪽에, 부채감소는 왼쪽에 기록된다. 즉 회계장부의 왼쪽에는 자산을 적고, 오른쪽에는 부채와 자본을 적는 규칙이 더이상 적용되지 않는다. 이제부터 회계장부의 왼쪽을 차변(debit)이라 하고 오른쪽을 대변(credit)이라 부르기로 한다. 이러한 기록방식은 약간 혼란스럽지만 대단히 유용한 장점을 가진다. 여기서는 모든 항목이 양수로 표시된다. 그리고 모든 숫자를 합산하여 등식이 성립하는지 여부로 회계기록이 정확한지 알 수 있다. 이것을 복식부기의 자기검정* 기능이라고 한다.

> ★ 만약 모든 계정의 증가는 왼쪽에 기록하고, 감소는 오른쪽에 기록하는 단순한 방식으로 기록하여도 자기검증 기능이 작동할까? 이러한 기록방식은 초심자에게는 쉽겠지만 불행히도 좌변의 합계액이 우변 합계액과 일치되지 않으므로 자기검증 기능을 기대할 수 없다.

모든 거래는 회계등식 (3-6)에 따라 차변요소인 '자산 증가, 부채 감소, 자본 감소, 비용 발생' 중의 하나와 대변요소인 '자산 감소, 부채 증가, 자본 증가, 수익 발생' 중 하나의 결합으로 이루어진다. 이와 같이 거래를 이루는 8가지 결합 항목을 거래의 8요소라 한다.

그림 3-1_ **거래요소의 결합관계**

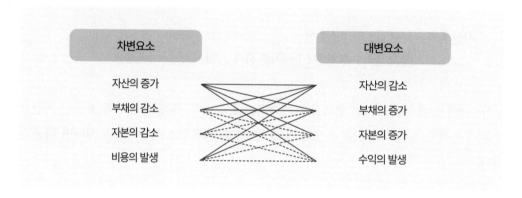

② 거래의 분석

거래는 회사와 거래상대방과의 교환으로 이루어진다. 예를 들어 소모품을 구입하고 현금을 지급하는 거래는 다음과 같이 표현될 수 있다.

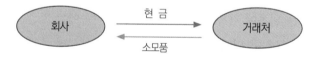

이 거래에서 회사는 자산(소모품)이 증가하는 동시에, 자산(현금)이 감소한다. 그림에서 화살표의 방향은 회사로 유입되거나 거래처로 유출되는 자원을 나타낸다. 회사로 유입되는 자원이 있으면 거래처로 유출되는 자원도 있다. 이와 같이 복식부기는 거래의 이중적 속성을 파악하여 기록한다.

그림에서 회사로 유입되는 자원을 거래의 8요소 중 차변 요소로, 거래처로 유출되는 자원을 대변 요소로 바꾸어 볼 수 있다. 예를 들어 고객에게 세무자문 용역을 제공하고 그 대가를 현금으로 받는 거래는 다음과 같이 표현될 수 있다.

이 거래에서 회사는 세무자문 용역을 제공하고 그 대가로 현금을 받는다. 회사가 거래처에 제공하는 용역은 수익창출 활동이다. 따라서 이를 수익으로 기록한다. 회사는 차변에 자산(현금)의 증가를 기록하고, 대변에 수익(용역수익)의 발생을 기록한다. 만약 이 거래에서 제공한 용역의 대가를 아직 받지 못한 상태이면 현금을 매출채권으로 대체하여 다음과 같이 표현된다.

이 거래에서 회사는 세무자문 용역을 제공하고 그 대가를 아직 받지 못했다. 용역제공의 대가를 받았든 받지 않았든 용역을 제공한 시점에 수익(용역수익)을 대변에 기록한다. 그리고 회사는 용역을 제공한 대가를 받을 권리가 생겼으므로 이 권리를 차변에 자산(매출채권)의 증가로 기록한다. 그리고 나중에 이 매출채권을 현금으로 회수하는 거래는 다음과 같다.

매출채권을 회수하면 매출채권이 소멸되고 현금이 유입된다. 회사는 차변에 자산(현금)의 증가를, 대변에 자산(매출채권)의 감소를 기록한다. 이번에는 건물의 임차료를 현금으로 지급하는 거래를 분석해 보자.

이 거래에서 회사는 건물의 임대용역을 제공받고 그 대가를 현금으로 지급한다. 회사가 사용한 건물의 임대용역은 비용으로 기록된다. 회사는 차변에 비용(임차료)의 발생을, 대변에 자산(현금)의 감소를 기록한다. 만약 이 거래에서 건물의 임차료를 아직 지급하지 않은 상태이면 다음과 같이 표현된다.

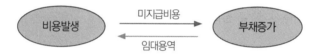

회사는 건물을 사용하고 그 임차료를 아직 지급하지 않았지만 이미 건물을 사용한 만큼 비용이 기록되어야 한다. 따라서 차변에 비용(임차료)의 발생을 기록한다. 그리고 회사는 건물의 임차료를 지급할 의무가 생겼으므로 이 의무를 대변에 부채(미지급임차료)의 증가로 기록한다. 그리고 나중에 이 미지급임차료를 현금으로 지급하는 거래는 다음과 같이 분석된다.

미지급임차료의 지급으로 채무가 소멸되고 현금이 감소된다. 회사는 차변에 부채(미지급임차료)의 감소를, 대변에 자산(현금)의 감소를 기록한다.

예제 3-4 **거래요소의 결합관계 분석**

다음은 세탁용역업을 운영하는 회사의 거래내역이다.

(1) 소유주가 현금을 출자하다.
(2) 은행에서 현금을 차입하다.

(3) 고객에게 세탁용역을 외상으로 제공하였다.

(4) 위의 매출채권을 현금으로 회수하다.

(5) 직원의 급여를 현금으로 지급하다.

요구사항

위의 각 거래에 대해 거래요소의 결합관계를 표시하시오.

해답

(1)
| 자산증가 | 주 식 → / ← 현 금 | 자본증가 |

(2)
| 자산증가 | 채무증서 → / ← 현 금 | 부채증가 |

(3)
| 자산증가 | 세탁용역 → / ← 매출채권 | 수익발생 |

(4)
| 자산증가 | 매출채권 → / ← 현 금 | 자산감소 |

(5)
| 비용발생 | 현 금 → / ← 근로용역 | 자산감소 |

③ 분개의 원리

거래의 분석에서 어떤 거래가 자산, 부채, 자본, 수익 및 비용에 미치는 영향을 판단하는 과정을 살펴보았다. 거래의 분석이 이루어지면 다음 단계는 결과를 분개(journalizing)하는 것이다. 분개는 거래가 회계시스템 내에 공식적으로 기록되는 첫 번째 단계이다. 분개의 원리는 거래의 분석에서 출발한다. 예를 들어 상품 ₩200,000을 현금으로 구입한 거래는 다음과 같이 분석된다.

위의 그림은 자산의 증가는 차변에, 자산의 감소는 대변에 기록하라는 메시지를 담고 있다. 여기서 자산의 증가 또는 자산의 감소라는 반복되는 불필요한 서술을 제거하고 구체적인 계정과목을 사용하여 다음과 같이 간결하게 표현할 수 있다.

（차변）상 품　　　　200,000　　　　（대변）현 금　　　　200,000

거래를 이렇게 기록한 것을 분개라고 한다. 이 분개는 상품계정의 차변에 ₩200,000을 기록하고, 현금계정의 대변에 ₩200,000을 기록하라는 의미를 가진다. 이러한 지시에 따라 각 계정에 거래내용을 기록한다.

한편 분개를 보고 거꾸로 거래의 내용을 추론할 수도 있다. 예를 들어 다음과 같이 분개한 거래가 있다고 하자.

（차변）현 금　　　　50,000　　　　（대변）차입금　　　　50,000

위의 거래에서 차변에 기록된 '현금 ₩50,000'은 현금(자산)이 ₩50,000 증가되었음을 의미하고, 대변에 기록된 '차입금 ₩50,000'은 차입금(부채)이 ₩50,000 증가되었음을 의미한다. 이 둘을 결합하면 '은행에서 ₩50,000을 차입하였다'라는 의미가 된다.

예제 3-5 　거래의 분개

다음은 청소용역회사의 한 달간 거래내용이다.

① 소유주가 자본금 ₩500,000을 출자하다.
② 은행에서 ₩500,000을 차입하다.
③ 청소도구 ₩500,000을 외상으로 구입하다.
④ 청소용품 ₩200,000을 외상으로 구입하다.
⑤ 위의 청소도구 미지급금 중 ₩300,000을 지급하다.

⑥ 위의 청소용품 미지급금 중 ₩100,000을 지급하다.

⑦ 청소용역을 제공하고 대가 ₩200,000은 외상으로 하다.

⑧ 위의 매출채권 중 ₩150,000을 회수하다.

⑨ 이달분 급여 ₩200,000을 지급하다.

요구사항

1. 거래들의 결합관계를 분석하시오.

2. 거래분석을 토대로 분개를 제시하시오.

해답

1. 거래요소의 결합관계 분석

	차변요소				대변요소			
	자산증가	부채감소	자본감소	비용발생	자산감소	부채증가	자본증가	수익발생
①	현 금 500,000						자본금 500,000	
②	현 금 500,000					차입금 500,000		
③	비 품 500,000					미지급금 500,000		
④	소모품 200,000					미지급금 200,000		
⑤		미지급금 300,000			현 금 300,000			
⑥		미지급금 100,000			현 금 100,000			
⑦	매출채권 200,000							용역수익 200,000
⑧	현 금 150,000				매출채권 150,000			
⑨				급 여 200,000	현 금 200,000			

2. 분개

①	(차) 현 금	500,000		(대) 자본금	500,000	
②	(차) 현 금	500,000		(대) 차입금	500,000	
③	(차) 비 품	500,000		(내) 미지급금	500,000	
④	(차) 소모품	200,000		(대) 미지급금	200,000	
⑤	(차) 미지급금	300,000		(대) 현 금	300,000	
⑥	(차) 미지급금	100,000		(대) 현 금	100,000	
⑦	(차) 매출채권	200,000		(대) 용역수익	200,000	
⑧	(차) 현 금	150,000		(대) 매출채권	150,000	
⑨	(차) 급 여	200,000		(대) 현 금	200,000	

4 분개장과 전표

분개장은 거래의 분개를 기록하는 장부로 회계시스템에 거래를 기록하는 첫 번째 장부이다. 분개장에는 거래일자를 기록하는 란, 계정과목과 거래에 대한 설명을 기입하는 란, 총계정원장에 전기할 때 그 페이지를 기록하는 란, 차변과 대변금액을 기입하는 란을 구비하고 있다. 분개장에는 각 거래들이 발생한 순서대로 기록되어 있어서 각 거래의 경제적 효과를 한눈에 볼 수 있고 오류를 추적하고 검정하는 기초자료가 된다.

그림 3-2_ **분개장의 예시**

				분 개 장			1면
날짜		**적 요**		**원면**	**차 변**	**대 변**	
1	1	현금		101	5,000,000		
			자본금	301		5,000,000	
		(주주가 현금 출자하다)					
2	1	현금		101	1,000,000		
			차입금	201		2,000,000	
		(은행으로부터 차입하다)					

많은 기업들은 거래를 분개장에 기록하는 대신 전표(slip)시스템을 이용하여 처리한다. 특히 현금거래는 그 양이 엄청나게 많기 때문에 전표를 활용하는 것이 편리하다. 현금이 입금되는 거래는 입금전표에 기록하고, 현금이 지출되는 거래는 출금전표에 기록한다. '입금전표'를 사용하는 자체가 이미 '(차) 현금 ×××'을 기록한 효과가 있으므로 전표에는 단지 대변요소만 기록하면 된다. 마찬가지로 '출금전표'를 사용하는 자체로 '(대) 현금 ×××'의 기록을 대체하므로 차변요소만 전표에 기록하면 된다.

📷 그림 3-3_ **전표의 예시**

입 금 전 표
2017 년 4 월 10 일

과목	외상매출금		항목		한국상사
적		요		금액	
외상매출금 회수				4 0 0 0 0 0 0	
합		계		4 0 0 0 0 0 0	

출 금 전 표
2017 년 4 월 15 일

과목	복리후생비		항목		미식식당
적		요		금액	
관리부 직원들 회식비지급				8 0 0 0 0 0	
합		계		8 0 0 0 0 0	

 계정별 분류: 전기

1 전기

분개장에 기록된 거래는 궁극적으로 계정에 옮겨 적어야 하는데 이를 전기(posting)라고 한다. 즉, 분개는 거래를 계정에 기록하기 위한 예비절차이다. 분개에는 전기를 하기 위한 지시가 담겨 있다. 예를 들어 다음과 같은 분개가 어떻게 전기되는지 살펴보자.

| 1/1 | (차) | 비품 | ₩10,000 | (대) | 현금 | ₩10,000 |

이 분개에서 왼쪽 요소의 의미는 '비품' 계정의 '차변'에 '₩10,000'을 기록하라는 것이다. 이 지시대로 비품계정에 옮겨 적으면 다음과 같다.*

> ★ 총계정 원장의 각 계정은 이해를 돕기 위해 T 계정을 사용한다. 여기서는 각 계정의 차변요소와 대변요소를 왼쪽과 오른쪽에 구분하여 기록하는데 그 형태가 로마자의 T자와 비슷하여 T 계정이라 한다.

비 품	
1/1 현금 10,000	

위의 거래를 기록할 때 거래금액뿐 아니라 내역(거래일자, 상대계정)도 함께 기록하였다. 이렇게 기재함으로써 잇달아 기록되는 다른 거래와 구별할 수 있다. 그리고 비품계정에 기록된 내용만으로도 어떤 거래가 있었는지를 추정할 수도 있다.

| 1/1 | (차) | 비품 | ₩10,000 | (대) | 현금 | ₩10,000 |

이 분개의 오른쪽 요소는 '현금계정의 대변에 ₩10,000을 기록하라'는 의미이다. 이 지시대로 현금계정에 옮겨 적으면 다음과 같다.

현 금	
	1/1 비품 10,000

예제 3-6 분개와 전기

다음은 서울택배의 20 × 5년 4월에 발생한 거래들이다.

4/1 자본금 ₩100,000을 출자하여 택배사업을 개시하다.
4/2 택배서비스를 제공하고 대금 ₩100,000은 외상으로 하다.
4/3 은행에서 ₩50,000을 차입하다.
4/5 사업용 차량을 구입하고 대금 ₩100,000은 외상으로 하다.
4/7 광고용 판촉물을 구입하고 ₩20,000을 지급하다.
4/11 차량 대금 중 ₩25,000을 지급하다.
4/13 택배서비스 외상대금 중 ₩80,000을 회수하다.
4/15 차입금 중 ₩25,000을 상환하다.

요구사항

거래들을 분개하고 계정에 전기하시오.

해답

4/1 (차) 현 금   100,000   (대) 자본금   100,000

현 금	
4/1 100,000	

자본금	
	4/1 100,000

4/2 (차) 매출채권   100,000   (대) 용역수익   100,000

매출채권	
4/2 100,000	

용역수익	
	4/2 100,000

4/3 (차) 현 금   50,000   (대) 차입금   50,000

현 금	
4/1 100,000	
4/3 50,000	

차입금	
	4/3 50,000

4/5　　(차)　차량운반구　　100,000　　　　(대)　미지급금　　100,000

차량운반구			
4/5	100,000		

미지급금			
		4/5	100,000

4/7　　(차)　광고비　　20,000　　　　(대)　현 금　　20,000

현 금			
4/1	100,000	4/7	20,000
4/3	50,000		

광고비			
4/7	20,000		

4/11　　(차)　미지급금　　25,000　　　　(대)　현 금　　25,000

현 금			
4/1	100,000	4/7	20,000
4/3	50,000	4/11	25,000

미지급금			
4/11	25,000	4/5	100,000

4/13　　(차)　현 금　　80,000　　　　(대)　매출채권　　80,000

현 금			
4/1	100,000	4/7	20,000
4/3	50,000	4/11	25,000
4/13	80,000		

매출채권			
4/2	100,000	4/13	80,000

4/15　　(차)　차입금　　25,000　　　　(대)　현 금　　25,000

현 금			
4/1	100,000	4/7	20,000
4/3	50,000	4/11	25,000
4/13	80,000	4/15	25,000

차입금			
4/15	25,000	4/3	50,000

❷ 계정잔액

거래를 계정에 기록하면 언제든지 각 계정 잔액을 알 수 있다. [예제 3-6]에서 현금 계정의 차변합계는 대변합계보다 ₩160,000이 많고 매출채권 계정은 차변합계가 대변합계보다 ₩20,000이 많다. 이 차이가 현금과 매출채권의 4월 말 잔액이다.

	현 금				매출채권		
4/1	100,000	4/7	20,000	4/1	100,000	4/13	80,000
4/3	50,000	4/11	25,000				
4/13	80,000	4/15	25,000				
계	230,000	계	70,000				

한편 4월 말의 계정잔액은 5월 거래기록의 출발점이 된다. 즉 5월의 거래기록은 4월에서 이월된 계정잔액을 맨 첫 줄에 적고 다음 줄에 그 달에 일어난 사건들을 기록해 나간다. [예제 3-6]에서 현금과 매출채권의 4월 말 잔액이 ₩160,000과 ₩20,000이므로 5월의 기록은 다음과 같이 시작된다.

	현 금			매출채권	
전월이월	160,000		전월이월	20,000	

예제 3-7 **계정잔액의 산출**

다음은 서울택배의 20 × 5년 5월에 발생한 거래들이다.([예제 3-6]에서 계속)

5/11 택배서비스를 제공하고 대금 ₩230,000은 외상으로 하다.

5/13 택배서비스 외상대금 중 ₩180,000을 회수하다.

5/15 사업용 차량을 구입하고 대금 ₩120,000은 3개월 할부로 하다.

5/21 임차료 ₩55,000을 지급하다.

5/23 직원 급여 ₩150,000을 지급하다.

5/30 차량구입 미지급금 중 ₩40,000을 지급하다.

요구사항

1. 5월의 거래를 분개하시오.

2. 거래를 각 계정에 전기한 후 5월 말의 계정잔액을 구하시오.

해답

1. 분개

5/11	(차)	매 출 채 권	230,000	(대)	용 역 수 이	230,000
5/13	(차)	현 금	180,000	(대)	매 출 채 권	180,000
5/15	(차)	차 량 운 반 구	120,000	(대)	미 지 급 금	120,000
5/21	(차)	임 차 료	55,000	(대)	현 금	55,000
5/23	(차)	급 여	150,000	(대)	현 금	150,000
5/30	(차)	미 지 급 금	40,000	(대)	현 금	40,000

2. 거래의 전기와 계정잔액 산출

현금

전월이월	160,000	5/21	55,000
5/13	180,000	5/23	150,000
		5/30	40,000
잔액	95,000		

매출채권

전월이월	20,000	5/13	180,000
5/1	230,000		
잔액	70,000		

차량운반구

전월이월	100,000		
5/5	120,000		
잔액	220,000		

미지급금

5/30	40,000	전월이월	75,000
		5/5	120,000
		잔액	155,000

차입금

		전월이월	25,000

자본금

		전월이월	100,000

용역수익

		전월이월	100,000
		5/11	230,000

광고비

전월이월	20,000		

임차료

5/21	55,000		

급여

5/23	150,000	)	

별해

	4월 말 잔액		5월의 거래*		5월 말 잔액**	
	차변	대변	차변	대변	차변	대변
현 금	160,000		180,000	245,000	95,000	
매 출 채 권	20,000		230,000	180,000	70,000	
차 량 운 반 구	100,000		120,000		220,000	
차 입 금		25,000				25,000
미 지 급 금		75,000	40,000	120,000		155,000
자 본 금		100,000				100,000
용 역 수 익		100,000		230,000		330,000
임 차 료	-		55,000		55,000	
급 여	-		150,000		150,000	
광 고 비	20,000				20,000	
합계	300,000	300,000	775,000	775,000	610,000	610,000

* 5월의 거래는 5월의 분개를 집계한 것이다. 예를 들어 현금계정의 차변 ₩180,000은 5/13일의 거래금액이고 현금계정의 대변 ₩245,000은 5/21, 5/23, 5/30의 거래금액을 합친 것이다.

** 5월 말 잔액은 4월 말 잔액에 5월의 거래를 조정한 것이다. 예를 들어 현금계정의 잔액은 다음과 같다.

160,000 + 180,000 - 245,000 = ₩95,000

기록의 요약: 재무제표

1 시산표의 작성

지금까지 거래를 회계장부에 기록하는 과정을 살펴보았다. 다음 단계는 회계기간의 거래들을 요약하는 것이다. 이 작업은 일반적으로 시산표를 통해 이루어진다. 시산표(T/B: trial balance)는 재무상태표의 구성요소인 자산, 부채, 자본과 손익계산서의 구성 요소인 수익과 비용을 한곳에 집계한 표이다. 시산표에서 차변요소(자산과 비용)의 합계와 대변요소(부채, 자본, 수익)의 합계가 일치하는지를 확인함으로써 기중거래의 분개가 올바른지 또한 분개한 대로 총계정원장에 빠짐없이 전기되었는지를 알 수 있다. 만일 차변합계와 대변합계가 일치하지 않는다면 분개와 전기 중 적어도 하나 이상이 잘못되었음을 의미한다.

시산표는 합계시산표나 잔액시산표의 형태로 작성된다. 합계시산표는 계정의 차변과 대변합계를 집계하여 작성하고, 잔액시산표는 계정잔액을 집계하여 작성한다. 시산표의 계정과목은 자산, 부채, 자본, 수익, 비용의 순서로 기입한다. 자산·비용 계정은 차변에 기록하고 부채·자본·수익 계정은 대변에 기록한 후 양변의 합계가 같은지 확인한다.

예제 3-8 시산표의 작성

다음은 (주)서울택배의 20 × 5년 5월 말 총계정원장에 기록된 내용이다.([예제3-7]의 연속)

현 금				매출채권			
전월이월	160,000	감소	245,000	전월이월	20,000	감소	180,000
증가	180,000			증가	230,000		
계	340,000	계	245,000	계	250,000	계	180,000

차량운반구			
전월이월	100,000		
증가	120,000		
계	220,000		

미지급금			
감소	40,000	전월이월	75,000
		증가	120,000
계	40,000	계	195,000

차 입 금			
		전월이월	25,000
		계	25,000

자 본 금			
		전월이월	100,000
		계	100,000

용역수익			
		전월이월	100,000
		증가	230,000
		계	330,000

광 고 비			
전월이월	20,000		
계	20,000		

임 차 료			
증가	55,000		
계	55,000		

급 여			
증가	150,000		
계	150,000		

요구사항

합계시산표와 잔액시산표를 작성하시오.

합계시산표

계정과목	차 변	대 변
현 금	₩340,000	₩245,000
매 출 채 권	250,000	180,000
차 량 운 반 구	220,000	
미 지 급 금	40,000	195,000
차 입 금		25,000
자 본 금		100,000
용 역 수 익		330,000
광 고 비	20,000	
임 차 료	55,000	
급 여	150,000	
계	₩1,075,000	₩1,075,000

잔액시산표

계정과목	차 변	대 변
현　　　　　금	₩95,000	
매 출 채 권	70,000	
차 량 운 반 구	220,000	
미 지 급 금		₩155,000
차　　입　　금		25,000
자　　본　　금		100,000
용　역　수　익		330,000
광　　고　　비	20,000	
임　　차　　료	55,000	
급　　　　　여	150,000	
계	₩610,000	₩610,000

② 재무제표의 작성

　지금까지 기중거래를 분개장에 기록하고 분개장의 기록을 총계정원장에 전기하여 각 계정잔액을 구한 후 시산표로 요약하는 과정을 알아보았다. 마지막으로 시산표에 요약된 회계수치들을 토대로 재무제표를 작성하는 과정을 살펴본다. [예제 3-8]의 잔액시산표에서 자산(현금, 매출채권, 차량운반구)은 ₩385,000이고 부채(미지급금, 차입금)는 ₩180,000이며 자본(자본금)이 ₩100,000이다. 그리고 수익(용역수익)은 ₩330,000이고 비용(광고비, 임차료, 급여)이 ₩225,000이다.

　이 수치들을 이용하여 재무상태표와 손익계산서의 작성원리를 이해하기 쉽게 나타내면 [그림 3-1]과 같다. 자산, 부채, 자본은 재무상태표의 구성요소이고, 수익과 비용은 손익계산서의 구성요소이다. 잔액시산표에서 재무상태표 구성요소와 손익계산서 구성요소를 분리한 것이 재무상태표와 손익계산서이다. 오른쪽 그림의 재무상태표와 손익계산서를 결합하면 왼쪽의 잔액시산표와 같다. 오른쪽 그림의 재무상태표에서 자산은 부채와 자본의 합 보다 ₩105,000이 많다. 이 차이는 당기 중에 증가한 이익잉여금을 나타낸다. 이것은 기중에 발생한 수익과 비용을 이익잉여금계정에 직접 기록하지 않기 때문에 생긴다. 마찬가지로 손익계산서에서 수익은 비용보다 ₩105,000이 많으며 이것은 당기 중에 증가한 이익잉여금, 즉 당기순이익이다. 당기순이익은 마감분개를 통해 이익잉여금으로 대체되는데 구체적인 내용은 제4장에서 자세히 배울 것이다.

그림 3-1_ 재무상태표와 손익계산서의 작성원리

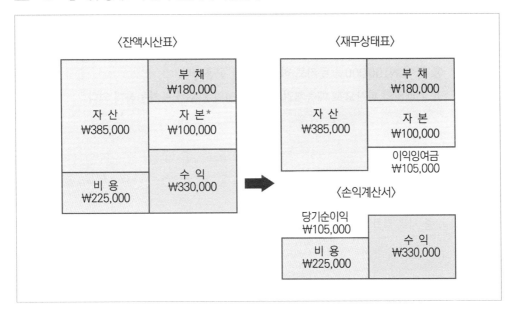

★ 잔액시산표에서 자본은 기초의 금액을 나타낸다. 자산과 부채는 기말의 금액으로 표시되는 것과는 차이가 있다. 이것은 기중의 자본 변동을 자본에 직접 반영하지 않고 수익과 비용으로 기록하였기 때문이다.

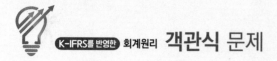

01 다음의 자료 중 거래로 인식할 것으로만 올바르게 묶은 것은?

> ⓐ 영업에 사용하기 위하여 차량을 ₩100,000에 구입하다.
> ⓑ 화재가 발생하여 ₩1,000,000의 손실이 생겼다.
> ⓒ 거래처에 상품 ₩50,000에 대한 견적서를 보내다.
> ⓓ ₩100,000의 상품을 공급하기로 하는 계약을 체결하다.
> ⓔ 은행에서 ₩100,000을 차입하기 위해 건물을 담보로 제공하다.
> ⓕ ₩20,000 상당의 상품이 파손되었다.
> ⓖ 급여 ₩100,000을 주기로 하고 직원을 고용하다.
> ⓗ 거래처의 파산으로 매출채권(₩30,000)의 회수가 불가능하게 되다.

① ⓐ, ⓑ, ⓔ, ⓕ   ② ⓑ, ⓒ, ⓕ, ⓗ

③ ⓐ, ⓑ, ⓕ, ⓗ   ④ ⓐ, ⓑ, ⓒ, ⓕ

02 다음 중 서로 결합될 수 없는 거래는?

① (차) 자산의 증가   (대) 수익의 발생

② (차) 부채의 감소   (대) 비용의 발생

③ (차) 부채의 감소   (대) 자산의 감소

④ (차) 자본의 감소   (대) 자본의 증가

03 ₩500,000의 비품을 구입하면서고 ₩200,000을 지급하고 나머지 ₩300,000은 외상으로 하였다. 이 거래의 결합관계를 올바로 나타낸 것은?

① (차) 자산의 증가 500,000   (대) 부채의 증가 500,000

② (차) 자산의 증가 300,000   (대) 부채의 증가 300,000

③ (차) 자산의 증가 200,000   (대) 부채의 증가 200,000

④ (차) 자산의 증가 500,000   (대) 부채의 증가 300,000

04 현금계정의 거래를 추정한 것으로 옳지 않은 것은?

현 금

전기이월	35,000	③ 소모품	125,000
① 차입금	500,000	④ 이익잉여금	25,000
② 매출채권	30,000		

① 은행에서 ₩500,000을 차입하다.

② 매출채권 ₩30,000을 회수하다.

③ 소모품 ₩125,000을 사용하다.

④ 배당금 ₩25,000을 지급하다.

05 시산표를 통해서 발견할 수 있는 오류가 아닌 것은?

① ₩45,000을 ₩450,000으로 잘못 기록한 오류

② 분개장의 차변요소를 원장의 대변에 전기한 오류

③ 특정 거래 기록의 완전한 누락

④ 매출채권을 시산표의 대변에 기록한 오류

🗝 정답

01 ⓐ (○) 차량 구입으로 자산이 증가하였으므로 거래이다.

　ⓑ (○) 화재로 자산이 감소하였으므로 거래이다.

　ⓒ (×) 견적서 발송만으로는 자산이나 부채, 자본의 변동을 가져오지 않으므로 거래가 아니다.

　ⓓ (×) 계약 체결만으로는 자산이나 부채, 자본의 변동을 가져오지 않으므로 거래가 아니다.

　ⓔ (×) 담보제공이 자산, 부채, 자본을 변동시키는 것은 아니므로 거래가 아니다.

　ⓕ (○) 상품이라는 자산이 감소하였으므로 거래이다.

　ⓖ (×) 채용 사실은 자산이나 부채, 자본의 변동을 가져오지 않으므로 거래가 아니다.

　ⓗ (○) 매출채권이라는 자산이 감소하였으므로 거래이다. **정답** ③

02 비용의 발생은 차변에 기록된다. **정답** ②

03 자산(비품)증가 500,000, 자산(현금) 감소 200,000 및 부채(미지급금) 증가 300,000으로 기록된다. **정답** ②

04 ③번 거래는 소모품 ₩125,000을 구입하는 거래이다. **정답** ③

05 거래의 누락이 있더라도 차변과 대변의 합계액이 일치하므로 시산표에서 발견할 수 없다. **정답** ③

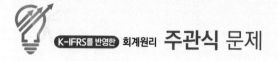

3-01 회계거래

아래의 사건이 회사의 자산, 부채, 자본, 수익 및 비용에 미치는 영향을 "증가", "감소", 아무런 영향이 없으면 빈칸으로 표시하시오.

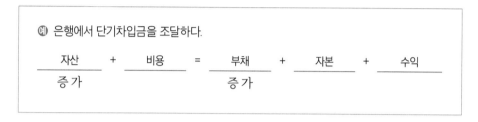

예) 은행에서 단기차입금을 조달하다.

자산	+	비용	=	부채	+	자본	+	수익
증 가				증 가				

(1) 소유주가 사업운영에 필요한 자금을 추가 출자하다.

(2) 건물에 대한 임차료를 현금으로 지급하다.

(3) 회계자문용역을 제공하고 그 대가를 수표로 받다.

(4) 사무실 비품을 외상으로 구입하다.

(5) 사무실 비품 중 일부가 화재로 인해 소실되었다.

(6) 소유주가 자신의 계좌에서 현금을 인출하다.

(7) 사무용 비품의 외상대금을 지급하다.

(8) 차입금의 이자가 발생하였으나 미지급 상태이다.

(9) 지난달에 제공한 회계자문용역의 대가를 이번달에 회수하다.

(10) 사무용 소모품을 구입하고 대금을 미지급하다.

3-02 회계등식을 이용한 거래의 기록

아래의 예와 같이 각 거래를 회계등식을 이용하여 기록하시오.

예) 주주가 현금 ₩5,000을 출자금으로 납입하다.

자산	+	비용	=	부채	+	자본	+	수익
5,000						5,000		

(1) 광고비 ₩800을 지급하다.

(2) 소유주가 사업에 필요한 자금 ₩5,000을 추가로 출자하다.

(3) 비품 ₩5,000을 외상으로 구입하다.

(4) 비품 구입대금 중 ₩2,000을 지급하다.

(5) 토지를 ₩5,000에 취득하고 대금 중 20%는 지급하고 나머지는 외상으로 하다.

(6) 차입금에 대한 이자 ₩200을 지급하다.

(7) 배당금 ₩500을 지급하다.

(8) 고객에게 회계자문용역 ₩1,000을 제공하고 대금을 청구하다.

(9) 지난달에 제공한 회계자문용역 대금 ₩1,000을 수취하다.

(10) 이 달 급여 ₩200과 공과금 ₩150이 발생하였으나 미지급한 상태이다.

3-03 계정을 이용한 거래의 기록

다음은 (주)방울의 최근 한 달 동안의 거래 자료이다.

(1) 은행에서 ₩10,000을 차입하다.

(2) 비품 ₩2,800을 구입하고 대금을 미지급하다.

(3) 위 (2)번의 외상대금 중 ₩1,400을 지급하다.

(4) 상품 ₩3,000을 현금으로 구입하다.

(5) 상품 ₩3,000을 외상으로 구입하다.

(6) 위 (5)번의 외상대금 중 ₩2,000을 지급하다.

(7) 건물의 임차료 ₩100을 지급하다.

(8) 차입금의 이자 ₩600을 지급하다.

(9) 배당금 ₩600을 지급하다.

(10) 위 (4)번의 상품을 ₩5,000에 현금으로 판매하다.

(11) 위 (5)번의 상품을 ₩6,000에 외상으로 판매하다.

(12) 위 (11)번의 외상대금 중 ₩3,000을 회수하다.

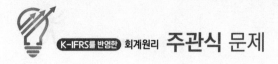

아래의 예와 같이 각 거래를 회계등식을 이용하여 기록하시오.

---

⑩ 회사를 설립하고 출자자가 주식대금 ₩5,000을 현금으로 납입하다.

자산	+	비용	=	부채	+	자본	+	수익
현금 5,000						자본금 5,000		

3-04 거래요소의 결합관계

다음은 최근 한 달 동안의 거래들이다.

(1) 은행에서 ₩500,000을 차입하다.

(2) 대여금 ₩200,000을 회수하다.

(3) 매입채무 ₩200,000을 지급하다.

(4) 상품을 매입하면서 ₩100,000은 지급하고 ₩100,000은 외상으로 하다.

(5) 매입채무 ₩100,000을 지급하다.

(6) 차입금 ₩500,000을 상환하다.

(7) 매출채권 ₩130,000을 회수하다.

(8) 여유자금 ₩400,000을 은행에 예금하다.

(9) 임차료 ₩50,000을 지급하다.

(10) 예금 이자 ₩15,000을 수취하다.

위의 각 거래를 분석하여 거래요소의 결합관계를 아래 예시와 같이 나타내시오.

(문제) 현금 ₩1,000을 출자하여 영업을 개시하다.

(답)	차 변 요 소				대 변 요 소			
	자산증가	부채감소	자본감소	비용발생	자산감소	부채증가	자본증가	수익발생
	현금 1,000						자본금 1,000	

3-05 거래요소의 결합관계2

다음은 '클린 세탁서비스'의 10월 중 거래이다.

(1) 은행에서 ₩2,000,000을 차입하다.

(2) 세탁에 쓰일 기계를 ₩3,000,000에 외상으로 구입하다.

(3) 세탁용품(소모품)을 ₩400,000에 외상으로 구입하다.

(4) 차입금의 이자 ₩10,000을 지급하다.

(5) 세탁서비스를 제공하고 대가 ₩100,000을 현금으로 받다.

(6) 세탁서비스를 제공하고 대가 ₩200,000은 외상으로 하다.

(7) 임차료 ₩30,000을 지급하다.

(8) 위 (6)의 매출채권 ₩200,000을 회수하다.

(9) 종업원 급여 ₩80,000을 지급하다.

(10) 미지급금 중 ₩1,000,000을 지급하다.

요구사항

거래요소의 결합관계를 아래 예시와 같이 분석하시오.

예 현금 ₩1,000을 출자하여 영업을 개시하다.								
	차 변 요 소				대 변 요 소			
	자산증가	부채감소	자본감소	비용발생	자산감소	부채증가	자본증가	수익발생
	현금 1,000						자본금 1,000	

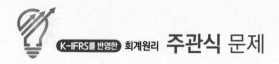

3-06 거래의 분석과 분개

다음은 '퀵 배달서비스'의 1월 중 거래이다.

(1) 자본금 ₩5,000,000을 출자하여 영업을 개시하다.
(2) 개업을 알리는 광고를 하고 ₩100,000을 지출하다.
(3) 사업에 필요한 트럭을 ₩3,000,000에 구입하다.
(4) 배달서비스를 제공하고 대금 중 ₩400,000은 현금으로 받고 나머지 ₩400,000 은 외상으로 하다.
(5) 임차료 ₩20,000을 지급하다.
(6) 위 (4)번의 매출채권 ₩400,000을 회수하다.
(7) 배달용 트럭(장부금액 ₩1,000,000)를 ₩600,000에 처분하다.
(8) 1월분 급여 ₩80,000을 미지급한 상태이다.
(9) 배당금 ₩10,000을 지급하다.
(10) 배달서비스를 제공하고 대가 ₩300,000은 외상으로 하다.

요구사항

거래요소의 결합관계를 분석하고 분개를 제시하시오.

3-07 거래의 추정 1

다음의 분개를 보고 거래를 추정하시오.(아래의 예시를 참조)

(문제)	(차)	매출채권	27,000	(대)	용역수익	27,000
(답)		매출채권의 증가	27,000		용역수익의 발생	27,000

▶ 서비스를 제공하고 대가 ₩27,000은 외상으로 하다.

(1) (차) 임차료	17,000			(대) 현 금	17,000		
(2) (차) 현 금	27,000			(대) 매출채권	27,000		
(3) (차) 차입금	32,000			(대) 현 금	32,000		
(4) (차) 건 물	37,000			(대) 현 금	10,000		
				미지급금	27,000		
(5) (차) 임차료	7,000			(대) 미지급비용	7,000		

3-08 거래의 추정 2

다음의 계정기록을 보고 거래를 추정하시오.

	현 금	매출채권	비 품	상 품	매입채무	미지급금	자본금	용역수익
①	5,000						5,000	
②	(1,000)			3,000	2,000			
③	2,500	1,500						4,000
④			1,000			1,000		
⑤	(2,000)				(2,000)			
⑥		5,000						5,000

3-09 분개와 전기

다음은 청소용역 업체의 4월 중 거래이다.

4. 1. 자본금 ₩2,000,000을 출자하여 (주)클린업을 설립하다.

4. 2. 비품을 구입하고 ₩200,000은 현금으로 지급하고 ₩600,000은 외상으로 하다.

4. 4. 개업광고를 하고 그 비용 ₩200,000은 미지급하다.

4.10. 청소용역을 제공하고 대가 ₩300,000을 수취하다.

4.15. 광고비 미지급액 중 ₩100,000을 지급하다.

4.23. 청소용역을 제공하고 대가 ₩400,000은 다음달에 받기로 하다.

4.28. 청소용역의 외상대금 ₩100,000을 당좌수표로 받았다.

4.29. 비품의 미지급금 ₩200,000을 지급하다.

4.30. 4월 분 급여 ₩200,000과 임차료 ₩70,000을 미지급한 상태이다.

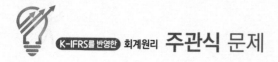

요구사항

1) 4월의 거래를 분개하시오. (사용할 계정과목: 현금, 매출채권, 비품, 미지급금, 미지급비용, 자본금, 용역수익, 광고선전비, 급여, 임차료)
2) 분개한 결과를 총계정원장에 전기하시오.

3-10 분개와 전기

다음은 4월 말 잔액시산표와 5월의 영업활동이다.

잔 액 시 산 표		(4월 30일 현재)	
현 금	350,000	매 입 채 무	100,000
매 출 채 권	500,000	미 지 급 금	50,000
소 모 품	100,000	미지급비용	75,000
차량운반구	200,000	자 본 금	500,000
급 여	105,000	용 역 수 익	600,000
임 차 료	70,000		
	1,325,000		1,325,000

| 5월의 거래내역 |

(1) 은행에서 설비자금 ₩500,000을 차입하다.
(2) 전월이월 소모품 중 ₩35,000어치를 사용하다.
(3) 5월분 임차료 ₩70,000을 지급하다.
(4) 4월에 수행한 광고용역의 대금 ₩500,000을 5월에 수취하다.
(5) 업무용 차량을 ₩1,200,000에 구입하고 대금은 외상으로 하다.
(6) 5월에 수행한 광고용역 대금 ₩600,000을 다음달에 받기로 하다.
(7) 전월이월 매입채무 중 ₩60,000을 지급하다.
(8) 전월이월 미지급금 ₩50,000을 지급하다.
(9) 전월이월 미지급비용 ₩75,000을 지급하다.
(10) 5월분 급여 ₩80,000이 미지급된 상태이다.

요구사항

1) 5월의 거래를 분개하시오.

2) 각 계정의 잔액을 구하시오.

3) 5월의 잔액시산표를 작성하시오.

3-11 시산표 수정

다음의 시산표는 작성자의 실수와 회계기록상의 오류 때문에 차변합계와 대변합계가 일치하지 않는다. 올바른 시산표를 작성하시오.

| 회계오류 |

(1) 현금은 천원과 만원 자리의 숫자가 서로 바뀌었다.

(2) 매입채무 ₩60,000을 지불하면서 차변항목인 매입채무 계정의 기록을 누락하였다.

(3) 그 외에 일부 계정과목은 차변항목이 대변에, 대변항목이 차변에 잘못 기록되었다.

시 산 표

(주)Assa   20X5. 12. 31.

	차 변	대 변
현 금	₩254,000	
선 급 비 용	70,000	
상 품	325,000	
차 입 금	250,000	
매 입 채 무		100,000
매 출 채 권		125,000
자 본 금		300,000
이 익 잉 여 금		95,000
용 역 수 익	990,000	
급 여		345,000
영 업 비		565,000
	₩1,889,000	₩1,530,000

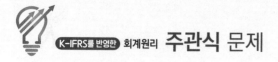
3-12 오류수정

감사과정에서 다음과 같은 회계오류들이 발견되었다. 각각의 오류를 수정하기 위한 분개를
제시하시오.

거 래 내 역	회 계 처 리			
1) 이자 ₩12,000을 지급하다.	차) 이자비용	120,000	대) 현 금	120,000
2) 설비 ₩120,000을 구입하다.	차) 수선비	120,000	대) 현 금	120,000
3) 매입채무 ₩320,000을 지급하다.	차) 매입채무	230,000	대) 현 금	230,000
4) 매출채권 ₩130,000을 회수하다.	차) 현 금	130,000	대) 매 출	130,000

이익측정과 결산

Accounting
principles
reflecting K-IFRS

제1절 발생기준에 의한 성과측정

현금기준(cash basis)은 현금을 수취할 때 수익을 기록하고, 현금이 지출될 때 비용을 기록하여 경영성과를 측정한다. 즉 현금이 들어오고 나가는 시점에 수익과 비용을 기록하는 것이다. 현금기준은 수익과 비용의 기록시점이 명확하고 측정도 간편하다. 그러나 현금의 수취와 지출 시점은 수익과 비용의 발생과정을 반영하지 못하기 때문에 현금기준이 아니라 발생기준(accrual basis)의 수익과 비용으로 경영성과를 측정해야 한다. 발생기준은 현금을 수취하거나 지출하는 시점과 무관하게 수익은 실현된 시점에 인식하고, 비용은 수익에 대응(matching)하여 인식한다. 발생기준은 보다 적절한 시점에 수익과 비용을 인식할 수 있어서 경영성과를 더 잘 나타낸다. 발생기준에 의한 수익의 인식을 좀 더 구체적으로 표현한 것이 실현기준이다. 수익은 ① 수익획득 과정의 결정적 사건이 완료되고 ② 수익금액을 합리적으로 측정할 수 있게 된 시점에 인식한다. 이를 상품판매 거래에 적용하면 상품을 인도한 시점에 수익이 실현된다. 왜냐하면 상품이 인도되면 수익획득 과정의 결정적 사건이 완료되었고, 수익금액이 확정될 수 있기 때문이다.

발생기준을 비용의 인식에 적용한 개념이 대응원칙이다. 비용은 그것과 관련된 수익을 인식할 때 대응하여 인식한다는 것이다. 그러나 수익과 직접적으로 대응될 수 있는 비용의 범위는 제한된다. 매출원가 이외의 비용들(예 판매비, 관리비, 이자비용)은 매출액과 직접적으로 대응되지 않는다. 이런 비용항목들은 그 지출의 효과가 나타나는 기간에 대응시킨다. 이런 방식의 대응을 기간대응(또는 간접대응)이라 한다. 예를 들어 상품의 판매촉진을 위해 TV광고를 하기로 하고 광고비 ₩1,500,000을 지출하였다. 이 경우 광고비를 인식하는 적절한 방법은 무엇인가?

❶ 광고로 인해 생긴 매출액에 대응하여 배분한다.
❷ 광고가 방영되는 기간 동안 배분한다.

첫 번째 방법은 대응원칙에 부합되는 이상적인 방법이다. 그러나 광고로 인해 생긴 매출액이 얼마일지 객관적으로 확인하기 어렵기 때문에 현실적으로 채택될 수 없다. 따라서 광고가 반영된 기간에 걸쳐 광고비를 배분(기간대응)하는 두 번째 방법이 채택된다.

제2절 결산수정

　제3장에서는 일상적으로 생기는 현금의 수취나 지급거래를 복식부기 원리로 분개하고, 이를 시산표로 요약하는 과정을 살펴보았다. 지금까지는 현금을 수취하면 수익으로 기록하고, 현금을 지출하면 비용으로 기록하였다. 그러나 이렇게 기록된 결과는 경영성과와 재무상태를 올바로 나타내지 못한다. 예를들어 11월 1일에 3개월 분 광고비 ₩1,500,000을 지출한 경우 현금기준으로 다음과 같이 분개된다.

(차) 광고비	1,500,000	(대) 현 금	1,500,000

　그러나 광고가 방영되는 기간에 대응하여 배분한 올해의 광고비는 ₩1,000,000이다. 나머지 ₩500,000은 내년분이므로 당기의 광고비에서 제외되어야 한다. 이 금액은 차기의 비용을 미리 지출한 것이므로 자산(선급비용)으로 기록한다. 이를 감안하면 광고비가 지출된 시점에는 다음과 같은 회계처리가 요구된다.

(차) 광고비	1,000,000	(대) 현 금	1.500,000
선급광고비	500,000		

　이렇게 되도록 하기 위해서는 결산일에 다음과 같은 수정이 필요하다. 이를 결산*수정분개(adjusting entry)라고 한다.

> ★ 결산이란 회계기간의 이익을 측정하는 절차로서 이를 위해 각종 장부를 마감(closing)하고 필요한 경우 회계기록을 수정하는 것을 말한다.

(차) 선급광고비	500,000	(대) 광고비	500,000

 선급비용과 선수수익의 결산수정

(1) 현금기준으로 처리한 경우

보험계약이나 임대계약에서는 보험료나 임대료를 미리 내는데 현금기준에서는 기간에 대한 고려 없이 전액을 지출 시점의 비용으로 처리한다. 예를 들어 20 × 5년 8월 1일 1년치 보험료로 ₩12,000을 지급한다면 다음과 같이 분개한다.

8/1: (차) 보험료	12,000	(대) 현 금	12,000

이를 그대로 두면 ₩12,000이 전부 20 × 5년도 비용으로 처리된다. 올바른 20 × 5년도 보험료는 5개월분인 ₩5,000이다.

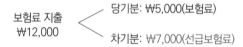

보험료 지출
₩12,000
　　당기분: ₩5,000(보험료)
　　차기분: ₩7,000(선급보험료)

당기의 보험료는 ₩7,000만큼 과대 계상되었으므로 그만큼 보험료를 감액하고 다음기의 비용으로 이월시키는 수정분개가 필요하다.

12/31: (차) 선급보험료	7,000	(대) 보험료	7,000

대변에 기록된 보험료는 과대 계상된 보험료를 감액한 것이고, 차변에 기록된 선급보험료는 미리 낸 20 × 6년분 보험료를 자산으로 기록한 것이다. 위와 같이 수정분개를 하고 나면 당기의 보험료는 ₩5,000으로 수정되고 남은 기간에 대한 보험료 ₩7,000은 자산(선급보험료)으로 기록된다.

이번에는 회사가 임대료나 사용료를 미리 받는 입장일 때의 회계처리를 살펴보자. 사용료나 임대료를 미리 받을 때 현금기준에서는 받은 대가를 전부 수익으로 기록한다. 예를 들어 20 × 5년 9월 1일에 1년치 임대료 ₩12,000을 미리 받을 때 다음과 같이 분개한다.

9/1: (차) 현 금	12,000	(대) 임대수익	12,000

이를 그대로 두면 ₩12,000이 전부 20 × 5년도의 임대수익으로 처리된다. 발생기준에 의한 20 × 5 년도의 적정한 임대수익은 4개월분인 ₩4,000이다.

임대료 수취
₩12,000
　당기분: ₩4,000(임대수익)
　차기분: ₩8,000(선수임대수익)

당기의 임대수익은 ₩8,000만큼 과대 계상된 상태이므로 이를 차변에 기록하여 임대수익을 감액하고 다음기의 수익으로 이월시키는 수정분개가 필요하다.

12/31: (차) 임대수익　　　　　8,000　　　(대) 선수임대수익　　　　　8,000

차변에 기록된 임대수익은 과대 계상된 임대수익을 감액한 것이고, 대변에 기록된 선수임대수익은 20 × 6년분 임대료를 부채로 기록한 것이다. 위와 같이 수정분개를 통해 낭기의 임대수익은 ₩4,000으로 수정되고, 남은 기간에 대한 임대료 ₩8,000은 부채 (선수임대수익)로 기록된다.

(2) 발생기준으로 처리한 경우

보험료나 임대료를 미리 낼 때 처음부터 발생기준으로 기록하는 방법도 있다. 이는 개념상 현금기준보다 우수하다. 물론 어느 방법을 사용하든 회계처리의 결과에는 차이가 없다. 앞의 사례에서 20 × 5년 8월 1일에 1년치 보험료 ₩12,000을 지급할 때 이를 선급보험료로 분개할 수도 있다.

8/1: (차) 선급보험료　　　12,000　　　(대) 현금　　　　　12,000

보험료를 지급하는 시점에는 제공받은 보험서비스가 없으므로 그 권리가 온전히 남아있는 상태이다. 따라서 지급액 전부를 자산(선급보험료)으로 기록하는 것이 발생기준에 더 적절하다. 그러나 시간이 지남에 따라 보험료가 발생하며 결산일에는 기간이 경과된 5개월분의 보험료를 인식하여야 한다. 이와 함께 보험서비스를 받은 만큼 선급보험료를 감액하는 수정이 필요하다.

		당기분: ₩5,000(보험료)
보험료 지출 ₩12,000	<	
		차기분: ₩7,000(선급보험료)

12/31: (차) 보험료   5,000   (대) 선급보험료   5,000

예제 4-1   선급비용

(주)서울은 20 × 5년 4월 1일 1년분 보험료 ₩120,000을 현금으로 지급하였다. 보험료 지급일과 결산일의 분개를 제시하시오.

해답

		당기분 ₩90,000(보험료)
보험료 지출 ₩120,000	<	
		차기분 ₩30,000(선급보험료)

1) 현금기준: 기중에 지급한 보험료를 비용(보험료)으로 처리

지급일	(차) 보험료	120,000	(대) 현 금	120,000
결산일	(차) 선급보험료	30,000	(대) 보험료	30,000

2) 발생기준: 기중에 지급한 보험료를 자산(선급보험료)으로 처리

지급일	(차) 선급보험료	120,000	(대) 현 금	120,000
결산일	(차) 보험료	90,000	(대) 선급보험료	90,000

마찬가지로 임대료 등을 미리 받는 경우에도 발생기준의 접근방식을 적용할 수 있다. 앞의 사례에서 20 × 5년 9월 1일에 1년치 임대료 ₩12,000을 미리 받을 때 이를 처음부터 선수임대수익으로 분개할 수도 있다.

8/1: (차) 현금   12,000   (대) 선수임대수익   12,000

임대료를 수취한 시점에는 제공한 임대서비스가 없으므로 그 의무가 온전히 남아 있다.

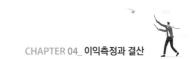

따라서 수취액 전부를 부채(선수임대수익)로 기록하는 것이 발생기준에 더 부합한다. 그러나 시간이 지나면서 임대용역이 제공되므로, 결산일에는 그날까지 발생한 임대수익을 장부에 기록해야 한다. 이와 함께 임대서비스를 제공한 만큼 부채(선수임대수익)를 감액하는 수정이 필요하다.

12/31: (차) 선수임대수익	4,000		(대) 임대수익	4,000

예제 4-2 | 선수수익

(주)서울은 20 × 5년 5월 1일 건물을 임대하고 1년분 임대료 ₩120,000을 받았다. 임대료 수취일과 결산일의 분개를 제시하시오.

해답

임대료 수취 ₩120,000
　당기분 ₩80,000(임대수익)
　차기분 ₩40,000(선수임대수익)

1) 현금기준: 수취한 임대료를 수익(임대수익)로 처리

수취일	(차) 현　금	120,000		(대) 임대수익	120,000
결산일	(차) 임대수익	40,000		(대) 선수임대수익	40,000

2) 발생기준: 수취한 임대료를 부채(선수임대수익)로 처리

수취일	(차) 현　금	120,000		(대) 선수임대수익	120,000
결산일	(차) 선수임대수익	80,000		(대) 임대수익	80,000

❷ 미수수익과 미지급비용의 결산수정

보험료나 임대료와는 달리 어떤 서비스는 그 대가를 나중에 지급한다. 예를 들어 근로 계약에서 근로의 대가인 급여는 나중에 지급된다. 그렇지만 직원의 급여는 매일 발생한다. 발

생기준을 엄밀하게 적용하면 매일 발생하는 급여를 매일 비용으로 기록해야 할 것이다. 그러나 이런 회계처리는 매우 번거롭기 때문에 급여 지급일에 한꺼번에 기록한다. 마찬가지로 은행에서 빌린 차입금의 이자도 나중에 지급한다. 다만 이자는 매달 지급하지 않고 1년에 한번 정도 지급한다. 급여는 매달 지급되기 때문에 문제가 없지만 이자는 지급주기가 길기 때문에 만약 중간에 결산일이 끼이면 수정분개를 해야 한다. 즉, 결산일에 그날까지 발생한 이자를 계산하여 비용으로 인식하고, 같은 금액을 부채(미지급비용)로 기록해야 한다.

(차) 이자비용	×××	(대) 미지급비용	×××

예제 4-3 미지급비용

(주)경영은 20 × 5년 4월 1일 ₩1,000,000을 은행에서 차입하였다. 이자율은 연 12%이고 이자는 1년 후인 20 × 6년 3월 31일에 지급한다. 이와 관련하여 결산일(20 × 5년 12월 31일)과 이자 지급일(20 × 6년 3월 31 일)의 분개를 제시하시오.

해답

20 × 5.12.31:	(차) 이자비용	90,000	(대) 미지급비용	90,000*

                  * 20 × 5년분 이자비용: 1,000,000 × 12% × 9/12 = ₩90,000

20 × 6. 3.31:	(차) 미지급비용	90,000	(대) 현 금	120,000
	이자비용	30,000		

이번에는 회사가 금융자산을 보유한 경우를 생각해 보자. 결산일이 되면 회사는 그때까지 금융자산에서 발생한 이자를 수익으로 인식하고 해당 이자를 자산(미수수익)으로 인식해야 한다.

(차) 미수수익	×××	(대) 이자수익	×××

예제 4-4 | **미수수익**

(주)상업은 20 × 5년 9월 1일 은행에 ₩9,000,000을 예치하였다. 이 예금의 이자(연6%)는 1년 후인 20 × 6년 9월 30일에 받기로 되어 있다. 이와 관련하여 결산일(20 × 5년 12월 31일)과 이 자수취일 (20 × 6년 9월 30일)의 분개를 제시하시오.

해답

20 × 5.12.31:	(차) 미수수익	180,000	(대) 이자수익	180,000 *

　　　　　　* 20 × 5년분 이자수익: 9,000,000 × 6% × 4/12 = ₩180,000

20 × 6. 9.30:	(차) 현　금	540,000	(대) 미수수익	180,000
			이자수익	360,000 *

　　　　　　* 20 × 6년분 이자수익: 9,000,000 × 6% × 8/12 = ₩360,000

③ 그밖의 결산수정

(1) 소모품비

　소모품은 사무용품, 전산용품 등 쓰는대로 닳거나 줄어들어 없어지는 물품을 말한다. 일 반적으로 소모품은 구입시점에 '소모품'이라는 자산으로 기록하였다가 나중에 사용된 부분 을 파악하여 '소모품비'라는 비용으로 기록한다(발생기준). 반면 처음부터 '소모품비'라는 비 용으로 기록하였다가 나중에 사용하고 남은 부분을 파악하여 비용을 수정하는 방식으로 기록할 수도 있다(현금기준).

예제 4-5 | **소모품**

(주)서울은 당기 중에 ₩120,000어치의 사무용 소모품을 구입하여 사용하였다. 결산일 현재 미 사용 소모품은 ₩20,000이다. 소모품의 구입일과 결산일에 해야 할 분개를 제시하시오.

해답

소모품 구입
₩120,000
- 당기분 ₩100,000(소모품비)
- 차기분 ₩20,000(소모품)

1) 현금기준: 구입 시 소모품비(비용)로 처리

구입일	(차)	소모품비	120,000	(대)	현 금	120,000
결산일	(차)	소모품	20,000	(대)	소모품비	20,000

2) 발생기준: 구입 시 소모품(자산)으로 처리

구입일	(차)	소모품	120,000	(대)	현 금	120,000
결산일	(차)	소모품비	100,000	(대)	소모품	100,000

(2) 감가상각비

비품이나 컴퓨터와 같이 여러 해에 걸쳐 장기간 사용할 자산을 구입하는 경우가 있다. 이런 자산은 시간이 경과하거나 자산을 사용함에 따라 그 가치가 점차 감소할 것이다. 따라서 자산의 사용으로 인한 가치의 감소분을 사용기간 동안의 비용으로 인식하는 회계처리를 하여야 한다. 이렇게 인식하는 비용을 감가상각비라고 한다.

예제 4-6 감가상각비

20 × 5년 1월 1일에 세탁용 기계를 ₩1,500,000에 구입하였다. 이 기계는 5년간 사용할 수 있고 5년 후의 처분가치는 ₩200,000으로 예상된다. 세탁기계 구입일과 20 × 5년 결산일에 필요한 분개를 제시하시오.

해답

구입일	(차)	기계장치	1,500,000	(대)	현 금	1,500,000
결산일	(차)	감가상각비	260,000 *	(대)	기계장치**	260,000

 * 감가상각비 = (1,500,000-200,000)/5년 = ₩260,000
** 편의상 취득원가에서 직접 차감하였으나 원칙적으로 감가상각누계액이라는 계정을 사용하여 회계처리 한다. 감가상각에 관한 자세한 내용은 유형자산 편에서 설명한다.

제3절 수정후시산표의 작성

결산의 마지막 절차는 결산수정분개를 반영하여 시산표를 수정하고, 수정된 시산표에서 재무상태표와 손익계산서를 작성하는 것이다. 수정된 계정잔액을 이용하여 재무제표를 작성해 보자. 결산일의 수정분개를 각 계정에 전기하여 계정잔액을 수정한다. 결산수정 사항이 반영된 새로운 계정잔액은 발생기준에 의한 경영성과와 재무상태를 올바로 나타내므로 이를 이용하여 재무제표를 작성할 수 있다.

예제 4-7 수정후시산표와 재무제표

(주)대한은 20 × 5년 결산을 앞두고 있다. 수정전시산표는 다음과 같다.

수정전시산표

현　　　금	190,000	자 본 금	150,000
건　　　물	60,000	이익잉여금	50,000
보 험 료	9,000	용 역 수 익	83,000
임 차 료	4,000		
급　　　여	20,000		
	283,000		283,000

수정사항

① 임차료 ₩4,000은 1년치를 미리 지급한 것으로 남은 기간에 대한 금액은 ₩2,400이다.
② 건물에 대한 감가상각비는 ₩1,500이다.
③ 보험료 ₩9,000은 1년치를 미리 지급한 것으로 남은 기간에 대한 금액은 ₩7,200이다.
④ 급여에 미지급된 급여 ₩18,000이 포함되지 않았다.

요구사항

1. 결산일의 수정분개를 제시하시오.

2. 수정후시산표를 작성하시오.

3. 손익계산서를 작성하시오.

4. 재무상태표를 작성하시오.

해답

1. 수정분개

① (차)	선 급 비 용	2,400	(대)	임 차 료	2,400
② (차)	감가상각비	1,500	(대)	건 물	1,500
③ (차)	선 급 비 용	7,200	(대)	보 험 료	7,200
④ (차)	급 여	18,000	(대)	미지급비용	18,000

2. 수정후시산표

	수정전시산표		수정분개		수정후시산표	
	차변	대변	차변	대변	차변	대변
현 금	190,000				190,000	
선 급 비 용	-		9,600		9,600	
건 물	60,000			1,500	58,500	
미 지 급 비 용	-	-		18,000		18,000
자 본 금		150,000				150,000
이 익 잉 여 금		50,000				50,000
용 역 수 익		83,000				83,000
급 여	20,000		18,000		38,000	
임 차 료	4,000			2,400	1,600	
보 험 료	9,000			7,200	1,800	
감 가 상 각 비	-		1,500		1,500	
계	283,000	283,000	29,100	29,100	301,000	301,000

3. 손익계산서

손익계산서

감 가 상 각 비	1,500	용 역 수 익	83,000
급 　 여	38,000		
임 　 차 　 료	1,600		
보 　 험 　 료	1,800		
당 기 순 이 익	40,100		
	83,000		83,000

4. 재무상태표

재무상태표

현 　 금	190,000	미지급비용	18,000
선 급 비 용	9,600	자 본 금	150,000
건 　 물	58,500	이익잉여금	90,100*
자 산 합 계	258,100	부 채 와 자 본	258,100

* 기말이익잉여금 = 기초이익잉여금 + 당기순이익 = 50,000 + 40,100 = ₩90,100

제4절

정산표를 이용한 재무제표 작성

앞에서 결산일의 수정분개를 계정에 전기하여 각 계정의 잔액을 수정하는 과정을 살펴보았다. 그러나 수정분개를 장부에 직접 반영하면 오류가 생길 수 있으며 이 경우 장부기록을 다시 수정해야 한다. 정산표(work sheet)는 하나의 표에 수정전시산표, 수정분개, 수정후시산표, 손익계산서 및 재무상태표를 나타내어 재무제표 작성과정을 오류 없이 쉽게 작성할 수 있게 해주는 일람표이다. 정산표를 작성하면 결산과정에서 생기는 오류를 사전에 방지할 수 있어서 편리하다. 정산표에서 수정분개를 반영하여 수정후시산표와 약식 재무제표를 작성

해본 후에 수정분개를 정식으로 장부에 반영하여 관련 계정의 잔액을 수정하는 과정을 진행한다. 그런 다음에는 형식을 갖추어 정식 재무상태표와 손익계산서를 작성한다. 정산표는 다음의 순서대로 작성한다.

⭐ 제1단계

정산표의 양식에 수정전시산표를 기입한다. 자산·비용 계정은 차변에, 부채·자본·수익 계정은 대변에 옮겨 적은 후 양변의 합계가 같은지 확인한다.

⭐ 제2단계

결산수정분개를 정산표에 옮겨 적는다. 이때 결산수정분개에서 새로 생긴 계정과목이 있으면 그 과목을 계정과목 열의 하단에 추가한다. 결산수정분개의 양변 합계를 비교하여 오류가 없는지 확인한다.

⭐ 제3단계

수정후시산표를 작성한다. 결산수정분개의 숫자가 수정전시산표와 같은 변에 기록되어 있으면 합산하고, 다른 변에 기록되어 있으면 상계한 잔액을 적는다.

⭐ 제4단계

수정후시산표에서 손익계산서를 작성한다. 수정후시산표의 잔액 중 수익과 비용계정을 손익계산서 칸에 옮겨 적는다. 이때 손익계산서의 차변 합계(비용)와 대변 합계 (수익)는 일치하지 않는데 그 차액이 당기순이익(순손실)이다. 이를 손익계산서의 차변(대변)에 기록하여 차변합계액과 대변 합계액을 일치시킨다.

⭐ 제5단계

수정후시산표에서 재무상태를 작성한다. 수정후시산표의 잔액 중 자산·부채·자본계정을 재무상태표 칸에 옮겨 적는다. 재무상태표에서 차변과 대변의 합계액은 일치하지 않으며 당기순이익(순손실)만큼 차이가 난다. 양변의 차액이 손익계산서에서의 차이와 일치하는지 확인하여 당기순이익(순손실)을 확정한다. 당기순이익(순손실)은 이익잉여금에 합산될 요소이므로 재무상태표의 대변에 기록하여 차변합계액과 대변합계액을 일치시킨다.

예제 4-8 정산표의 작성

(주)클린은 20 × 5년도 결산을 앞두고 있다. 결산일의 수정전시산표는 다음과 같다.

수정전시산표

현금과예금	87,000	미 지 급 금	50,000
소 모 품	33,000	자 본 금	100,000
세 탁 기 계	88,000	이익잉여금	15,000
보 험 료	22,000	용 역 수 익	150,000
급 여	85,000		
	315,000		315,000

추가자료

① 결산일 현재 미사용 소모품 잔액은 ₩22,000이다.

② 세탁기계의 감가상각비는 ₩16,000이다.

③ 보험료 ₩22,000 중 결산일 현재 보험기간이 남아 있는 금액이 ₩12,000이다.

④ 발생했으나 수취하지 못한 이자수익 ₩8,000이 누락된 상태이다.

요구사항

1. 추가 자료를 이용하여 결산수정분개를 하시오.

2. 정산표를 작성하시오.

해답

1. 수정분개

①(차)	소 모 품 비		11,000	(대)	소 모 품	11,000
②(차)	감 가 상 각 비		16,000	(대)	세 탁 기 계	16,000
③(차)	선 급 비 용		12,000	(대)	보 험 료	12,000
④(차)	미 수 수 익		8,000	(대)	이 자 수 익	8,000

2. 정산표

계정	수정전시산표		수정분개		수정후시산표		손익계산서		재무상태표	
	차변	대변	차변	대변	차변	대변	차변	대변	차변	대변
현금과예금	87,000				87,000				87,000	
소 모 품	33,000			①11,000	22,000				22,000	
세 탁 기 계	88,000			②16,000	72,000				72,000	
미 지 급 금		50,000				50,000				50,000
자 본 금		100,000				100,000				100,000
이익잉여금		15,000				15,000				15,000
용 역 수 익		150,000				150,000		150,000		
보 험 료	22,000			③12,000	10,000		10,000			
급 여	85,000				85,000		85,000			
소 모 품 비			①11,000		11,000		11,000			
감 가 상 각 비			②16,000		16,000		16,000			
선 급 비 용			③12,000		12,000				12,000	
미 수 수 익			④ 8,000		8,000				8,000	
이 자 수 익				④ 8,000		8,000		8,000		
계	315,000	315,000	47,000	47,000	323,000	323,000				
당기순이익							36,000			36,000
계							158,000	158,000	201,000	201,000

제5절 장부의 마감

한 회계기간을 끝내고 다음 회계기간을 시작하는 준비를 할 필요가 있다. 결산의 마지막 절차는 장부기록을 마무리하는 것이다. 장부를 마무리하기 위하여 손익계산서 계정(수익, 비용)은 자본에 대체하고 재무상태표 계정(자산, 부채, 자본)은 차기로 이월시키는 회계처리를 하는데 이를 장부의 마감(closing)이라 한다.

1 손익계산서 계정의 마감

손익계산서 계정의 숫자들은 손익계산서를 작성하고 나면 더 이상 의미가 없다. 따라서 손익계산서 계정의 잔액을 0으로 만들어 차기에는 모든 계정이 0에서 시작할 수 있도록 처리한다. 이런 의미에서 손익계산서 계정은 해당 회계기간에만 의미가 있는 임시계정(temporary account)이다.

(1) 수익계정의 마감

수익은 대변에 기록되므로 장부를 마감하기 전 수익 계정의 잔액은 대변에 남게 된다. 모든 수익 계정의 잔액은 다음과 같은 분개를 통해 집합손익* 계정으로 대체하여 계정의 잔액을 0으로 만들어 마감한다.

★ 수익과 비용에 속한 계정들의 잔액을 소멸시키기 위해 임시로 손익 또는 집합손익 계정을 사용한다.

(차) 용역수익	×××	(대) 집합손익 ×××
임대수익	×××	
기타의 수익	×××	

(2) 비용계정의 마감

비용은 차변에 기록되므로 장부를 마감하기 전 비용 계정의 잔액은 차변에 남게 된다. 수익 계정의 마감과 같이 모든 비용 계정의 잔액을 집합손익 계정으로 대체하여 계정의 잔액을 0으로 만든다.

(차) 집합손익	×××	(대) 급 여 ×××
		보험료 ×××
		기타의 비용 ×××

(3) 집합손익계정의 마감

집합손익 계정은 손익계산서 계정의 잔액을 마감하는 과정에 생긴 임시계정이므로 집합손익계정도 잔액을 0으로 만들어 계정을 마감한다. 집합손익 계정의 잔액은 다음과 같은 분개를 통하여 이익잉여금 계정에 대체되어 제거된다.

(차) 집합손익　　　　　×××　　　　(대) 이익잉여금　　　　×××

예제 4-9 　손익계산서 계정의 마감

다음은 (주)다음의 수정후시산표이다.

수정후시산표

현　　　　금	40,000	미지급비용	18,000
소　모　품	2,500	자　본　금	50,000
선　급　비용	7,000	이익잉여금	50,000
기타의 자산	94,500	용 역 수 익	82,000
보　험　료	2,000		
소 모 품 비	1,500		
급　　　여	37,000		
감 가 상 각비	15,500		
	200,000		200,000

요구사항

1. 손익계산서 계정의 마감분개를 제시하시오.
2. 마감후 시산표를 제시하시오.

해답

1. 손익계산서 계정의 마감

① (차)	용 역 수 익	82,000		(대)	집 합 손 익		82,000
② (차)	집 합 손 익	56,000		(대)	보 험 료		2,000
					소 모 품 비		1,500
					급 여		37,000
					감 가 상 각 비		15,500
③ (차)	집 합 손 익	26,000		(대)	이 익 잉 여 금		26,000

2. 마감후시산표

마감후시산표

현 금	40,000	미지급비용	18,000
소 모 품	2,500	자 본 금	50,000
선 급 비 용	7,000	이익잉여금	76,000 *
기 타 의 자 산	94,500		
	144,000		144,000

* 수정전이익잉여금 + 당기순이익 = 50,000 + 26,000 = ₩76,000

2 재무상태표계정의 마감

　재무상태표 계정의 잔액들은 모두 다음 기로 이월시켜 마감하며 이월된 재무상태표 계정의 잔액들은 다음 기의 출발 금액이 된다. 재무상태표 계정은 그 잔액이 다음 기에도 계속 유지되므로 영구계정(permanent account)이라고 한다. 예를 들어 현금계정의 마감은 다음과 같다.

현 금

전 기 이 월	1,234	지 급 액	4,567
수 취 액	5,678	차 기 이 월	2,345
계	6,912	계	6,912
전 기 이 월	2,345		

현금계정의 차변에는 현금의 증가거래가 기록되고, 대변에는 현금의 감소거래가 기록된다. 현금계정은 현금의 수취로 증가하고 현금의 지급으로 감소한다. 현금계정의 차변합계는 ₩6,912이고 대변합계는 ₩4,567인데 양변의 합계를 맞추기 위해 대변에 "차기이월 2,345"라고 기록하여 마감한다. 이것이 현금계정의 기말잔액이며 이 금액을 양변의 합계를 맞춘 바로 아래 줄 차변에 "전기이월 2,345"로 기록한다. 차기이월이란 차기로 이월될 금액이란 뜻이고 전기이월이란 전기로부터 이월된 금액이란 뜻이다.

소 모 품

전 기 이 월	234	사 용 액	567
구 입 액	678	차 기 이 월	345
계	912	계	912
전 기 이 월	345		

소모품계정의 차변에는 소모품의 증가거래(구입액)가 기록되고, 대변에는 소모품의 감소거래(사용액)가 기록된다. 소모품을 구입하면 증가하고 사용하면 감소하는데 소모품계정의 대변에 기록되는 소모품 사용액 ₩567은 손익계산서에 소모품비로 기록될 것이다. 그리고 차기이월 ₩345는 기말의 잔액으로서 재무상태표에 소모품으로 기록될 것이다.

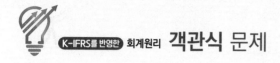

01 기중에 소모품 ₩200,000을 구매하면서 아래와 같이 처리하였다. 기말에는 이 중 ₩90,000 어치가 남아 있다. 결산일에 필요한 수정분개는?

	차) 소모품비	200,000	대) 현 금	200,000
①	차) 소모품	90,000	대) 소모품비	90,000
②	차) 소모품비	90,000	대) 소모품	90,000
③	차) 소모품비	110,000	대) 소모품	110,000
④	차) 소모품	110,000	대) 소모품비	110,000

02 8월 1일에 1년치 임대료 ₩12,000을 한꺼번에 받으면서 다음과 같이 분개하였다. 결산일에 필요한 수정분개는?

	차) 현 금	12,000	대) 임대수익	12,000
①	차) 임대수익	5,000	대) 선수임대수익	5,000
②	차) 선수임대수익	5,000	대) 임차료	5,000
③	차) 임대수익	7,000	대) 선수임대수익	7,000
④	차) 선수임대수익	7,000	대) 임대수익	7,000

03 11월 1일에 6개월분 임대료로 ₩120,000을 미리 지급하였다. 당기의 임대료로 보고될 금액과 선급비용으로 보고될 금액은?

① ₩40,000과 ₩80,000 ② ₩80,000과 ₩40,000
③ ₩60,000과 ₩60,000 ④ ₩120,000과 ₩0

04 9월 1일에 1년치 임대료로 ₩120,000을 미리 지급하였다. 당기의 재무상태표에 보고될 항목과 금액은?

① 선수임대수익 ₩40,000 ② 선급임대료 ₩80,000
③ 선수임대수익 ₩60,000 ④ 선급임대료 ₩40,000

05 소모품 계정의 마감에 관한 다음의 설명 중 옳지 않은 것은?

① 당기 중에 소모품 ₩3,725,000을 구입하였다. 전기이월 소모품은 ₩1,340,000이었고 기말의 소모품 재고액이 ₩2,710,000이라면 당기의 소모품비는 ₩2,355,000이다.

② 기말의 소모품 재고액은 전기이월 소모품의 1.2배이고 당기의 소모품비는 전기이월 소모품의 5배이다. 기말의 소모품 재고액이 ₩726,000이라면 당기 중 구입한 소모품은 ₩3,146,000이다.

③ 전기이월 소모품은 기말의 소모품 재고액의 2/3이고, 당기 중 사용한 소모품이 기말 소모품 재고액의 8배이다. 당기에 구입한 소모품이 ₩4,710,000이라면 기말의 소모품 재고액은 ₩565,200이다.

④ 당기의 소모품 구입액은 ₩1,230,000이고 사용액은 ₩987,000이다. 기말의 소모품 재고액이 ₩324,000이라면 전기이월 소모품은 ₩80,000이다.

🧩 정답

01 당기의 소모품비 ₩110,000

차기의 소모품비 ₩90,000 → 소모품비 ₩90,000 감액 **정답 ①**

02 당기의 임대수익 12,000 × 5/12 = ₩5,000

차기의 임대수익 12,000 - 5,000 = ₩7,000 → 임대수익 ₩7,000 감액 **정답 ③**

03 20 × 7년분: 120,000 × 2/6 = ₩40,000,

20 × 8년분: ₩120,000 - 40,000 = ₩80,000 **정답 ①**

04 20 × 7년 임대료: 120,000 × 3/12 = ₩40,000,

20 × 8년분 임대료 ₩80,000은 20 × 7년 재무상태표에 자산으로 보고된다. **정답 ②**

05 ① 소모품 사용액 = 기초 재고 + 구입액 - 기말재고

　　　　　　　= 1,340,000 + 3,725,000 - 2,710,000 = ₩2,355,000

② 소모품 구입액 = 사용액 + 기말재고 - 기초재고

　　　　　　　= 605,000 + 726,000 - 726,000 × 1.2 = ₩3,146,000

③ 기말재고 = 기초 재고 + 구입액 - 사용액

　　　　= $\frac{2}{3}$ 기말재고 + 4,710,000 - 8 × 기말재고, 기말재고 = ₩565,200

④ 기초재고 = 사용액 + 기말재고 - 구입액

　　　　　= 987,000 + 324,000 - 1,230,000 = ₩81,000 **정답 ④**

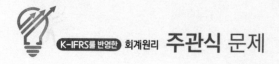

4-01 결산수정1

다음은 (주)동서의 20 × 7년도 거래 자료이다.

⑴ 10월 1일 6개월분 임차료 ₩234,000을 지급하였다.

⑵ 11월 1일 1년치 보험료 ₩123,000을 지급하였다.

⑶ 12월 1일 ₩345,000의 차량정비 계약을 수주하고 계약금 ₩34,500을 수취하였다. 결산일 현재 제공하기로 한 용역의 70%를 수행하였다.

> **요구사항**

1) 각 거래를 현금기준으로 분개하시오.

2) 결산일의 수정분개를 제시하시오.

4-02 결산수정2

다음은 (주)남북의 20 × 7년도 거래 자료이다.

⑴ 7월 1일 2년치 사무실 임차료 ₩120,000을 미리 지급하였다.

⑵ 4월 1일 1년치 자동차 보험료 ₩54,000을 미리 지급하였다.

⑶ 11월 1일 3개월 동안 광고용역을 제공하기로 하고 대금의 1/2(₩127,000)을 수취하였다. 결산일 현재 제공하기로 한 용역의 3/4을 수행하였다.

> **요구사항**

1) 각 거래를 현금기준으로 분개하시오.

2) 결산일의 수정분개를 제시하시오.

4-03 결산수정3

다음은 (주)동향의 20 × 7년도 거래 자료이다.

⑴ 7월 1일 소모품을 ₩1,234에 구입하였다.(결산일 현재 ₩456이 미사용 재고로 남아있음)

(2) 8월 1일 이자비용 ₩2,345을 지급하였다.(이 중 ₩1,234은 전기분임)

(3) 9월 1일 설계 용역을 제공하기로 하고 대금 ₩7,200을 미리 받았다.

(4) 결산일 현재 제공하기로 한 용역의 2/3를 수행하였다. 그리고 영업비용 ₩3,210이 미지급된 상태이다.

요구사항

1) 각 거래를 현금기준으로 분개하시오.

2) 결산일의 수정분개를 제시하시오.

4-04 수정분개의 영향

결산일에 다음과 같은 사항들이 발견되었다.

(1) 9월 1일 1년치 임대료 ₩66,000을 수취하고 전액 임대수익으로 기록하였다.

(2) 급여 ₩55,000이 발생하였으나 결산일 현재 미지급 상태이다.

(3) 이자수익 ₩25,000이 발생하였으나 결산일 현재 미수취 상태이다.

(4) 10월 1일에 구입한 소모품 ₩65,000 중 당기에 사용한 부분이 ₩35,000이다.

요구사항

1) 결산일의 수정분개를 제시하시오.

2) 수정분개가 자산, 부채, 수익 및 비용에 미칠 영향을 아래의 표에 표시하시오.

	자 산	비 용	부 채	수 익
(1)				
(2)				
(3)				
(4)				

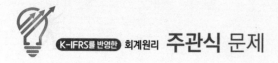

4-05 수정후시산표 작성

다음은 (주)한창의 수정전시산표와 결산수정사항이다.

	수정전시산표		
현 금	₩690,000	차 입 금	₩800,000
매 출 채 권	100,000	자 본 금	200,000
소 모 품	200,000	용 역 수 익	700,000
급 여	200,000		
임 차 료	200,000		
보 험 료	300,000		
이 자 비 용	10,000		
	₩1,700,000		₩1,700,000

| 결산수정사항 |

① 소모품 ₩200,000 중 ₩120,000이 사용된 것으로 확인되었다.

② 급여 ₩200,000에는 결산일 현재 미지급된 급여 ₩50,000이 누락되었다.

③ 임차료 ₩200,000은 4월 1일에 1년치를 미리 지급한 것이다.

④ 보험료 ₩300,000은 9월 1일에 1년치를 미리 지급한 것이다.

⑤ 차입금 ₩800,000은 7월 1일에 연 이자율 5%에 조달한 것으로 이 차입금에 대한 이자발생액이 누락되었다.

요구사항

1) 결산수정분개를 제시하시오.

2) 수정후시산표를 작성하시오.

3) 수정후시산표에서 자산, 부채, 자본, 수익 및 비용의 금액을 각각 산출하시오.

4-06 수정후시산표 작성

다음은 (주)경성의 수정전시산표와 결산수정사항이다.

	수정전시산표		
현 금	₩2,160,000	매 입 채 무	₩700,000
매 출 채 권	1,250,000	선 수 수 익	460,000
소 모 품	180,000	차 입 금	3,060,000
비 품	3,400,000	자 본 금	2,000,000
보 험 료	240,000	용 역 수 익	2,910,000
급 여	1,500,000		
임 차 료	400,000		
	₩9,130,000		₩9,130,000

| 결산수정사항 |

(1) 보험료 ₩240,000 중 보험기간이 경과하지 않은 금액은 ₩40,000이다.

(2) 기말의 소모품 미사용액은 ₩75,000이다.

(3) 비품에 대한 감가상각비는 ₩140,000이다.

(4) 임차료는 4월 1일에 1년치를 미리 지급한 것이다.

(5) 용역수익은 전체 거래금액을 나타내며 아직 수행의무가 이행되지 않은 금액이 ₩120,000이다.

요구사항

1) 결산일의 수정분개를 제시하시오.

2) 수정후시산표를 작성하시오.

3) 손익계산서를 작성하고 당기순이익을 제시하시오.

4) 재무상태표를 작성하고 자산, 부채 및 자본액을 제시하시오.

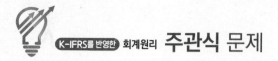

4-07 수정 후 시산표 작성

다음은 ABC마트의 수정전시산표와 결산수정사항이다.

수정전시산표			
현 금	₩400	차 입 금	₩600
매 출 채 권	500	미 지 급 비 용	100
선 급 비 용	100	선 수 수 익	100
기 타 의 자 산	2,000	자 본 금	1,500
급 여	1,500	이 익 잉 여 금	700
이 자 비 용	1,200	용 역 수 익	2,500
보 험 료	1,000	임 대 수 익	1,200
합 계	₩6,700	합 계	₩6,700

| 결산수정사항 |

① 기말의 선수임대수익   ₩300
② 기말의 급여 미지급액   ₩100
③ 기말의 이자 미지급액   ₩150
④ 기말의 선급보험료   ₩400

요구사항

1) 결산수정 분개를 제시하시오.

2) 수정후시산표를 작성하시오.

3) 결산수정 후 자산, 부채, 수익 및 비용의 금액을 산출하시오.

4-08 수정분개의 추정

다음은 수정전시산표와 수정후시산표이다.

	수정전시산표		수정후시산표	
	차 변	대 변	차 변	대 변
현 금	₩3,200		₩3,200	
매 출 채 권	18,000		18,000	
소 모 품	150		50	
선 급 비 용	4,200		2,175	
비 품	66,000		62,000	
미 지 급 비 용		16,000		17,000
선 수 수 익		5,000		3,000
자 본 금		20,000		20,000
이 익 잉 여 금		39,450		39,450
용 역 수 익		33,400		35,400
급 여	19,600		20,600	
소 모 품 비			100	
보 험 료	2,700		1,575	
임 차 료			3,150	
감 가 상 각 비			4,000	
합계	₩113,850	₩113,850	₩114,850	₩114,850

요구사항

두 개의 시산표를 비교하여 결산수정분개를 추정하시오.

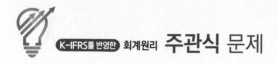

4-9 정산표 작성

다음은 (주)경성의 수정전시산표와 결산수정사항이다.

수정전시산표			
현　　　금	₩40,000	매 입 채 무	₩30,000
매 출 채 권	50,000	선 수 수 익	30,000
비　　　품	60,000	자 본 금	70,000
보 험 료	20,000	용 역 수 익	200,000
소 모 품 비	40,000		
급　　　여	100,000		
전 력 비	20,000		
	₩330,000		₩330,000

| 결산수정사항 |

① 보험료 중 보험기간이 미경과된 금액　　　　₩10,000
② 선수수익 중 서비스가 제공된 부분　　　　　₩20,000
③ 비품에 대한 감가상각비　　　　　　　　　₩10,000
④ 미지급된 급여　　　　　　　　　　　　　₩10,000
⑤ 미사용된 소모품　　　　　　　　　　　　₩10,000

요구사항

1) 결산수정분개를 제시하시오.

2) 정산표를 작성하시오.

3) 정산표에서 자산, 부채 및 자본 금액을 각각 산출하시오.

K-IFRS를 반영한
회계원리

CHAPTER
05

당좌자산

Accounting
principles
reflecting K-IFRS

제1절 현금 및 현금성자산

1 현금 및 현금성자산의 의의

회계상의 현금은 통화, 통화대용증권 및 통화성예금을 포괄한다. 통화는 각국의 중앙은행에서 발행한 화폐를 말하고, 통화대용증권은 통화와 거의 동일하게 사용할 수 있는 증권(자기앞수표, 타인발행수표, 우편환증서 등)을 말한다. 그리고 통화성예금은 일상적 지급에 사용할 목적으로 은행에 예치한 현금을 말한다. 여기에는 당좌예금과 보통예금이 있는데 모두 입출금이 자유롭지만 당좌예금은 수표나 어음을 발행할 목적으로 가입한 예금이란 점에서 보통예금과 다르다.

현금성자산이란 회계처리상 현금으로 취급할 수 있는 것으로 취득 당시에는 현금 형태가 아니지만 조만간 현금화될 금융자산이다. 큰 거래비용 없이 현금으로 전환할 수 있고 이자율 변동에 따른 가치변동의 위험이 중요하지 않은 금융상품으로 취득당시 만기일이 3개월 이내에 도래하는 환매조건부채권(RP), 양도성예금증서(CD), 기업어음(CP) 등이 여기에 속한다. 현금과 현금성자산에 속한 금융자산을 정리하면 다음과 같다.

현 금
- 통화: 한국은행권, 각국의 중앙은행권
- 통화성예금: 당좌예금, 보통예금
- 통화대용 증권: 각종 수표(당좌수표, 자기앞수표), 우편환증서 등

현금성자산
만기일이 3개월 이내에 도래하는 RP, CD, CP 등

② 당좌예금과 당좌차월

기업은 현금에 대한 통제와 대금지급의 편의를 위해 현금을 사용하지 않고 당좌수표를 발행하여 현금 지출을 대신하는 경우가 많다.* 기업은 현금 지출이 필요할 때마다 필요한 금액을 수표에 적어 거래상대방에게 주면 지불이 끝난다.

★ 현금거래는 그 발생 빈도수가 많아 도난이나 횡령 등의 위험에 노출된다. 기업들은 이런 위험에 대처하기 위해 수취한 현금은 즉시 거래은행에 예금하고 현금을 지불할 일이 생기면 현금 대신 당좌수표를 발행하여 지불하도록 하는 내부통제제도를 운용한다.

📷 그림 5-1_ **당좌수표와 자기앞수표**

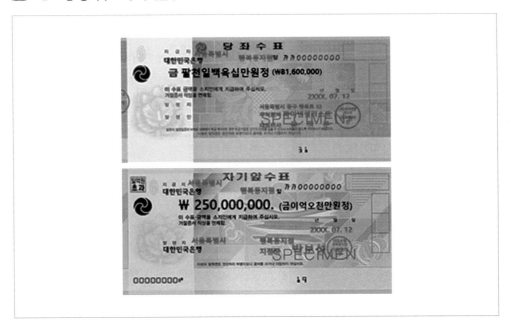

당좌예금은 어음이나 수표를 발행할 목적으로 가입한 예금이다. 당좌예금은 당좌예금 계좌에 현금을 입금하거나 추심을 의뢰한 어음이 정상적으로 입금되면 증가하며, 수표를 발행하거나 어음대금이 결제되는 경우에 감소한다.

당좌예금			
전 기 이 월	×××	수 표 발 행	×××
현 금 입 금	×××	어 음 결 제	×××
수 표 입 금	×××	차 기 이 월	×××
	×××		×××

당좌수표는 원칙적으로 당좌예금 잔액을 한도로 발행되어야 한다. 회사가 당좌예금 잔액을 초과하여 수표를 발행하게 되면 은행은 수표금액의 지급을 거절하게 된다. 이러한 수표를 부도수표라고 한다. 그러나 은행과 미리 약정을 맺은 경우 일정한 한도 이내에는 당좌예금 잔액이 부족해도 수표금액을 모두 지급해 준다. 당좌예금 잔액을 초과하여 수표를 발행한 것을 당좌차월이라 한다. 당좌차월은 당좌예금 잔액이 대변에 생긴 것으로 그 실질이 은행에서 차입금을 조달한 것이므로 이를 단기차입금으로 분류한다.

예제 5-1 당좌예금 회계처리

(주)서울은 당기 중 다음과 같은 당좌예금 거래가 있었다.

10/01 현금 ₩500,000을 입금하여 당좌거래를 개설하다.(₩1,000,000을 한도로 하는 당좌차월의 약정 포함)

10/05 비품 ₩1,000,000을 구입하고 당좌수표를 발행하여 지불하다.

10/15 상품 ₩900,000을 구입하고 약속어음을 발행하여 지불하다.

11/10 은행에 추심을 위탁한 받을어음 ₩200,000이 정상적으로 입금되다.

11/15 상품을 매출하고 대금 ₩500,000을 수표로 받아 당좌예금 구좌에 입금하다.

11/30 10/15일에 발행한 어음 ₩900,000이 당좌예금에서 결제되다.

12/20 거래처에서 외상대금 ₩400,000을 회사의 당좌예금 구좌로 송금하다.

요구사항

1. 각 시점별로 필요한 분개를 제시하시오.

2. 위 분개를 당좌예금계정에 전기하시오.

해답

1. 분개

10/01	(차) 당 좌 예 금	500,000	(대) 현 금	500,000
10/05	(차) 비 품	1,000,000	(대) 당 좌 예 금	1,000,000
10/15	(차) 상 품	900,000	(대) 지 급 어 음	900,000
11/10	(차) 당 좌 예 금	200,000	(대) 받 을 어 음	200,000
11/15	(차) 당 좌 예 금	500,000	(대) 매 출	500,000
11/30	(차) 지 급 어 음	900,000	(대) 당 좌 예 금	900,000
12/20	(차) 당 좌 예 금	400,000	(대) 외상매출금	400,000
12/31	(차) 당 좌 예 금	300,000	(대) 단기차입금	300,000

2. 진기

당좌예금

10/01	현 금	500,000	10/05	비 품	1,000,000
11/10	받 을 어 음	200,000	11/30	지 급 어 음	900,000
11/15	매 출	500,000			
12/20	외 상 매 출 금	400,000			
12/31	단 기 차 입 금	300,000			
	계	1,900,000		계	1,900,000

③ 은행계정조정표

거래의 시간차와 기록의 오류 때문에 당좌예금의 장부금액과 은행의 당좌예금 잔액이 일치하지 않는 경우가 생긴다. 예를 들어 수표를 발행한지 며칠이 지나서 현금을 찾아가는 경우에는 출금의 시간차로 인한 차이가 생기고 은행의 업무마감시간이 지나 예금을 하는 경우에도 입금의 시간차로 인한 차이가 생긴다. 은행계정조정표는 이를 조정하여 양측의 잔액을 일치시키기 위하여 작성하는 표이다.

(1) 은행 측 사유: 미기입 예금

회사가 이미 입금하였으나 은행에서 입금으로 처리하지 아니한 것을 말한다. 예를 들어 은행의 정상업무시간 이후에 입금하는 경우 다음날의 입금으로 처리된다.

(2) 은행 측 사유: 기발행 미인출 수표

은행의 당좌예금 계좌에서 예금이 인출되는 시점은 수표의 소지인에게 은행이 수표금액을 지급하는 시점이다. 그러나 회사는 수표를 발행한 시점에 당좌예금을 감소시키는 회계처리를 한다. 이로 인해 은행 측 잔액은 회사 측 잔액보다 일시적으로 많게 표시될 수 있다.

(3) 회사 측 사유: 미통지예금

은행에 추심을 위탁한 받을어음이 만기에 정상적으로 입금되었으나 회사가 그 사실을 알지 못하여 회계처리가 누락된 것이다.

(4) 회사 측 사유: 부도수표

부도수표는 당좌예금에 입금 처리된 수표가 사후에 부도로 처리된 것을 말한다. 부도수표는 입금이 취소되므로 회사 측 잔액에서 차감한다.

(5) 회사 측 사유: 은행수수료

은행이 정해진 날에 수수료를 부과하여 회사의 당좌예금 계좌에서 인출하였으나 회사가 그 사실을 알지 못하여 회계처리가 누락된 것이다.

🎥 그림 5-2_ **은행계정조정표**

	은행 측 잔액	회사 측 잔액
수정전 잔액	×××	×××
조정항목:		
① 은행의 미기입 예금	×××	
② 기발행미인출수표	(×××)	
③ 추심어음입금		×××
④ 부도수표		×××
⑤ 은행수수료		(×××)
수정후 잔액	×××	×××

예제 5-2　　**은행계정조정표**

(주)하늘은 거래은행으로부터 당좌예금 잔액이 ₩60,000이라는 통지를 받았다. 그러나 당좌예금의 장부금액은 ₩47,700이다. 불일치 원인은 다음과 같았다.

(1) 발행한 수표 중 ₩14,600이 아직 인출되지 않았다.
(2) 은행에서 부과한 수수료 ₩900이 있었다.
(3) 은행의 업무시간 이후에 입금한 예금 ₩7,200이 있다.
(4) 은행에 추심을 위탁한 어음 ₩5,800이 만기일에 정상적으로 입금되었다.

요구사항

1. 은행계정조정표를 작성하여 올바른 당좌예금 잔액을 구하시오.
2. 은행계정조정사항을 토대로 필요한 결산수정 회계처리를 제시하시오.

해답

1. 은행계정조정표

	은행 측	회사 측
수정전 잔액	₩60,000	₩47,700
조정 (1) 기발행미지급수표	(14,600)	-
(2) 은행수수료	-	(900)
(3) 미기입 예금	7,200	-
(4) 추심어음	-	5,800
수정후 잔액	₩52,600	₩52,600

2. 결산수정 분개

(차)	수 수 료	900	(대)	당 좌 예 금	900
(차)	당 좌 예 금	5,800	(대)	받 을 어 음	5,800

제2절 매출채권과 수취채권

수취채권은 재화의 판매나 용역의 제공, 자금의 대여 등의 사유로 생긴 미래에 현금을 수취할 권리를 통칭한다. 수취채권은 매출채권과 기타의 수취채권으로 구분할 수 있는데 매출채권은 주된 영업활동의 과정*에서 발생한 채권을 말하며 여기에는 외상매출금과 받을어음이 있다. 기타의 수취채권은 매출채권 이외의 수취채권으로 여기에는 미수금, 대여금, 미

> ★ 재화를 판매하거나 용역을 제공하는 수익창출 활동을 말한다.

수수익 등이 있다. 미수금은 주된 영업활동 이외의 거래에서 생긴 채권으로 비유동자산을 외상으로 처분한 경우에는 매출채권과 구분하여 미수금으로 기록한다. 대여금은 여유자금을 타인에게 대여한 경우에 그 채권을 기록하는 계정이다. 미수수익은 인식기준을 충족하여 수익은 실현되었으나 아직 수취하지 않은 대가를 채권으로 기록한 것이다. 여기에는 미수이자수익, 미수임대수익 등이 있다.

한편 수취채권과 구분되는 유동자산항목으로 선급금과 선급비용이 있다. 선급금은 재화를 취득하기 위해 미리 지급한 금액을, 선급비용은 서비스를 취득하기 위해 미리 지급한 금액을 말한다. 이 항목들은 재화나 서비스를 수취함으로써 계약이 이행된다는 점에서 현금 등의 금융자산을 수취할 권리를 나타내는 수취채권과는 성격이 다르다.

❶ 외상매출금

현금판매만 하는 것보다 외상판매를 통해 더 많은 판매기회를 가질 수 있다. 이런 이유로 대부분의 기업들은 현금거래와 외상거래를 병행하는데 외상거래에서 생긴 채권이 외상매출금(accounts receivable)이다. 외상매출금 계정은 외상 매출이 생기면 증가하고, 외상매출금을 회수하거나 매출에누리와 환입, 매출할인, 대손 등으로 감소한다.

	외상매출금		
기 초 잔 액	×××	매출에누리·환입★	×××
외 상 매 출	×××	매출할인★	×××
		현금회수	×××
		대손발생	×××
		기말잔액	×××

외상매출금은 거래처별로 관리할 필요가 있다. 외상매출금계정만으로는 거래처별 외상매출액, 대금회수액 및 외상매출금 잔액 등을 파악할 수 없다. 이에 외상매출금을 거래처별로 관리하기 위하여 매출처원장을 사용하기도 한다. 매출처 원장은 거래처계정을 사용하여 기록하는데 예를 들어 A사, B사, C사 계정 등과 같이 설정된 거래처 계정을 외상매출금계정 대신 사용한다. 이렇게 하면 외상매출금의 전체 잔액 외에 거래처별 잔액을 파악할 수 있다.

★ 매출환입(sales returns)은 판매한 상품에 파손이나 결함 등이 있어서 반품되는 것을 말한다. 이때, 상품을 반품하는 대신 파손이나 결함이 있는 만큼 판매대금을 깎아주는 것으로 타협할 수도 있는데 이를 매출에누리라 한다.
★ 매출할인(sales discounts)은 외상매출금의 신속한 지급을 유도하기 위해 대금을 조기에 지급할 경우 일정한 금액을 할인해 주는 것을 말한다.

예제 5-3 외상매출금

다음은 (주)서울의 1월 중 외상매출금 계정의 변동 내용이다.

1/07 하나상회에 상품을 판매하고 대금 ₩4,000은 외상으로 하다.
1/10 두리상회에 상품을 판매하고 대금 ₩3,000은 외상으로 하다.
1/11 하나상회에 판매한 상품에서 ₩1,000이 반품되다.
1/14 두리상회의 외상매출금 중 50%를 회수하다.
1/17 하나상회의 외상매출금 중 1/3을 회수하다.

요구사항

1. 각 거래를 외상매출금 계정에 분개하고 분개한 내용을 외상매출금계정에 전기하시오.
2. 각 거래를 매출처별로 별도계정을 사용하여 분개하고 분개한 내용을 매출처원장에 전기하시오.

해답

1. 외상매출금 계정을 사용

1/07	(차)	외 상 매 출 금	4,000	(대)	매 출	4,000
1/10	(차)	외 상 매 출 금	3,000	(대)	매 출	3,000
1/11	(차)	매 출 환 입	1,000	(대)	외 상 매 출 금	1,000
1/14	(차)	현 금	1,500	(대)	외 상 매 출 금	1,500
1/17	(차)	현 금	1,000	(대)	외 상 매 출 금	1,000

외상매출금

1/07	매 출	4,000	1/11	환 입	1,000
1/10	매 출	3,000	1/14	현 금	1,500
			1/17	현 금	1,000

2. 매출처별로 별도계정을 사용

1/07	(차) 하 나 상 회	4,000		(대) 매 출	4,000
1/10	(차) 두 리 상 회	3,000		(대) 매 출	3,000
1/11	(차) 매 출 환 입	1,000		(대) 하 나 상 회	1,000
1/14	(차) 현 금	1,500		(대) 두 리 상 회	1,500
1/17	(차) 현 금	1,000		(대) 하 나 상 회	1,000

하나상회					두리상회			
1/07 매출 4,000	1/11 환입 1,000		1/10 매출 3,000	1/14 현금 1,500
	1/17 현금 1,000			

2 받을어음

외상거래에서 채권의 존재사실을 보다 확실히 하기 위해 일정한 양식으로 된 증서를 받는 경우도 있다. 이런 목적으로 사용되는 것이 약속어음(bill)이다. 어음은 채무자가 채권자에게 약정한 기일에 일정금액을 지급할 것을 약속한 증권이다. 어음의 법률상 용어는 약속어음이지만 회계에서 사용하는 계정과목은 받을어음과 지급어음이다. 어음의 발행인은 어음금액을 지급할 의무를 지고, 어음 수취인은 어음금액을 받을 권리를 갖는다. 어음의 발행인은 어음상의 채무를 지급어음으로 기록하고, 어음의 수취인은 어음상의 채권을 받을어음으로 기록한다. 받을어음은 외상거래에서 생긴 채권이란 점에서 외상매출금과 같다. 단, 외상매출금은 증서가 없는 구두상의 약속이고 받을어음은 서면상의 약속이다.

📷 그림 5-3_ **전자어음**★

전 자 어 음

계룡아웃도어 귀하   08820150715123456789

금 삼백이십오만원정   **3,250,000원**

위의 금액을 귀하 또는 귀하의 지시인에게 이 약속어음과 상환하여 지급하겠습니다.

지급기일 2015년 9월 15일   **발행일** 2015년 7월 15일
지급지 신한은행   **발행지**
지급장소 역삼지점   **주 소** 서울 금천구 가산로 148
                          발행인 설악아웃도어

★ 전자어음에 관한 법률의 시행 이후 종이어음은 전자어음으로 급속히 대체되고 있다. 전자어음은 상환기일을 하루라도 넘기면 바로 부도로 처리되기 때문에 부도율이 현저히 낮아 기업들에게서 선호된다.

예제 5-4 **받을어음과 지급어음**

다음은 (주)서울과 (주)부산의 거래와 관련된 내용이다.

11/01 (주)서울은 (주)부산에 상품을 판매하고 약속어음 ₩800,000을 받다.
11/30 어음의 만기일에 (주)서울의 당좌예금 구좌에 ₩800,000이 입금되다.

요구사항

각 시점별 양 회사의 회계처리를 제시하시오.

해답

(1) (주)서울의 회계처리

11/01	(차)	받을어음	800,000	(대)	매출	800,000
11/30	(차)	당좌예금	800,000	(대)	받을어음	800,000

(2) (주)부산의 회계처리

| 11/01 | (차) | 상   품 | 800,000 | (대) | 지 급 어 음 | 800,000 |
| 11/30 | (차) | 지 급 어 음 | 800,000 | (대) | 당 좌 예 금 | 800,000 |

3 어음의 양도

어음을 받은 경우 이를 지급일까지 보유하다가 직접 어음금액을 받을 수도 있지만, 보통 거래은행에 추심*을 위탁한다. 또 어떤 경우에는 자신의 다른 채무를 갚기 위해 타인에게 어음을 양도할 수도 있다. 단, 채권의 추심을 위한 양도는 실질적인 양도가 아니므로 회계 거래로 보지 않는다.

★ 은행이 고객의 위탁을 받아 어음대금을 대신 받아 내는 것을 말한다.

예제 5-5 어음의 양도

다음은 (주)경기의 어음 양도와 관련된 거래들이다.

5/1 (주)충청에 상품을 매출하고 어음(₩200,000 지급일 7/1일)을 받았다.
5/3 (주)강원에 대한 외상매출금을 어음(₩300,000 지급일 8/1일)으로 받았다.
5/5 (주)충청의 어음을 거래은행에 채권추심을 위해 위탁하였다.
5/7 (주)경상에서 상품을 구입하고 대금 ₩300,000은 (주)강원의 어음으로 지급하였다.
7/1 (주)충청의 어음이 지급일에 정상적으로 결제되었다.
8/1 (주)강원의 어음이 지급일에 정상적으로 결제되었다.

요구사항

각 시점별로 받을어음의 회계처리를 제시하시오.

해답

5/1	(차)	받 을 어 음	200,000	(대)	매 출	200,000
5/3	(차)	받 을 어 음	300,000	(대)	외상매출금	300,000
5/5		"분개없음"				
5/7	(차)	상 품	300,000	(대)	받 을 어 음	300,000
7/1	(차)	당 좌 예 금	200,000	(대)	받 을 어 음	200,000
8/1		"분개없음"				

④ 어음의 할인

　어음의 할인(discount)이란 자금 융통을 목적으로 금융기관에 어음을 양도하고 지급일 전에 어음금액을 현금화하는 것을 말한다. 기업이 금융기관에 어음을 할인하면 지급일까지의 이자상당액을 차감한 잔액을 받는다. 일반적으로 어음을 할인한 경우 그 어음에 대한 권리와 의무가 금융기관에 완전히 이전되지 않는데, 이 경우 어음할인은 어음을 담보로 제공하고 자금을 차입한 거래로 본다. 따라서 어음을 할인하면 단기차입금을 조달하는 회계처리를 하며 받을어음은 장부에서 제거되지 않는다. 할인한 어음이 지급일에 정상적으로 결제되면 그때 장부에서 제거하고 동시에 단기차입금이 상환되는 회계처리를 한다.

　만약 어음할인으로 받을어음에 관련된 권리와 의무가 실질적으로 이전되는 경우에는 어음의 할인시점에 받을어음을 장부에서 제거하고 할인액 만큼 매출채권처분손실을 인식하는 회계처리를 한다.

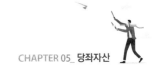

예제 5-6 **어음의 할인**

대한상사는 20 × 5년 8월 1일 액면 ₩2,000,000의 받을어음(지급일 9월 30일)을 거래은행에서 연 12%의 이자율로 할인하였다. 이 어음은 9월 30일에 정상적으로 결제되었다.

요구사항

받을어음 할인을 "차입거래"로 보는 경우와 매출채권 "양도거래"로 보는 경우의 어음할인과 관련된 분개를 날짜순으로 제시하시오.

해답

| 차입거래로 보는 경우 |

8월 1일:	(차)	당 좌 예 금	1,960,000	(대)	단기차입금	2,000,000
		이 자 비 용	40,000*			

　　　　　　　* 2,000,000 × 12% × 2/12 = ₩40,000

9월 30일:	(차)	단기차입금	2,000,000	(대)	받 을 어 음	2,000,000

| 양도거래로 보는 경우 |

8월 1일:	(차)	당 좌 예 금	1,960,000	(대)	받 을 어 음	2,000,000
		매출채권처분손실	40,000			
9월 30일			"분개 없음"			

제3절 매출채권의 회수가능성

1 매출채권의 손상

어음을 받았더라도 채무자의 사정으로 인하여 지급일에 대금이 결제되지 못하는 경우도 있다. 이것을 어음의 부도라 하고 그 어음을 부도어음이라 한다. 부도어음은 어음금액의 회수 가능성이 상당히 낮아질 것이다. 거래처의 부도나 파산으로 매출채권을 못 받게 되는 것을 대손(bad debts)이라 한다.

대손이 생기면 매출채권을 장부에서 제거(제각)한다. 다만 이와 관련된 손실은 대손이 확정되는 시점이 아니라 외상거래가 발생한 시점에 인식해야 한다. 왜냐하면 미래에 떼이게 될 돈을 미리 비용으로 인식하지 않으면 수익(매출)과 비용(대손)이 올바로 대응되지 않기 때문이다. 또한 미래에 떼이는 돈을 고려하지 않고 매출채권을 모두 받을 수 있는 것처럼 표시하면 자산을 과대표시하는 결과가 된다.

결론적으로 매출채권 중 일부 떼이게 될 부분을 감안하지 않고 재무제표를 작성하면, 재무상태와 경영성과를 왜곡하게 된다. 따라서 결산일에 매출채권 중 대손으로 추정되는 금액을 손상차손으로 처리하고 이 금액만큼 매출채권을 감액한다. 다만 직접 차감하지 않고 손실충당금이라는 평가계정을 사용하여 감액한다.

예제 5-7 **손실충당금 설정**

(주)부실의 20 × 1년 말 외상매출금 잔액은 ₩1,000,000이고 이 금액의 3%는 회수할 수 없을 것으로 추정된다. 외상매출금에 대한 결산수정분개를 제시하시오.(단, 손실충당금 잔액은 ₩0이다.)

해답

(차) 손 상 차 손	30,000	(대) 손실충당금	30,000

2 매출채권 손상의 회계처리

매출채권의 손실추정액에 대하여 손실충당금이라는 평가계정을 사용하는 것은 신용손실이 발생할 것이라고 추정될 뿐 아직 확정된 것이 아니기 때문이다. 해당 매출채권은 실제로 대손이 확정된 시점에 장부에서 제거되며 같은 금액을 손실충당금에서 제거한다.

결산일에는 신용손실액을 새로 추정하고 그 금액에서 손실충당금 잔액을 차감한 금액만큼 추가로 손실충당금을 설정한다. 그렇게 추가되는 금액이 당기의 손상차손이 된다.

예제 5-8 **손실충당금 추가설정**

(주)부실의 20 × 2년초 손실충당금 잔액은 ₩30,000이다. 20 × 2년 7월 1일 A사의 파산으로 A사에 대한 채권 ₩10,000을 장부에서 제거하였다. 20 × 2년말 외상매출금 계정의 잔액은 ₩1,500,000이며 이 중 ₩45,000은 회수가 불가능할 것으로 추정된다. 7월 1일의 분개와 결산일의 수정분개를 제시하시오.

해답

7/1	(차)	손실충당금	10,000	(대)	외상매출금	10,000
12/31	(차)	손 상 차 손	25,000*	(대)	손실충당금	25,000

* 45,000 - (30,000 - 10,000) = ₩25,000

손실충당금은 매년말의 기대신용손실 추정액만큼 설정한다. 그러나 손실충당금 설정액이 실제 손실 발생액과 일치하지는 않는다. 손실 발생액이 손실충당금 설정액보다 적을 수도 있고 많을 수도 있다. 예를 들어 20 × 1년말에 손실충당금으로 ₩30,000을 설정했는데 20 × 2년 중에 실제로는 ₩20,000의 손실이 발생한 경우에는 20 × 1년 비용이 ₩10,000 과대 계상된다. 반대로 20 × 2년 중에 실제로 발생한 손실이 ₩40,000이면 20 × 1년 비용이 ₩10,000 과소 계상된다. 그러나 이는 추정에 의한 불가피한 차이므로 수정하지 않는다.

예제 5-9 손실충당금 추가설정

(주)부실의 20 × 2년초 손실충당금 잔액은 ₩30,000이다. 20 × 2년 중에 다음과 같은 대손이 발생하였다.

> 7월 1일 A사의 파산으로 A사에 대한 채권 ₩20,000을 장부에서 제거하다.
> 8월 15일 B사의 파산으로 B사에 대한 채권 ₩20,000을 장부에서 제거하다.

회사는 20 × 2년말 외상매출금 잔액 ₩1,500,000에 대해 3%의 손실충당금을 설정하기로 하였다. 날짜 순서대로 분개를 제시하시오.

해답

7/1	(차)	손실충당금	20,000	(대)	외상매출금	20,000
8/15	(차)	손실충당금	10,000	(대)	외상매출금	20,000
		손 상 차 손	10,000*			
12/31	(차)	손 상 차 손	45,000**	(대)	손실충당금	45,000

* 손실충당금보다 실제 손실액이 많아서 그 차액 ₩10,000은 당기비용(손상차손)으로 처리한다.
** ₩1,500,000 × 3% - ₩0 = ₩45,000

한편, 현실적으로 거의 생기지는 않겠지만 회수불능이 확실시되어 제각 처리했던 채권이 나중에 다시 회수될 수도 있다. 제각했던 채권이 나중에 다시 회수되면 종전의 제각 처리한 분개를 취소한 후 채권을 회수하는 분개를 하여 수정한다.

예제 5-10 제각한 채권의 회수

(주)부실은 20 × 3년 3월 1일 전기에 제각 처리했던 A사의 외상매출금 ₩20,000을 회수하였다. 제각 채권의 회수의 회계처리를 제시하시오.

해답

(1) 제각 처리의 취소

(차)	외상매출금	20,000	(대)	손실충당금	20,000

(2) 매출채권의 회수

(차)	현 금	20,000	(대)	외상매출금	20,000

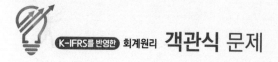

01 다음의 설명 중 올바른 것은?

① 요구불예금은 언제라도 인출이 가능하므로 현금에 속한다.

② 만기가 1년 이내인 예금은 현금성자산에 해당한다.

③ 우표나 수입인지는 통화대용증권에 속하며 액면금액으로 보고한다.

④ 결산일 현재 만기가 3개월 이내인 공사채 등은 현금성자산에 해당한다.

02 다음 중 재무상태표에 현금 및 현금성자산으로 보고될 금액은 얼마인가?

통 화	₩4,000	타인발행수표	₩20,000
우 표	1,000	자기앞수표	5,000
초단기금융상품(MMF)	6,000	당좌예금	25,000

① ₩94,000

② ₩87,000

③ ₩60,000

④ ₩49,000

03 (주)서울의 당좌예금계정에는 잔액이 ₩1,500,000으로 기록되어 있으나 은행 측 예금원장에는 ₩1,850,000으로 기록되어 있다. 원인을 분석한 결과 아래와 같은 사항이 발견되었다. 올바른 당좌예금 잔액은 얼마인가?

> (1) 발행되었으나 인출되지 않은 수표가 2매 있다.(#101:₩150,000, #102:₩250,000)
>
> (2) 외상매출금 ₩670,000이 당좌예금에 입금되었다. 그러나 회사는 이를 ₩760,000으로 잘못 처리하였다.
>
> (3) 외상매출금 ₩50,000이 당좌예금에 입금되었으나 이에 대한 회계처리가 누락되었다.
>
> (4) 은행의 추심수수료 ₩10,000이 출금되었으나 이에 대한 회계처리가 누락되었다.

① ₩1,400,000 ② ₩1,450,000

③ ₩1,540,000 ④ ₩1,850,000

04 기초의 외상매출금 잔액이 ₩700,000이고 손익계산서의 매출액 중 외상매출액이 ₩4,500,000이다. 당기의 외상매출금 회수액이 ₩4,600,000이라면 기말의 외상매출금 잔액은 얼마인가?

① ₩500,000 ② ₩600,000

③ ₩700,000 ④ ₩800,000

05 20 × 1년말 외상매출금 잔액은 ₩1,000이고 이 금액의 10%를 손실충당금으로 설정하였다. 20 × 2년에 ₩120의 대손이 발생하였을 때 적절한 분개는?

① (차) 손상차손 120 (대) 외상매출금 120

② (차) 손실충당금 120 (대) 외상매출금 120

③ (차) 손실충당금 100 (대) 외상매출금 120
　　　손상차손 20

④ (차) 손실충당금 100 (대) 외상매출금 120
　　　잡 손 실 20

06 20 × 1년 5월 20일 거래처인 태양상회의 부도로 외상매출금 ₩200,000을 제각하였다. 그러나 다행히도 20 × 2년 1월 5일 태양상회로부터 제각처리한 금액 중 ₩50,000을 현금으로 회수하였다. 20 × 2년 1월 5일에 필요한 분개는?

① (차) 손실충당금 50,000 (대) 외상매출금 50,000

② (차) 현 금 50,000 (대) 손실충당금 50,000

③ (차) 현 금 50,000 (대) 외상매출금 50,000

④ (차) 손실충당금 50,000 (대) 손상차손 50,000

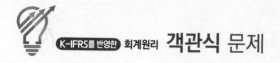

07 당기의 손실충당금과 관련된 자료는 다음과 같다. 당기에 인식할 손상차손은?

> 1월 1일: 기초의 손실충당금은 ₩6,500이다.
>
> 3월 1일: 외상매출금 ₩4,200이 제각 처리 되었다.
>
> 5월 1일: 제각 처리되었던 외상매출금 ₩2,000이 회수되었다.
>
> 12월 31일: 기말의 대손추정액은 ₩8,000이다.

① ₩1,700　　　　　　　　　② ₩2,700

③ ₩3,700　　　　　　　　　④ ₩4,700

08 당기에 제각 처리한 매출채권이 ₩120,000이라면 당기에 인식할 손상차손은?

	전 기	당 기
기말매출채권	₩4,500,000	₩6,800,000
예상손실율	3%	5%

① ₩125,000　　　　　　　　② ₩225,000

③ ₩325,000　　　　　　　　④ ₩425,000

정답

01 ② 만기가 1년 이내인 저축성예금은 유동자산인 단기금융상품으로 보고한다.

③ 우표나 수입인지는 소모품비로 처리한다.

④ 결산일이 아니라 취득당시 만기가 3개월 이내인 경우에 현금성자산에 포함된다. **정답** ①

02 통화 + 타인발행수표 + 자기앞수표 + 당좌예금 + 초단기금융상품(MMF) **정답** ③

03 **정답** ②

	은행 측 잔액	회사 측 잔액
수정전 금액	₩1,850,000	₩1,500,000
(1) 미인출수표	(400,000)	-
(2) 입금처리 오류	-	(90,000)
(3) 미통지 입금	—	50,000
(4) 추심수수료	-	(10,000)
수정후 금액	₩1,450,000	₩1,450,000

04 "기초잔액 + 당기증가(매출액) = 당기감소(회수액) + 기말잔액" 이므로

기말잔액 = 기초잔액 + 매출액 - 회수액 = 700,000 + 4,500,000 - 4,600,000 = ₩600,000 **정답** ②

05 손실발생액(₩120)이 손실충당금 잔액(₩100)보다 크므로 초과분은 손상차손으로 처리한다.

정답 ③

06 제각한 채권을 회수하는 경우에는 손실충당금을 증가시킨다. **정답** ②

07 **정답** ③

전기이월 손실충당금	6,500
제각처리된 매출채권	(4,200)
제각처리된 채권의 회수	2,000
당기말 손실충당금 잔액	4,500

당기에 인식할 손상차손 = 8,000 - 4,500 = ₩3,500

08 전기말 손실추정액: 4,500,000 × 3% = ₩135,000

당기말 손실충당금 잔액: 135,000 - 120,000 = ₩15,000

당기말 손실추정액: 6,800,000 × 5% = ₩340,000

당기 손상차손: 340,000-15,000 = ₩325,000 **정답** ③

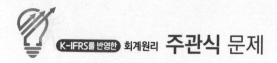

5-01 현금과 예금의 계정분류

다음은 (주)겨울이 보유한 금융상품이다.

한국은행권	₩15,000	정기예금(만기 2년)	30,000
타인발행수표	13,000	보통예금	10,000
당좌예금(A은행)	18,000	당좌차월(B은행)	15,000

요구사항

위의 각 항목들을 아래에 예시한 계정과목에 집계하시오.

㉠ 현금및현금성자산, 장기금융상품, 단기차입금

5-02 은행계정조정표

당기 말 장부상 당좌예금 잔액은 ₩2,300,000이었으나 이는 은행에서 확인한 당좌예금 잔액 ₩2,390,000과 일치하지 않았다. 차이의 원인을 파악한 결과 그 원인은 다음과 같다.

(1) 은행에 추심 의뢰한 받을어음 ₩210,000이 만기에 정상적으로 결제되었다.

(2) 은행의 당좌차월 이자 ₩10,000이 당좌예금에서 인출되었다.

(3) A사에서 받은 수표(₩600,000)가 부도수표로 판명되어 입금이 취소되었다.

(4) 이미 발행되었으나 아직 인출되지 않은 수표(₩400,000)가 있었다.

(5) 외상대금을 지급하기 위해 ₩450,000의 수표를 발행하였다. 그러나 장부에는 ₩540,000으로 잘못 기록되어 있었다.

요구사항

1) 은행계정조정표를 작성하고 결산일 현재 올바른 당좌예금 잔액을 산출하시오.

2) 이와 관련하여 필요한 수정분개를 제시하시오.

5-03 은행계정조정표

(주)초목은 20 × 5년 결산을 위해 거래은행에 당좌예금 잔액을 조회한 결과 ₩880,000 이라는 회신을 받았다. 그런데 이 금액은 회사의 당좌예금계정의 잔액과 다르다. 차이의 원인을 조사한 결과 다음과 같은 사실이 발견되었다.

(1) 은행에 추심 의뢰한 어음 ₩500,000이 정상 결제되어 당좌예금에 입금되었다. 그러나 회사는 결산일까지 그 사실을 모르고 있었다.

(2) 회사가 결산일 전에 입금한 ₩400,000이 실제로 은행에서 입금 처리된 날은 20 × 6년 1월 3일이었다.

(3) 발행된 수표 중 결산일까지 인출되지 않은 금액이 ₩230,000이다.

요구사항

1) 결산일의 올바른 당좌예금 잔액을 산출하시오.

2) 회사 측의 당좌예금 장부금액을 추정하시오.

3) 결산일에 필요한 수정분개를 제시하시오.

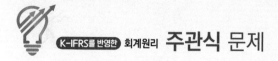

5-04 은행계정조정표

(주)강산의 20 × 5년 12월 31일 현재 장부상 당좌예금 잔액은 거래은행에서 보내온 은행계정 명세서와 다르다. 각각의 잔액은 다음과 같다.

은행계정명세서

날짜	거래내역	금액	잔액
12월 1일	전월이월		₩40,000
6일	부도수표	(2,000)	38,000
10일	어음입금	60,000	98,000
12일	당좌수표 #11	(16,000)	82,000
16일	당좌수표 #12	(34,000)	48,000
20일	당좌수표 #13	(46,000)	2,000
26일	대체입금	3,000	5,000
31일	은행수수료	(400)	4,600

당좌예금

12월 1일 전월이월	₩40,000	12일 수표 #11	₩16,000
10일 받을어음	60,000	16일 수표 #12	34,000
31일 현금입금	50,000	20일 수표 #13	46,000
		28일 수표 #14	24,000
		차기이월	30,000

요구사항

1) 은행계정조정표를 작성하여 올바른 당좌예금 잔액을 산출하시오.

2) 이와 관련하여 필요한 수정분개를 제시하시오.

5-05 대손의 회계처리

다음은 당기의 영업활동을 요약한 것이다. 단, 외상매출금과 손실충당금의 전기이월액은
₩432,000과 ₩22,000이다.

(1) 외상판매액	₩1,432,000
(2) 매출에누리와 환입	82,000
(3) 외상판매대금 회수	1,150,000
(4) 대손처리액	16,000

요구사항

1) 당기의 영업내용을 외상매출금계정에 기록하시오.

2) 당기 말 현재 매출채권의 회수가능액은 ₩600,000이다. 손상차손을 인식하기 위한 수정
   분개를 제시하시오.

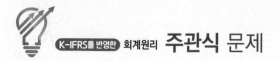

5-06 대손의 회계처리

다음은 손실충당금의 변동 내역이다.

제1기

6/15 경기상회의 파산으로 이에 대한 외상매출금 ₩4,000의 회수를 포기하다.

12/31 외상매출금 잔액은 ₩412,000이고, 회수가능액은 ₩400,000으로 추정된다.

제2기

5/15 전남상회에 대한 외상매출금 ₩8,000을 제각 처리하다.

7/11 충청상회에 대한 외상매출금 ₩5,000을 제각 처리하다.

12/31 외상매출금 잔액은 ₩315,000이고, 회수가능액은 ₩300,000으로 추정된다.

제3기

4/15 세종상회의 외상매출금 ₩3,000을 제각 처리하다.

4/30 공주상회의 외상매출금 ₩4,000을 제각 처리하다.

7/20 4/15일 제각 처리한 세종상회의 외상매출금 ₩3,000을 회수하다.

11/21 청주상회의 외상매출금 ₩5,000을 제각 처리하다.

12/31 외상매출금의 잔액은 ₩515,000이고, 회수가능액은 ₩500,000으로 추정된다.

요구사항

각 시점별로 외상매출금과 대손에 관한 회계처리를 제시하시오.

5-07 받을어음 거래

다음은 어음과 관련된 거래들이다.

(1) 하나(주)에서 받은 약속어음 ₩4,000을 지급일이 3개월 남은 시점에 연 10% 이 자율로 할인하다. (어음할인의 실질은 어음을 담보로 한 차입임)

(2) 두리(주)에서 받은 약속어음 ₩300은 회수가 불가능하다고 판단하고 제각 처리하다. 단, 손실충당금의 잔액은 ₩500이다.

(3) 세모(주)에 해충 방제용역을 제공하고 대금 ₩4,500은 외상으로 하다.

(4) 세모(주)에 대한 외상매출금 ₩4,500을 약속어음으로 받다.

(5) 네모(주)의 외상매출금 ₩700은 회수가 불가능하다고 판단하고 제각 처리하다.

(6) 대지(주)에서 토지 ₩7,500을 구입하고 ₩3,000은 당좌수표를 발행하여 지급하고 나머지는 약속어음 ₩4,500을 발행하였다.

(7) 임차료 ₩600과 급여 ₩300을 당좌수표를 발행하여 지급하였다.

(8) 하나(주)의 부도로 받을어음 ₩4,000이 결제되지 않음에 따라 당좌예금에서 인출 되었다는 통지를 받았다.

(9) 세모(주)의 어음 ₩4,500이 정상적으로 결제되었다.

요구사항

기중의 회계처리를 제시하시오.

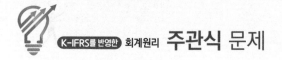

5-08 어음의 할인

다음은 받을어음과 관련하여 발생한 거래이다.

5/1   (주)방울에 상품을 판매하고 2장의 어음을 받았다. 각각의 액면금액은 ₩500,000
이다.

6/1   위의 어음들을 거래은행에서 연 6%의 이자율로 할인하였다.

8/1   은행으로부터 어음1이 정상적으로 결제되었다는 통보를 받았다.

9/1   (주)방울의 파산으로 어음2는 결제되지 않았다.

요구사항

1) 어음할인을 자금의 차입으로 보고 위의 거래들을 날짜별로 분개하시오.

2) 어음할인을 채권의 양도로 보고 위의 거래들을 날짜별로 분개하시오.

5-09 어음의 할인

다음은 (주)서울의 받을어음과 관련하여 발생한 거래이다.

3/01   (주)부산에 상품을 판매하고 약속어음(₩500,000)을 받았다.

3/15   (주)대구에 상품을 판매하고 약속어음(₩300,000)을 받았다.

3/21   상품(₩500,000)을 매입하고 대금은 (주)부산의 약속어음으로 지급하였다.

4/01   (주)대구의 약속어음을 은행에서 연 6%의 할인율로 할인하였다. (이 거래의 실
질은 어음을 담보로 한 차입임)

5/31   (주)부산이 발행한 어음이 정상적으로 결제되었다.

6/30   (주)대구의 부도로 약속어음 ₩300,000이 결제되지 않음에 따라 당좌예금에서
인출되었다는 사실을 통보 받았다.

요구사항

날짜별로 (주)서울의 회계처리를 제시하시오.

재고자산

Accounting
principles
reflecting K-IFRS

 제1절

재고자산의 회계처리

1 재고자산의 개요

기업은 재화를 판매하거나 용역을 제공함으로써 수익을 획득한다. 지금까지는 용역을 제공하여 수익을 획득하는 서비스기업의 회계처리를 살펴보았다. 여기서는 상기업의 회계처리를 설명한다. 상기업은 재화를 판매하여 수익을 얻기 때문에 이를 미리 구입하여 보유하고 있어야 한다. 따라서 상기업은 서비스기업과 달리 재고자산의 회계처리 문제를 가진다. 즉 상품의 매입과 판매에 관한 회계처리가 추가로 필요하다.

재고자산 문제는 사실 제조기업에서 더 중요하다. 제조기업에서는 재화를 직접 제조하며 이를 제품이라고 한다. 완성된 재고자산인 제품 외에도 가공 중인 재고자산 그리고 제조과정에서 소비될 재고자산이 있다. 제조기업의 재고자산에는 상품 외에 제품, 반제품, 재공품, 원재료나 부품 등이 있다. 제조업에서 보유하는 재고자산은 원가회계에서 자세히 배울 것이고 여기서는 상기업의 재고자산인 상품의 회계처리에 대해 다룬다.

상기업이 보유한 재화를 상품이라 하고 제조기업이 보유한 재화는 제품이라 한다. 상품과 제품은 판매를 목적*으로 보유한 물건이라는 점에서 동일하다. 그러나 제품은 자신이 직접 제조한 물건인데 반해 상품은 타인이 제조한 물건을 매입하여 보유한 것이란 점에서 차이가 있다.

예를 들어 자동차제조업체가 보관중인 완성차는 '제품'으로 기록하지만, 자동차 딜러업체가 소비자에게 팔기 위해 보유한 자동차는 '상품'으로 기록한다.

재고자산의 종류와 그 내용은 다음과 같다.

> ★ 판매를 목적으로 보유한다는 것은 투자 목적으로 보유한 투자자산이나 영업활동에 사용할 목적으로 보유하는 유형자산과 구분된다. 예를 들어 부동산은 일반적으로 유형자산으로 분류되나 업무에 사용하지 않는 경우에는 투자자산으로 분류된다. 한편 부동산매매업을 영위하는 경우에는 재고자산으로 분류된다.

- 상 품: 판매를 목적으로 매입하여 보유한 물품
- 제 품: 판매를 목적으로 제조한 물품
- 반제품: 중간제품과 부분품 등
- 재공품: 제품 또는 반제품의 제조를 위하여 제조과정에 있는 물품
- 원재료: 원료, 재료, 부분품 등

② 재고자산의 회계처리 특징

상기업에는 상품의 매입과 판매를 기록하는 회계처리 문제가 존재한다. 상품의 매매거래를 기록하는 방식을 유형자산의 매매거래와 비교하면서 상기업의 회계문제를 살펴보자. 어떤 기업이 상품 보관에 사용할 창고 부지를 ₩1,000에 취득하여 사용하다가 이를 ₩1,200에 처분한다고 하자. 이 거래를 기록하면 다음과 같다.

취득:	(차) 토	지	1,000	(대) 현	금	1,000		
처분:	(차) 현	금	1,200	(대) 토	지	1,000		
					토지처분이익	200		

이런 회계처리를 상품의 매매거래에서도 적용할 수 있을까? 예를 들어 중고자동차 매매상이 중고자동차를 ₩1,000에 취득했다가 이를 나중에 ₩1,200에 처분한다고 하자. 이 거래를 동일한 방식으로 기록하면 다음과 같다.

취득:	(차) 상	품	1,000	(대) 현	금	1,000		
판매:	(차) 현	금	1,200	(대) 상	품	1,000		
					상품매매이익	200		

그러나 상품의 판매거래는 이러한 방식으로 기록하지 않는다. 이렇게 기록하면 손익계산서에 '상품매매이익'만 표시되므로 상품을 얼마에 사서 얼마에 팔았는지에 대한 자세한 정

보를 알 수 없다. 손익계산서에 ₩200의 상품매매이익만 보고하는 것보다 ₩1,200의 판매수익이 발생하였고 이 상품을 취득할 때 ₩1,000의 원가가 발생하였다는 사실을 전부 표시하는 것이 좋다. 즉 판매거래와 관련된 수익(매출)과 비용(매출원가)을 모두 기록하는 것이다.

취득:	(차)	상 품	1,000		(대)	현 금	1,000
판매:	(차)	현 금	1,200		(대)	매 출	1,200
		매 출 원 가	1,000			상 품	1,000

여기서 매출은 상품의 판매금액을 나타내고 매출원가는 판매한 상품의 취득원가를 나타낸다. 그런데 토지의 처분거래에서는 왜 토지의 처분금액과 토지의 취득원가를 구분하여 각각 수익과 비용으로 기록하지 않고 그 차액만 기록하였는가? 이는 유형자산의 처분거래는 주된 영업활동이 아니기 때문이다. 반면 상품의 판매 거래는 주된 영업활동으로서 회계기간 중 동일한 거래가 반복적으로 발생하여 거래빈도가 높고 중요하다. 따라서 상품의 판매거래는 수익과 비용을 구분하여 총액으로 표시하는 것이다.*

> ★ 여기에는 수익과 비용은 '상계'하지 않는다는 재무제표 작성원칙이 적용되었다. 이렇게 하는 것이 정보이용자에게 더 유용한 정보를 제공한다. 매출액과 매출원가에 대한 정보를 알아야 부가가치 창출능력을 알 수 있다.

제2절 상품매매거래의 장부기록방식

상기업은 서로 다른 시기에 서로 다른 가격에 구입한 상품을 취급하기 때문에 판매된 상품이 어느 가격에 구입한 것인지 알기 어렵다. 서로 다른 가격에 구입된 상품이 구입 가격의 구분 없이 섞여서 판매될 경우 판매된 상품에 적용할 원가는 어떻게 결정할 것인가? 예를 들어 어떤 중고차 판매상이 3대의 중고차를 각각 7백만 원, 8백만 원, 9백만 원에 구입해서

이 중 2대를 총 2천만 원에 판매하였다고 하자. 매출액 2천만 원에 대응될 매출원가는 어떻게 결정되는가? 일단 판매된 2대의 원가를 직접 추적하여 구할 수 있다. 아니면 총 구입액에서 남아있는 1대의 원가를 차감하여 구할 수도 있다. 판매된 상품의 원가를 판매시점에 확인하는 방식을 계속기록법이라 하고, 총 구입액에서 남은 상품의 원가를 차감하는 방식을 재고실사법이라고 한다.

① 계속기록법

계속기록법은 상품을 판매할 때마다 판매된 상품의 원가를 구하여 장부에 기록하는 방식이다. 판매된 상품은 자산(상품)에서 감소되고 그만큼 비용(매출원가)이 기록된다. 예를 들어 ₩100어치의 상품을 매입하여 이 중 60%를 ₩80에 매출한 거래를 계속기록법으로 기록하면 다음과 같다.

매입시:	(차) 상 품	100	(대) 현 금	100
매출시:	(차) 현 금	80	(대) 매 출	80
	매출원가	60	상 품	60

계속기록법은 재고의 변화를 즉시 기록하여 언제든 재고와 매출원가를 파악할 수 있어서 우수한 방법이지만 번거롭다는 문제가 있다. 재고자산의 변화를 일일이 관리하려면 그 비용이 만만치 않기 때문이다. 하지만 지금은 컴퓨터의 발달과 바코드, 스캐너 등 첨단기술 덕분에 계속기록법을 저렴하고 편리하게 도입할 수 있게 되었고 보편적인 재고관리시스템으로 자리 잡게 되었다.

(1) 매입의 회계처리

재고자산을 구매하면 이에 관한 증빙을 토대로 장부에 기록한다. 물품의 정보와 기타 필요한 정보가 기재된 거래명세서로 구매 사실과 금액을 증명할 수 있다. 〈그림 6-1〉은 거래명세서의 예시이며 이는 구매자 미진상회가 판매자 미진소프트로부터 받은 것이다.

그림 6-1_ 거래명세서

일자	2005년 12월 26일		거 래 명 세 표		인수자			(공급자 보관용)	
등록번호	502-10-34984			112-82-23456				
상호	미진소프트	성명	이판화	미진상회			성명	김길동
주소	서울 영등포구 여의도동 618-1			서울시 강남구 역삼동 75-2				
업태	소매	종목	소프트웨어 개발	도소매			소매	
품 목 (규 격)		단 위	수량	단 가	금 액		세 액	비 고
소프트웨어 (천년경영II)		EA	1	275,000	250,000		25,000	
소프트웨어개발		EA	1	330,000	300,000		30,000	
합계	₩550,000	세액	₩55,000	합계	₩605,000	인수자	₩0	미수금 ₩0

미진상회가 외상구매를 했다면 다음과 같이 재고자산을 증가시키고(차변) 매입채무를 증가(대변)시키는 분개를 한다.

(차) 상 품   550,000   (대) 외상매입금   550,000*

* 부가가치세 ₩55,000을 함께 분개해야 하나 이해의 편의상 부가가치세의 논의는 생략한다.

👆 매입환출과 매입에누리

품질 불량, 파손 등 상품에 하자가 있거나 주문과 다른 상품이 배달된 경우 반품할 수 있는데 구매한 상품을 반품하는 것을 매입환출이라고 한다. 이때 판매자는 반품 대신 가격을 깎아주기도 하는데 이를 매입에누리라고 한다. 위의 사례에서 상품의 하자로 미진상회가 미진소프트에 ₩50,000의 매입에누리를 받았다고 하자. 이에 대한 분개는 다음과 같다.

(차) 외상매입금   50,000   (대) 매입에누리   50,000

☆ 매입할인

신용거래의 경우 언제까지 대금을 갚기로 정한 기한이 있다. 매입할인은 정해진 기간보다 조기에 지급할 때 대금을 할인받는 것을 말한다. 위의 사례에서 미진상회는 대금을 조기에 지급함에 따라 ₩10,000의 할인을 받았다고 하자. 이 경우 다음과 같이 분개한다.

| (차) 외상매입금 | 500,000 | (대) 현　금 | 490,000 |
| | | 매입할인 | 10,000 |

☆ 운반비 등

상품거래에서 운반비, 보험료 등의 물류비용은 상당히 중요한 요소이다. 이를 누가 부담하는지는 계약에 따라 다르다. 상품의 소유권이 출고지에서 이전되는지 도착지에서 이전되는지에 따라 물류비용의 부담 주체가 결정된다. 출고지에서 이전되는 조건이면 구매자가 이 비용을 부담하는 것이고, 도착지에서 이전되는 조건이면 판매자가 부담한다. 구매자가 운반비 등을 부담하는 경우에는 이를 상품의 취득원가에 포함시킨다.

(2) 매출의 회계처리

계속기록법에서 판매자는 판매거래에 대해 두 가지 분개를 한다. 첫 번째는 수익을 기록하는 것으로 차변에 자산(매출채권이나 현금)의 증가를, 대변에 수익의 발생(매출액)을 기록한다. 두 번째는 비용을 기록하는 것으로 비용의 발생(매출원가)을 차변에 기록하고 자산의 감소를 대변에 기록한다. 이번에는 판매자인 미진소프트의 입장에서 회계처리를 살펴보자. 판매시점에 미진소프트는 다음과 같이 분개한다(단, 판매한 상품의 원가율은 80%임).

| (차) 외상매출금 | 550,000 | (대) 매출액 | 550,000 |
| 매출원가 | 440,000 | 상　품 | 440,000 |

매출환입과 매출에누리

구매자가 반품이나 에누리를 요구하면 판매자는 반품을 받거나 에누리를 해주게 된다. 따라서 매입환출과 매입에누리는 판매자의 입장에서는 매출환입과 매출에누리이다. 앞에서 미진소프트는 미진상회에 ₩50,000의 매출에누리를 해준 바 있었다. 이를 미진소프트의 입장에서 분개하면 다음과 같다.

(차)	매 출 에 누 리	50,000	(대)	외 상 매 출 금	50,000

매출할인

구매자의 매입할인은 판매자의 매출할인이다. 외상대금의 조기 회수로 미진소프트는 미진상회에 ₩10,000의 매출할인을 해준 바 있었다. 이를 미진소프트의 입장에서 분개하면 다음과 같다.

(차)	현 금	490,000	(대)	외 상 매 출 금	500,000
	매 출 할 인	10,000			

매출환입과 에누리, 매출할인은 매출 계정의 차감 항목이다. 손익계산서에서는 매출에서 이 항목들을 상계한 순액으로 표시된다.

예제 6-1 **계속기록법에 의한 상품 매매거래의 기록**

다음은 방울상회의 20 × 6년 8월의 거래내용이다.

8.05 갑을상회에서 상품 ₩245,000을 외상으로 구입하다.
8.10 병정상회에 원가 ₩456,000인 상품을 ₩555,000에 외상으로 판매하다.
8.16 병정상회에 판매한 상품에 하자가 있어서 거래금액의 10%를 에누리하였다.

요구사항

계속기록법으로 위 거래들을 분개하시오.

해답

8.05	(차)	상 품	245,000	(대)	외상매입금	245,000	
8.10	(차)	외상매출금	555,000	(대)	매 출 액	555,000	
		매 출 원 가	456,000		상 품	456,000	
8.16	(차)	매출에누리	55,500	(대)	외상매출금	55,500	

2 재고실사법

계속기록법에서는 상품을 판매할 때마다 매출원가를 일일이 결정해야 한다. 매일 같이 빈 번히 발생하는 매출거래를 원가를 파악하여 기록하기는 매우 번거롭다. 재고실사법(실지재고조사법)은 매출원가의 기록을 보류해 두는 방식이다. 예를 들어 ₩100어치의 상품을 매입하여 이 중 일부를 ₩80에 매출한 거래를 재고실사법으로 회계처리하면 다음과 같다.

매입시:	(차)	매 입	100	(대)	현 금	100	
매출시:	(차)	현 금	80	(대)	매 출	80	

여기서는 '상품'계정에 기록하지 않고 '매입'이라는 별도 계정에 기록한다. 이는 판매된 상품을 수익 계정인 '매출'로 기록하듯이 구입한 상품을 '매입'이라는 비용 계정에 기록한 것이다. 재고실사법에서는 판매된 상품의 원가를 모르기 때문에 판매시점에는 매출만 기록한다. 이 방식에서는 매출원가에 대한 기록이 누락되기 때문에 결산일에 매출원가를 결정하기 위한 수정분개가 필요하다. 이 내용은 후술하는 재고실사법의 결산수정에서 자세히 설명한다.

예제 6-2 **재고실사법에 의한 상품 매매거래의 기록**

다음은 요술상회의 20 × 6년 8월의 거래내용이다.

8.05 알짜상회에서 상품 ₩250,000을 외상으로 구입하다.
8.07 골목상회에 상품을 판매하고 대금 ₩545,000은 외상으로 하다.
8.13 골목상회에서 판매한 상품에 하자가 있어 ₩54,500의 에누리를 하였다.

요구사항

재고실사법으로 위 거래들을 분개하시오.

해답

8.05	(차) 매 입	250,000	(대) 외상매입금	250,000
8.07	(차) 외상매출금	545,000	(대) 매 출 액	545,000
8.13	(차) 매출에누리	54,500	(대) 외상매출금	54,500

③ 재고실사법의 결산수정

재고실사법으로 상품의 매매거래를 기록하는 경우에는 판매된 상품이 상품계정에서 제거되지 않기 때문에 상품의 장부금액이 과대 계상된다. 또한 매출원가를 기록하지 않았기 때문에 비용이 과소 계상된다. 따라서 재고실사법에서는 결산일에 이를 바로잡기 위한 수정분개가 필요하다. 이를 위해서는 먼저 매출원가를 결정해야 하는데 매출원가는 기초재고액과 당기매입액에서 기말재고액*을 차감한 금액으로 결정된다.

> ★ 상품이나 제품 등은 일반적으로 판매를 위해 창고 등에 보관하고 있으므로 상품이나 제품 뒤에 "재고"라는 말을 붙여쓰고, 단순히 재고라고 부르기도 한다.

매출원가 = 기초재고액 + 당기매입액 − 기말재고액

이렇게 결정된 매출원가를 차변에 기록하고 동일한 금액을 상품계정의 대변에 기록하는 것이 결산일의 수정분개이다. 예를 들어 상품의 기초 재고액이 ₩30인데 당기 중에 ₩70의 상품을 새로 매입하였고, 이 중 ₩20이 기말까지 판매되지 않고 남아 있다고 하자. 이 경우 매출원가는 ₩80이며 매출원가를 결정하기 위한 결산일의 수정분개는 다음과 같다.

(차) 매 출 원 가	80	(대) 매 입	70
		상 품	10

위의 분개에서 매입 계정은 기중의 상품 매입을 기록하기 위한 임시계정이므로 결산일의 수정분개를 통해 제거된다.

예제 6-3   계속기록법과 재고실사법

다음은 동양상사의 상품 거래 내용이다. 단, 상품의 판매가격은 구입가격에 상관없이 개당 ₩200으로 일정하다.

	매 입		매 출		기말재고
	단가	수량	7.6	7.25	
7. 1 이월	₩100	300개	250개	50개	-
7. 2 매입	120	300개	250개	-	50개
7.12 매입	135	400개	-	250개	150개
계		1,000개	500개	300개	200개

요구사항

계속기록법과 재고실사법에 따라 7월의 거래를 날짜순으로 분개하시오.

해답

(1) 계속기록법

7월 2일	(차) 상 품	36,000		(대) 현 금	36,000
7월 6일	(차) 현 금	100,000		(대) 매 출	100,000
	매출원가	55,000 *		상 품	55,000
7월 12일	(차) 상 품	54,000		(대) 현 금	54,000
7월 25일	(차) 현 금	60,000		(대) 매 출	60,000
	매출원가	38,750 **		상 품	38,750

* 250개 × ₩100 + 250개 × ₩120 = ₩55,000
** 50개 × ₩100 + 250개 × ₩135 = ₩38,750

(2) 재고실사법

7월 2일	(차) 매 입	36,000		(대) 현 금	36,000
7월 6일	(차) 현 금	100,000		(대) 매 출	100,000
7월 12일	(차) 매 입	54,000		(대) 현 금	54,000
7월 25일	(차) 현 금	60,000		(대) 매 출	60,000
7월 31일	(차) 매출원가	93,750 *		(대) 매 입	90,000
				상 품	3,750 **

*(기초재고액 + 당기매입액) - 기말재고액 = (30,000 + 36,000 + 54,000) - 26,250 = ₩93,750
 기말재고액 = 50개 × ₩120 + 150개 × ₩135 = ₩26,250
** 기초재고액 - 기말재고액 = 30,000 - 26,250 = ₩3,750

④ 기말재고에 포함될 재고자산의 범위

재고실사법의 결산수정에서 기말재고액은 매출원가의 결정에 중요한 영향을 미친다. 매출원가 산식에서 기초재고액과 당기매입액은 이미 결정된 금액이고 기말재고액은 재고실사를 통해 결정될 금액이다. 매출원가는 기말재고액이 결정된 후에 후속적으로 결정된다. 기말재고액은 기말의 재고수량에 단가를 곱하여 결정되므로 매출원가는 기말의 재고수량과 이에 적용할 올바른 단가를 결정하는 것이 핵심이다.

여기서는 기말의 재고수량을 결정하는 데 있어서 유의할 사항을 설명한다. 상품이 장부에 기록되기 위해서는 그 소유권이 이전되어야 한다. 일반적으로 상품의 소유권은 인도시점에 이전되므로 인도시점에 상품을 장부에 기록한다. 이것은 정확한 소유권의 이전시점을 파악하여 매입을 기록하는 것이 어렵고 번거롭기 때문이다. 그러나 인도시점과 소유권의 이전시점이 일치하지 않는 경우도 있다. 이로 인해 회사가 보유한 상품 중에는 그에 대한 소유권이 없는 경우도 있고 회사가 보유하지 않더라도 그 소유권이 회사에 있는 경우도 있다. 전자의 경우에는 기말재고에서 제외되어야 하고 후자의 경우에는 기말재고에 포함되어야 한다. 이와 관련하여 여기서는 미착품과 반품조건부 판매의 회계처리 문제를 살펴본다.

미착품(goods in transit)은 구매를 하였으나 아직 도착하지 않은 상품을 말한다. 운송 중인 상품을 기말재고에 포함할지는 그 상품에 대한 소유권이 언제 이전되는지에 따라 결정된다. 발송지에서 소유권이 이전되는 조건이면 회사에 소유권이 이전되었으므로 기말재고에 포함시킨다. 그러나 도착지에서 소유권이 이전되는 조건이면 아직 소유권이 이전되지 않았으므로 기말재고에 포함시키지 않는다.

인터넷쇼핑, 대형할인매장 등 일부 업종에서는 고객의 반품에 아무런 제한을 두지 않은 경우가 있다. 이런 판매형태에서는 고객이 확실한 매입의사를 표시하기 전에는 매출을 인식할 수 없다. 반품에 제한이 없는 계약에서 반품될 금액을 합리적으로 추정할 수 없는 경우 해당 상품은 판매되지 않은 것으로 보아 기말재고에 포함시킨다.

예제 6-4 **기말재고 포함여부**

20 × 5년 말 현재 창고에 보관되어 있는 재고자산은 ₩2,000,000이며 이와 관련하여 추가로 고려 할 사항은 다음과 같다.

(1) 발송지 인도조건으로 매입한 상품 ₩150,000이 운송 중이다.

(2) 도착지 인도조건으로 매입한 상품 ₩80,000이 운송 중이다.

(3) 발송지 인도조건으로 매출한 상품 ₩100,000이 운송 중이다.

(4) 도착지 인도조건으로 매출한 상품 ₩120,000이 운송 중이다.

(5) 위탁판매를 위하여 발송된 상품 ₩50,000을 수탁자가 보관 중이다.

(6) 반품의 제한이 없이 판매된 상품 ₩54,000에 대해 고객이 매입의사가 불분명하다.

요구사항

20 × 5년 재무상태표에 계상할 올바른 기말재고 금액을 산출하시오.

해답

창고 보관 상품		₩2,000,000
(1)	발송지 인도조건 매입	150,000
(2)	도착지 인도조건 매입	-
(3)	발송지 인도조건 매출	-
(4)	도착지 인도조건 매출	120,000
(5)	적송품	50,000
(6)	반품가능상품	54,000
기말 상품 재고액		₩2,374,000

 제3절

매출원가의 결정

1 실물흐름에 대한 가정

매출원가는 판매된 상품의 수량과 구입단가의 곱이므로 판매된 상품의 구입단가를 알아야 매출원가를 결정할 수 있다. 그러나 같은 상품이더라도 구입시기가 다르고 구입시점마다 서로 가격이 다를 것이다. 판매된 상품의 매출원가는 그것이 언제 얼마로 구입된 것인지를 알아야 결정될 수 있다. 예를 들어 휘발유를 판매하는 주유소를 생각해 보자. 액체 상태에서 뒤섞여 버릴 휘발유의 실물흐름을 추적하는 것은 현실적으로 불가능하다.* 그렇다면 판매된 상품의 원가를 결정하려면 어떻게 하여야 할까?

여기에는 실물흐름에 대한 가정이 필요하다. 즉 상품이 판매된 순서를 가정하는 것이다. 첫째, 먼저 구입된 상품이 먼저 판매된다고 보는 방법이 있다(선입선출법). 이 경우 기말재고는 맨 나중에 구입한 상품이 남아 있다고 본다. 둘째, 구입순서에 상관없이 같은 비율로 판매된다고 보는 방법이 있다. 이 경우 기말재고는 먼저 구입한 상품과 나중에 구입한 상품이 골고루 남아 있다고 본다(평균법).

> ★ 만약 구입단가별로 저장탱크를 따로 운영한다면 단가별로 얼마나 팔렸는지 알 수 있을 것이다. 이렇게 실물흐름을 일일이 추적하여 매출원가를 결정하는 것을 '개별법'이라고 한다. 그러나 구태여 이렇게까지 번거롭게 상품의 원가를 추적하는 주유소는 없을 것이다.

예를 들어 전날의 재고가 10,000리터 남아있는 상태에서 추가로 10,000리터를 구입하여 영업을 시작하여 이 중 15,000리터를 판매하였다고 하자. 전날의 재고는 리터당 ₩1,000에, 당일 구입분은 리터당 ₩1,050에 구입한 것이다. 평균법에서는 단가 ₩1,000과 단가 ₩1,050의 상품이 각각 7,500리터씩 판매되었다고 본다. 반면 선입선출법에서는 단가 ₩1,000인 10,000리터의 전날 재고가 모두 판매된 후에 단가 ₩1,050의 당일 구입분 5,000리터가 판매되었다고 본다.

일반적인 상품은 부패, 변질이나 진부화되는 것을 피하기 위해 입고된 순서로 출고할 것이다. 따라서 실물흐름이 선입선출법에 가깝다. 그러나 주유소 사례와 같이 저장탱크 안에서 뒤섞이는 상품의 실물흐름은 평균법에 가깝다. 이처럼 실물흐름은 업종이나 취급 상품의 특성에 따라 다르므로 기업은 이

를 잘 반영한 실물흐름의 가정을 선택할 필요가 있다. 또한 일단 선택한 방법은 매기 계속 적용하고 정당한 사유 없이 변경해서는 안된다.

실물흐름에 대한 가정이 같더라도 장부기록방법에 따라 매출원가가 달라질 수 있다. 실물흐름에 대한 가정과 장부기록방법의 조합에서 총 네 가지의 매출원가가 산출될 수 있다. 이를 사례를 통해 살펴보자. 7월 한 달간 다음과 같이 상품을 매입하고 판매하였다. 단, 상품의 판매가격은 구입 가격에 상관없이 ₩200으로 일정하다.

표 6-1_ 7월의 상품 매매거래 내역

일 자	적 요	수량	단가	금액
7. 1	기 초 재 고	300개	₩100	₩30,000
7. 2	매 입	300	120	36,000
7.12	매 입	400	135	54,000
	계	1,000개		₩120,000
7. 6	매 출	500		
7.25	매 출	300		
	계	800개		

* 예제 6-3과는 달리 표 6-1에서는 7월 6일과 7월 25일에 판매된 상품의 구체적인 내역을 알 수 없다. 따라서 실물흐름에 대한 가정을 통해 이 문제를 해결한다.

② 계속기록법의 매출원가 결정

(1) 계속기록법에서의 선입선출법

선입선출법은 먼저 입고된 상품부터 판매된다고 보므로 7월 6일 판매된 500개는 기초재고(단가₩100)에서 300개, 나머지 200개는 7월 2일에 구입(단가₩120)한 상품이 판매되었다고 본다. 그리고 7월 25일 판매된 300개는 7월 2일에 구입(단가₩120)한 상품에서 100개, 나머지 200개는 7월 12일에 구입(단가₩135)한 상품이 판매되었다고 본다. 선입선출법에서 가정한 7월의 실물흐름은 다음과 같다.

표 6-2_ 선입선출법의 실물흐름 가정

	매 입		매 출		기말재고
	단 가	수 량	7월 6일	7월 25일	
7. 1 기초	₩100	300	300		
7. 2 매입	120	300	200	100	
7.12 매입	135	400		200	200
계		1,000개	500개	300개	200개

7월 6일과 7월 26일의 판매거래를 선입선출법으로 분개하면 다음과 같다.

7. 6	(차) 현 금	100,000	(대) 매 출 액	100,000
	매 출 원 가	54,000*	상 품	54,000

* 300개 × 100 + 200개 × 120 = ₩54,000

7. 25	(차) 현 금	60,000	(대) 매 출 액	60,000
	매 출 원 가	39,000*	상 품	39,000

* 100개 × 120 + 200개 × 135 = ₩39,000

(2) 계속기록법에서의 평균법(이동평균법)

평균법에서는 구입순서에 상관없이 골고루 판매된다고 가정한다. 평균법에서 가정한 7월의 실물흐름은 다음과 같다.

표 6-3_ 이동평균법의 실물흐름 가정

	매 입		매 출		기말재고
	단 가	수 량	7월 6일	7월 25일	
7.1 기초	₩100	300	250*	30**	20
7.2 매입	120	300	250	30	20
7.12 매입	135	400		240	160
계		1,000개	500개	300개	200개

* $500개 \times \dfrac{300}{300 + 300} = 250개$　　　** $300개 \times \dfrac{50}{50 + 50 + 400} = 30개$

〈표 6-3〉으로 매출원가를 구할 수도 있지만 계산과정이 복잡하다. 보다 쉬운 방법은 〈표 6-4〉에 제시된 방법이다.

🐝 표 6-4_ 이동평균법의 매출원가 계산과정

일자	매입		매출		재고	
	수량	금액	수량	금액	수량	금액
7. 1 기초	300 개	₩30,000			300 개	₩30,000
7. 2 매입	300	36,000			600	66,000
7. 6 매출			500	55,000*	100	11,000
7.12 매입	400	54,000			500	65,000
7.25 매출			300	39,000**	200	26,000

* ₩66,000 × $\frac{500개}{600개}$ = ₩55,000   ** ₩65,000 × $\frac{300개}{500개}$ = ₩39,000

이 방법에서는 상품을 매입할 때마다 새로 계산된 평균단가가 적용되기 때문에 이동평균법이라고 한다. 7월 6일과 7월 25일의 판매거래를 이동평균법으로 분개하면 다음과 같다.

7.6	(차) 현　　금	100,000	(대) 매 출 액	100,000
	매 출 원 가	55,000	상　　품	55,000
7.25	(차) 현　　금	60,000	(대) 매 출 액	60,000
	매 출 원 가	39,000	상　　품	39,000

③ 재고실사법의 매출원가 결정

(1) 재고실사법에서의 선입선출법

재고실사법에서 매출원가는 판매시점마다 측정되지 않고 결산 수정분개를 통해 한꺼번에 정산된다. 이를 위해서는 재고실사를 통해 기말재고의 구체적인 내역이 확인되어야 한다. 그런데 재고실사를 할 수 없는 경우에는 기말재고액을 어떻게 결정할 수 있을까? 여기에 실물 흐름에 대한 가정을 사용할 수 있다.

선입선출법에서 7월의 매출은 7월의 판매 가능한 상품 중에서 먼저 입고된 순서대로 판매된 것으로 본다. 달리 표현하면 가장 나중에 입고된 것이 7월 말 재고로 남아 있다고 본다. 즉 7월 말 재고 200개는 7월 12일 매입분(₩135)이 남아 있다고 본다. 따라서 7월 말의 재고액은 ₩27,000이고 7월 매출원가는 ₩93,000이다. 7월의 분개와 7월 말의 수정분개는 다음과 같다.

7. 2	(차)	매	입	36,000	(대)	현	금	36,000
7. 6	(차)	현	금	100,000	(대)	매 출 액		100,000
7. 12	(차)	매	입	54,000	(대)	현	금	54,000
7. 25	(차)	현	금	60,000	(대)	매 출 액		60,000
7. 31	(차)	매 출 원 가		93,000 *	(대)	매	입	90,000
						상	품	3,000

* 30,000 + 36,000 + 54,000 - 27,000 = ₩93,000

(2) 재고실사법에서의 평균법(총평균법)

평균법에서 기말의 재고는 서로 다른 단가의 상품들이 골고루 남아 있다고 본다. 따라서 기말재고액은 총평균단가에 재고수량을 곱하여 계산된다. 총평균단가는 다음과 같이 계산된다.

$$총평균단가 = \frac{기초재고액 + 당기매입액}{기초재고량 + 당기매입량} = \frac{120,000}{1,000} = ₩120$$

따라서 7월 말 재고액은 ₩24,000이고 7월의 매출원가는 ₩96,000이다. 7월의 분개와 7월 말의 수정분개는 다음과 같다.

7. 2	(차) 매 입	36,000	(대) 현 금	36,000
7. 6	(차) 현 금	100,000	(대) 매 출 액	100,000
7. 12	(차) 매 입	54,000	(대) 현 금	54,000
7. 25	(차) 현 금	60,000	(대) 매 출 액	60,000
7. 31	(차) 매 출 원 가	96,000 *	(대) 매 입	90,000
			상 품	6,000

* 800개 × @120 = ₩96,000

4 매출원가 결정방식이 손익에 미치는 영향

실물흐름에 대한 가정이 다르면 매출원가 계산에 적용할 단가가 다르게 된다는 것을 앞에서 살펴보았다. 아래의 표는 실물흐름에 관한 가정과 거래기록 방식의 조합이 매출원가, 기말재고액, 매출총이익에 미치는 영향을 요약한 것이다. 선입선출법은 장부기록방식에 상관없이 매출원가가 동일하기 때문에 실질적으로는 세 가지의 서로 다른 매출원가가 산출된다.

표 6-5_ **매출원가 결정방식의 재무적 영향**

항목	선입선출법		이동평균법		총평균법	
매 출 액		₩160,000		₩160,000		₩160,000
매출원가		(93,000)		(94,000)		(96,000)
기초재고액	30,000		30,000		30,000	
당기매입액	90,000		90,000		90,000	
(기말재고액)	(27,000)		(26,000)		(24,000)	
매출총이익		67,000		66,000		64,000

제4절 그 밖의 논의사항

1 저가법 적용과 재고자산평가손실

원칙적으로 재고자산은 취득원가로 기록되지만 기말의 공정가치가 취득원가보다 하락한 경우에는 공정가치로 재측정한다. 예를 들어 백화점에서 철이 지난 상품을 바겐세일 하는 경우가 있다. 철 지난 계절상품은 다음 해의 바겐세일에서 원가 이하로 팔릴 수도 있다. 이 경우 상품의 장부금액을 그대로 두면 재고자산을 과대계상하게 된다. 따라서 취득원가로 기록된 장부금액을 공정가치로 감액하는 회계처리를 하여야 한다.

장부금액이 순실현가능가치*에 미달하는 만큼 재고사산평가손실로 처리하고 동시에 재고자산을 감액하는 회계처리를 한다. 다만 확정된 사건이 아니므로 재고자산을 직접 감액하지 않고 재고자산평가충당금이란 차감계정을 사용한다.

★ 결산일에 재고자산을 처분한다고 가정할 때 예상되는 판매금액에서 예상판매비용을 차감한 금액을 말한다.

(차) 재고자산평가손실	×××	(대) 재고자산평가충당금	×××

재고자산평가손실은 매출원가에 가산되고, 재고자산평가충당금은 재고자산에서 차감하는 형태로 표시된다. 재고자산평가손실은 원칙적으로 개별 상품별로 적용하되, 서로 유사하거나 관련이 있는 상품들을 묶어서 적용할 수도 있다.

예제 6-5   재고자산평가손실

다음은 기말 재고의 평가와 관련된 자료이다.

구분	장부금액	예상판매금액	예상판매비용
구두	150,000	140,000	10,000
운동화	150,000	175,000	15,000

요구사항

재고자산평가손실을 인식하는 회계처리를 하시오.

해답

(차) 재고자산평가손실　　20,000　　　(대) 재고자산평가충당금　　20,000

구분	장부금액(A)	순실현가능가치(B)	평가손실(A-B)
구 두	150,000	130,000	20,000
운동화	150,000	160,000	0 *
계	300,000	290,000	20,000

* 운동화는 순실현가능가치가 장부금액보다 크기 때문에 평가손실이 생기지 않는다.

② 재고실사와 재고자산감모손실

　재고자산감모손실은 재고자산의 보관이나 취급 중에 생긴 재고수량의 감소로 인한 손실을 말한다. 이는 자연적인 증발, 생산과정에서의 파손이나 마모, 그밖에 도난이나 분실 등 다양한 원인으로 생길 수 있다. 예를 들어 유류나 가스는 취급과정에서 통제 불가능한 자연 증발이 생긴다.

　기업은 재고자산의 통제 관리 목적으로 주기적으로 재고자산을 실사하는데 실제 수량이 장부 수량과 차이가 있는지 확인하고 차이가 있으면 그 원인을 파악하여 적절한 내부통제 절차에 따라 처리한다. 그러한 과정에서 실제 수량이 장부 수량보다 적으면 그 차이를 재고자산감모손실로 처리한다. 재고자산평가손실과 달리 재고자산감모손실은 확정된 사건이므로 재고자산에서 직접 차감하는 회계처리를 한다.

(차) 재고자산감모손실　　×××　　　(대) 재고자산　　×××

　재고자산평가손실과 재고자산감모손실이 동시에 발생한 경우에는 재고자산의 감모손실을 먼저 인식하고, 실제수량을 기초로 재고자산평가손실을 인식한다.

재고자산감모손실과 재고자산평가손실

기초재고액은 ₩25,000이고 당기 매입액은 ₩600,000이다. 다음은 기말재고의 평가에 관한 자료이다.

수 량		단위당 원가	
장부	실제	취득원가	순실현가능가치
200개	184개	₩175	₩150

요구사항

당기의 매출원가를 구하시오. 단, 재고자산평가손실과 재고자산감모손실 중 정상적인 발생분(감모손실의 75%는 정상적인 것으로 판단됨)은 매출원가에 포함한다.

해답

재고자산감모손실 = (200개 - 184개) × ₩175 = ₩2,800
재고자산평가손실 = (₩175 - ₩150) × 184개 = ₩4,600
매출원가 = (기초재고 + 당기매입 - 기말재고) + (재고자산평가손실 + 정상적인 감모손실)
　　　　 = (25,000 + 600,000 - 35,000*) + (4,600 + 2,800 × 75%) = ₩596,700
* 장부상 기말재고 = 장부수량 × 취득원가 = 200개 × ₩175 = ₩35,000

별해

매출원가 = (기초재고 + 당기매입) - (실제기말재고 + 비정상적인 감모손실)
　　　　 = (25,000 + 600,000) - (27,600* + 2,800 × 25%) = ₩596,700
* 실제 기말재고 = 실제수량 × 순실현가능가치 = 184개 × ₩150 = ₩27,600

③ 추정에 의한 매출원가 결정

재고실사법에서 매출원가를 결정하기 위해서는 먼저 기말재고액을 측정하여야 한다. 그
러나 어떤 문제로 재고자산이 소실된 경우에는 재고 조사를 할
수 없고 매출원가도 결정할 수 없다. 이 경우에는 매출원가를
추정하게 된다.* 이때 과거 수년간의 평균 원가율(매출원가/매출
액)등 적절한 방법을 매출원가 추정에 사용할 수 있을 것이다.

> ★ 월차 결산이나 분기 결산
> 에서 실무적 편의상 재고조사
> 를 생략하고 매출원가를 추정
> 하는 경우도 있다.

예제 6-7   매출원가의 추정

(주)서림은 3월 31일 화재가 발생하여 보유상품이 모두 소실되었다. 1월 초 상품재고는
₩500,000 이고 3월까지의 매입액은 ₩700,000이다. 회사는 재고실사법을 사용하기 때문에 3
월까지 판매된 상품의 매출원가를 알 수 없다.

요구사항

3월까지의 매출액은 ₩1,000,000이고 회사는 원가에 25%의 마진을 붙여 판매해 오고 있다. 매
출원가를 추정하고 화재로 인한 손실액을 추정하시오.

해답

추정원가율 = 원가/판매가 = 1/(1 + 0.25) = 80%
추정매출원가 = 매출액 × 추정원가율 = ₩1,000,000 × 80% = ₩800,000
소실된 상품의 추정원가 = 기초재고 + 당기매입액 - 추정매출원가
$$= ₩500,000 + 700,000 - 800,000 = ₩400,000$$

판매가 기준의 기말재고액에 일정한 원가율을 곱하여 기말재고액을 추정한다는 점에서
소매재고법도 추정에 의한 매출원가 결정방식이다. 소매재고법은 이익률이 유사하고 품종변
화가 심한 다품종 상품을 취급하는 유통업에서 실무적으로 다른 원가결정방법을 사용할

수 없는 경우에 사용된다. 소매재고법에 의한 매출원가 추정이 앞에서 살펴본 재해손실액의 추정과 다른 점은 기말재고액을 먼저 추정하고 이로부터 매출원가를 추정한다는 것이다.

예제 6-8 **소매재고법**

(주)계림은 매출원가 결정에 소매재고법을 사용하고 있다. 아래의 자료로 매출원가와 기말상품 재고액을 구하시오.

	원가	판매가
기 초 상 품	₩200	₩300
당 기 매 입 액	3,300	4,700
기 말 상 품	-	400

해답

매출원가율 = (200 + 3,300)/(300 + 4,700) = 3,500/5,000 = 0.7
기말재고 추정치 = 400 × 0.7 = ₩280
매출원가 추정치 = (200 + 3,300) - 280 = ₩3,220

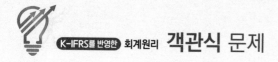

01 다음은 6월의 상품거래 내역이다. 선입선출법을 적용할 경우 6월 말 상품재고액은?

일 자	내 역	수 량	단 가	금 액
6월 1일	기초재고	100개	₩100	₩10,000
10일	매 입	100개	₩110	11,000
15일	매 출	100개		
20일	매 입	100개	₩120	12,000
25일	매 출	100개		

① ₩10,000   ② ₩11,000

③ ₩12,000   ④ ₩13,000

02 다음은 4월의 상품 거래내역이다. 선입선출법을 적용할 경우 4월의 매출원가는?

일 자	내 역	수 량	단 가	금 액
4월 1일	기초재고	1,000개	₩300	₩300,000
5일	매 입	1,200개	₩350	420,000
8일	판 매	800개		
12일	판 매	300개		

① ₩225,000   ② ₩250,000

③ ₩335,000   ④ ₩380,000

03 다음은 1월의 상품거래내역이다. 총평균법에 의한 1월 말 상품재고액은?

일 자	내 역	수 량	단 가	금 액
1월 1일	기초재고	1,000개	₩10	₩10,000
10일	매 입	2,000개	₩11	22,000
20일	판 매	2,000개		
25일	매 입	1,000개	₩12	12,000

① ₩21,000   ② ₩22,000

③ ₩21,333   ④ ₩23,000

04 다음은 서울상회의 20 × 5년 11월의 상품매입 내역이다. 회사는 11월 8일에 30개의 상품을 매출하였다. 이 상품의 매출원가는 얼마인가?(이동평균법)

일 자	내 역	수 량	단 가	금 액
11/ 1	전기이월	20개	₩1,200	₩24,000
11/ 6	매 입	60개	₩1,600	96,000
11/ 10	매 입	80개	₩1,800	144,000

① ₩36,000   ② ₩42,000

③ ₩45,000   ④ ₩48,000

05 K사는 분기결산을 위해 매출원가를 추정하려고 한다. 기초재고액은 ₩550,000이고 분기매입액은 ₩3,300,000이다. 분기매출액은 ₩4,500,000일 때 추정 기말재고액은? 단, 원가율은 80%로 추정된다.

① ₩250,000   ② ₩350,000

③ ₩400,000   ④ ₩455,000

06 다음은 ACE사의 최근 3개월 동안 월차결산자료이다. 설명 중 옳지 않은 것은?

	1월		2월		3월	
	수 량	단 가	수 량	단 가	수 량	단 가
기 초 재 고	0		100		150	
당 기 매 입	550	₩10	500	₩11	550	₩12
당 기 판 매	450		450		560	
기 말 재 고	100		150		140	

① 선입선출법에 의한 2월의 매출원가는 ₩4,850이다.
② 선입선출법에 의한 3월의 매출원가는 ₩6,570이다.
③ 총평균법에 의한 2월의 매출원가는 ₩4,875이다.
④ 총평균법에 의한 3월의 매출원가는 ₩6,570이다.

✏️ 정답

01 기말재고금액: 100개 × ₩120 = ₩12,000 **정답** ③
02 매출원가: 1,000 × 300 + 100 × 350 = ₩335,000 **정답** ③
03 총평균단가 = (10,000 + 22,000 + 12,000) ÷ (1,000 + 2,000 + 1,000) = ₩11
　　　월말 재고액 = 2,000개 × 11 = ₩22,000 **정답** ②
04 평균단가 = (24,000 + 96,000) ÷ (20+60) = ₩1,500
　　　11/8일 매출원가: 30개 × ₩1,500 = ₩45,000 **정답** ③
05 추정매출원가: 4,500,000 × 0.8 = ₩3,600,000
　　　추정기말재고액: (550,000 + 3,300,000) - 3,600,000 = ₩250,000 **정답** ①
06 　　선입선출법의 매출원가　　　　　　　　총평균법의 매출원가　**정답** ④
1월: ₩10 × 450 = ₩4,500　　　　　　₩10 × 450 = ₩4,500

2월: ₩10 × 100 + ₩11 × 350 = ₩4,850　　$\dfrac{₩10 × 100 + ₩11 × 500}{100 + 500}$ × 450 = ₩4,875

3월: ₩11 × 150 + ₩12 × 410 = ₩6,570　　$\dfrac{₩11 × 150 + ₩12 × 550}{150 + 550}$ × 560 = ₩6,600

주관식 문제

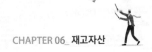

6-01 상기업의 손익계산서

다음은 (주)서울의 20 × 3년부터 20 × 5년까지의 손익계산서의 일부이다.

	20 × 3년	20 × 4년	20 × 5년
매 출 액	₩15,000	③	45,000
기 초 재 고	1,000	④	⑥
당 기 매 입	10,000	⑤	30,000
기 말 재 고	2,000	5,000	⑦
매 출 원 가	①	22,000	⑧
매 출 총 이 익	②	14,000	18,000

요구사항

위의 ① 내지 ⑧에 적절한 금액들을 산출하시오.

6-02 상품매매거래의 기록 1

다음은 (주)서울의 20 × 5년 1월의 매출과 매입에 대한 자료이다.

1월10일 상품 ₩250,000 외상매입
1월20일 원가 ₩137,000의 상품을 ₩170,000에 외상판매
1월25일 원가 ₩100,000의 상품을 ₩130,000에 외상판매

요구사항

계속기록법으로 1월의 거래를 분개하시오.

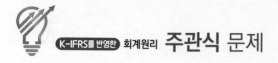

6-03 상품매매거래의 기록 2

다음은 3월 중 상품거래 자료이다.

3/01 상품의 기초잔액은 ₩10,000이다.

3/05 상품 ₩20,000을 외상으로 매입하다.

3/10 상품을 ₩37,000에 외상으로 매출하다.

3/23 3/10에 판매한 상품의 1/5이 반품되었다.

3/25 상품을 ₩9,000에 외상으로 매출하다.

3/31 재고조사에서 확인된 상품 재고액은 ₩5,000

요구사항

재고실사법으로 3월의 거래를 분개(31일의 수정분개 포함)하시오.

6-04 상품매매거래의 기록 3

아래의 표는 7월 한 달 간 상품의 매매거래이다. 모든 거래는 현금거래이고 판매단가는 개당 ₩150이다.

날 짜	단 가	수 량	7.6일 매출	7.25일 매출	7.31일 재고
7. 1 기초	₩100	300개	250개	50개	-
7. 2 매입	110	300개	250개	-	50개
7.12 매입	120	600개	-	450개	150개
계		1,200개	500개	500개	200개

요구사항

1) 7월의 거래를 계속기록법으로 분개하시오.

2) 7월의 거래를 재고실사법으로 분개하시오.(수정분개 포함)

6-05 계속기록법 1

다음은 5월의 매입과 매출에 관한 사항이다.

일 자	매 입			매 출	
	수 량	단 가	금 액	일 자	수 량
5월 1일	2,000	₩12.0	₩24,000		
5일	1,000	11.5	11,500	5월 8일	1,800
10일	4,000	11.0	44,000	12일	2,600
15일	2,000	11.1	22,200	18일	3,450
계	9,000		₩101,700		7,850

요구사항

1) 선입선출법으로 5월의 매출원가를 구하시오.

2) 이동평균법으로 5월의 매출원가를 구하시오.

6-06 계속기록법 2

다음은 1월의 상품매매거래 내용이다.

날 짜	적 요	입 고		출 고		잔 고	
		수 량	금 액	수 량	금 액	수 량	금 액
1/01	기초	10	1,000			10	1,000
1/08	매입	10	1,400			20	2,400
1/15	매출			15	ⓐ	5	ⓑ
1/20	매입	20	3,200			25	ⓒ
1/21	매출			10	ⓓ	15	ⓔ

요구사항

1) 이동평균법으로 ⓐ~ⓔ에 알맞은 값들을 구하시오.

2) 선입선출법으로 1월의 매출원가를 구하시오.

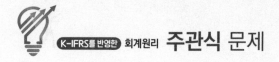

6-07 재고실사법 1

다음은 1월의 상품매매거래 내용이다. 회사는 재고자산의 장부기록에 재고실사법을 사용한다.

(1) 1월 1일: 상품 5,000개(@10) 전기이월
(2) 1월 8일: 상품 2,000개(@10.5)를 매입
(3) 1월 15일: 상품 1,500개(@11)를 매입
(4) 1월 20일: 상품 2,000개(@11)를 매입
(5) 1월 25일: 상품 1,000개(@11.25)를 매입

당기 중에 9,000개의 상품을 판매하고 2,500개가 기말재고로 남아 있다.

요구사항

1) 선입선출법으로 1월 말 재고액과 1월의 매출원가를 산출하시오.
2) 총평균법으로 1월 말 재고액과 1월의 매출원가를 산출하시오.

6-08 재고실사법 2

다음은 3월 중 상품의 매출과 매입에 관련된 자료이다. 회사는 재고자산의 장부기록에 재고실사법을 사용하고 있다.

일 자	적 요	수 량	단 가	금 액
3월 1일	기초재고	2,000	₩500	₩1,000,000
12일	매 입	3,000	450	1,350,000
15일	매 입	4,000	475	1,900,000
21일	매 입	3,000	500	1,500,000
27일	매 입	2,000	510	1,020,000
	계	14,000		6,770,000
	매 출	10,500		?
	기말재고	3,500		?

1) 총평균법으로 3월 말 재고액과 3월의 매출원가를 계산하시오.

2) 선입선출법으로 3월 말 재고액과 3월의 매출원가를 계산하시오.

6-09 재고실사법 3

다음은 3월 중 상품의 매입 내역이다. 회사는 재고실사법을 사용하고 있으며 3월 말의 재고수량은 2,000개이다.

일 자	적 요	수 량	단 가	금 액
3월 1일	기 초	2,000	₩500	₩1,000,000
2일	매 입	6,000	600	3,600,000
11일	매 입	2,000	725	1,450,000
	계	10,000		6,050,000

1) 총평균법으로 3월 말 재고액과 3월의 매출원가를 산출하시오.

2) 선입선출법으로 3월 말 재고액과 3월의 매출원가를 산출하시오.

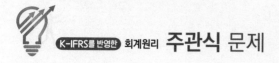

6-10 재고실사법 4

다음은 5월 중 상품의 매입내역이다. 회사는 재고실사법을 사용하고 있으며 5월 말의 재고수량은 920개이다.

일 자	적 요	수 량	단 가	금 액
5월 1일	기초재고	2,000	₩12	₩24,000
5일	매 입	1,000	12	12,000
15일	매 입	2,000	11	22,000
	계	5,000		58,000

요구사항

1) 총평균법을 적용하여 5월의 매출원가를 산출하시오.

2) 선입선출법을 적용하여 5월의 매출원가를 산출하시오.

3) 재고실사 결과 5월 말의 재고수량 920개는 기초재고 중에서 220개, 5월 5일 매입분에서 330개, 5월 15일 매입분에서 370개가 남아있는 것으로 확인되었다. 이에 따라 5월 말 재고액과 5월의 매출원가를 구하시오.

6-11 매출원가 결정방법이 손익에 미치는 영향 1

다음 각각의 상황에서 (1)~(4)의 금액을 계산하시오. 단, 기초재고액은 선입선출법과 총평균법 간에 차이가 없다.

	상황 1	상황 2	상황 3	상황 4
기말재고액; 선입선출법;	54,000	64,000	(3)	45,000
총 평 균 법 ;	48,000	(2)	45,000	53,000
당기순이익; 선입선출법;	(1)	15,000	13,000	16,000
총 평 균 법 ;	24,000	11,000	16,000	(4)

6-12 매출원가 결정방법이 손익에 미치는 영향 2

ABC사의 최근 3년 동안의 요약손익계산서는 다음과 같다.

	20×1년	20×2년	20×3년
매 출 액	₩80,000	₩91,000	₩105,000
매 출 원 가	(57,000)	(70,000)	(80,000)
기 초 재 고	10,000	23,000	33,000
매 입 액	70,000	80,000	90,000
(기 말 재 고)	(23,000)	(33,000)	(43,000)
기 타 의 비 용	(20,000)	(20,000)	(20,000)
당 기 순 이 익	3,000	1,000	5,000

> **요구사항**

위의 손익계산서는 기말재고를 선입선출법으로 측정한 것이다. 기말재고를 총평균법으로 측정하면 각각 ₩20,000, ₩28,000 및 ₩35,000이다. 총평균법으로 수정된 손익계산서를 제시하시오.

CHAPTER

07

비유동자산

Accounting principles
reflecting K-IFRS

제1절 유형자산

1 유형자산의 개요

유형자산은 재화의 생산이나 용역의 제공, 임대 또는 관리활동에 사용할 목적으로 보유하는 자산으로, 물리적 형태가 있고 장기간 사용할 것이 기대되는 자산이다. 재고자산이 판매를 통하여 매매차익을 얻을 목적으로 취득한 것이라면 유형자산은 영업활동에 사용함으로써 경제적 효익을 얻기 위해 취득한 자산이다.

(1) 영업활동에 사용

유형자산은 정상적인 영업활동에 사용할 목적으로 취득한 자산이다. 판매나 투자 목적으로 취득한 것은 유형자산으로 분류할 수 없다. 일반적으로 토지는 유형자산으로 분류되지만 부동산개발업자가 보유한 토지는 재고자산으로 분류된다. 그 밖에 업무에 사용하지 않는 토지는 투자부동산으로 분류된다.

(2) 장기간 사용

유형자산은 1년을 초과하여 장기간 사용하는 자산이다. 1년 이상 장기간 사용하는 자산은 그 취득원가를 자산의 사용기간에 걸쳐 비용화하는 것이 수익과 비용의 대응 관점에서 바람직하다. 이런 이유로 유형자산의 취득원가는 자산의 사용기간 동안 감가상각을 통해 비용화된다. 반면 사용기간이 1년 이내인 소모성 공구는 취득시점에 비용으로 인식하는 것이 낫다.

(3) 물리적 실체

장기간 영업활동에 사용할 목적으로 보유하는 자산에는 무형자산도 있다. 그러나 무형자산은 말 그대로 무형의 자산이므로 물리적 실체로 없다. 무형자산은 물리적 실체가 없는 권리이기 때문에 미래 경제적 효익에 대한 불확실성이 상대적으로 높다.

② 유형자산의 종류와 최초 인식

대표적인 유형자산에는 다음과 같은 항목들이 있으며, 구체적인 계정과목은 업종의 특성을 반영하여 적절한 과목을 사용할 수 있다. 예를 들어 항공운송업이나 해상운송업에서는 선박이나 항공기라는 유형자산을 보유한다.

- 토지: 건물의 부속 토지(영업활동에 사용하는 토지)
- 건물: 건물과 그 부속설비(냉난방, 조명, 승강설비)
- 구축물: 건물이 아닌 구조물(도로, 교량, 갱도, 조형물 등)
- 기계설비: 기계장치와 기타 부속설비
- 차량운반구: 자동차, 트럭, 기차 등
- 건설중인자산: 유형자산을 건설하기 위한 지출을 일시적으로 처리하는 과목

유형자산의 취득원가는 매입가액에 부대비용을 가산한 금액이다. 매입가액은 거래상대방에게 지불하는 매입대가를 말하고, 부대비용은 구입한 자산을 사용 가능한 상태에 이르도록 하는 데 발생한 제반 비용을 말한다. 예를 들어 각종 수수료, 취득세와 등록세, 운반비, 하역비, 설치비, 시운전비 등 유형자산의 취득으로 인해 추가로 발생한 모든 지출이 포함된다. 반면 유형자산을 취득 이후 보유기간 중에 부과되는 재산세나 부담하는 보험료는 그 기간의 비용으로 처리된다.

예제 7-1 | **취득원가**

1. 기계장치의 매입가액이 ₩500,000이고, 운반비 ₩40,000, 설치비 ₩25,000, 시운전비 ₩10,000 이 소요되었다.
2. 건물이 있는 토지를 ₩4,500,000에 일괄 취득하였다. 이를 취득하는 데 추가적으로 소유권 이전비용 ₩100,000, 취득세 및 등록세 ₩200,000을 지출하였다. 건물은 구입즉시 철거되었으며 철거비용 ₩80,000과 토지 정지비용 ₩150,000이 지출되었다.

요구사항

1. 기기계장치의 취득원가를 제시하시오.
2. 토지의의 취득원가를 제시하시오.

해답

1. 기계장치의 취득원가

매입가액	₩500,000
운반비	40,000
설치비	25,000
시운전비	10,000
계	₩575,000

2. 토지의 취득원가

매입가액	₩4,500,000
소유권이전비용	100,000
취득세 및 등록세	200,000
건물 철거비용	80,000
토지 정지비용	150,000
계	₩5,030,000

유형자산을 외부에서 취득하는 경우가 일반적이지만 때로는 스스로 건설·제작하는 경우도 있다. 자가 건설·제작되는 유형자산의 취득원가에는 재료비, 노무비 및 일체의 경비가

포함된다. 건설·제작에 소요된 원가는 일단 건설중인자산으로 처리하였다가 건설이나 제작이 완료되면 이를 건물이나 기계장치 등 해당 계정에 대체한다. 일정한 요건을 충족하는 경우에는 건설·제작 기간에 발생한 금융비용도 취득원가에 포함할 수 있다.

예제 7-2 **건설중인자산**

영업활동에 사용하기 위하여 건물을 신축하였다. 관련 자료는 다음과 같다.

(1) 20 × 5. 2. 1. A와 공사계약을 체결하고 계약금 ₩500,000이 발생하여 현금으로 지급하였다.
(2) 20 × 5. 4. 1. 중도금 ₩2,000,000이 발생하여 현금으로 지급하였다.
(3) 20 × 5. 5. 1. 건물을 완공하고 잔금 ₩1,000,000은 1개월 후에 지급하기로 하였다.

요구사항

각 시점의 회계처리를 제시하시오.

해답

2/1	(차)	건설중인자산	500,000	(대)	현 금	500,000
4/1	(차)	건설중인자산	2,000,000	(대)	현 금	2,000,000
5/1	(차)	건 물	3,500,000	(대)	건설중인자산	2,500,000
					미지급금	1,000,000

제2절 감가상각

1 용역잠재력의 감소와 감가상각

건물, 기계장치, 비품 등 대부분의 유형자산은 시간의 경과나 사용으로 인하여 용역잠재력이 감소한다. 이러한 용역잠재력의 감소를 감가상각을 통해 비용으로 인식한다. 감가상각은 유형자산의 취득원가를 용역잠재력이 사용되는 기간 동안 체계적으로 배분하는 과정이며, 감가상각을 통해 자산의 취득원가를 매 회계기간의 비용으로 배분한 것이 감가상각비이다.*

> ★ 토지는 시간의 경과나 사용에도 불구하고 용역잠재력이 감소되지 않으므로 감가상각을 하지 않는다.

감가상각(減價償却)이란 용어는 유형자산의 가치감소분을 측정하여 그 금액을 자산의 장부금액에서 공제하는 의미에서 유형자산의 가치를 평가하는 과정인 것처럼 보인다. 그러나 유형자산의 용역잠재력이 당기 중에 얼마나 사용되고 소멸되었는지 평가하는 것은 매우 어렵고 그렇게 할 실익이 크지 않다. 따라서 이를 정확히 측정하는 대신 인위적인 가정에 입각하여 정한 규칙에 따라 유형자산의 원가를 사용기간에 걸쳐 배분하는 식으로 감가상각비를 계산한다. 이런 측면에서 감가상각의 본질은 자산의 평가과정이 아니라 취득원가를 사용기간에 걸쳐 비용으로 배분하는 것이다.

감가상각비는 결산수정분개를 통해 인식하는데 감가상각의 회계처리는 다음과 같다.

(차) 감가상각비　　　　×××　　　　(대) 감가상각누계액　　　　×××

위 분개에서 대변에 기록된 계정은 해당 유형자산이 아니라 감가상각누계액이다. 감가상각액을 해당 유형자산에서 직접 차감하지 않고 감가상각누계액 계정을 사용하여 처리한다. 감가상각누계액은 유형자산의 차감계정으로 그 발생액이 대변에 기록된다.

② 감가상각의 결정요소

감가상각비를 계산하기 위해서는 상각방법, 내용연수 및 잔존가치가 결정되어야 하며 이것이 감가상각의 결정요소이다. 내용연수(useful life)는 유형자산이 영업활동에 사용될 예상 기간을 말한다. 내용연수는 자산의 물리적 마모나 손상, 기술적 진부화 및 자산의 사용에 대한 법적·계약상의 제약을 고려하여 합리적이고 객관적인 방법으로 추정한다. 그러나 진부화* 또는 부적합화*되는 문제를 피하기 위해 내용연수를 물리적인 사용가능기간보다 짧게 선택한다. 따라서 자산의 내용연수가 끝나도 자산의 용역잠재력이 남게 되는데 내용연수가 종료된 시점의 예상처분금액을 잔존가치라 한다.

유형자산은 그것을 사용가능하게 된 시점부터 감가상각하며 중간에 처분하거나 내용연수가 종료되면 상각을 종료한

> ★ 진부화는 경제적 여건의 변동으로 보다 효율 적이고 개선된 대체품이 나타나서 자산을 사용하는 것이 비효율적이 되는 것을 말한다.
> ★ 부적합화는 필요한 부품이 조달되지 않아 그 자산으로는 생산할 수 없는 상태가 되는 것을 말한다.

다. 반면 사용기간 도중에 유형자산을 사용하지 않거나 유휴상태가 되더라도 감가상각을 중단하지 않는다. 다만 생산량 비례법과 같이 자산의 사용정도에 따라 감가상각하는 경우에는 생산활동이 없을 때는 감가상각비를 인식하지 않을 수도 있다.

③ 감가상각방법

K-IFRS에서는 유형자산의 감가상각방법으로 정액법, 체감잔액법 등을 예시하고 있다. 정액법은 매년 동일한 금액으로 감가상각을 한다. 그 결과 장부금액이 일정한 속도로 감소되는 방법이라면 체감잔액법은 감가상각이 되는 속도가 초기에 빠르고 후기로 갈수록 둔화되는 방법이다. 체감잔액법에는 정률법과 연수합계법이 있다. 유형자산의 감가상각방법은 자산의 경제적 효익이 소멸되는 행태를 반영하여 결정한다. 자산 종류가 다르면 서로 다른 감가상각방법을 적용할 수 있지만 일단 감가상각방법을 선택하면 동일한 자산에 대해서는 같은 방법을 매년 계속 적용해야 한다.

(1) 정액법

정액법은 매년 동일한 금액을 감가상각하는 방법이다. 정액법은 자산의 가치가 시간의 경과에 따라 동일한 속도로 감소한다고 가정한다. 감가상각비는 상각대상금액(취득원가 - 잔존가치)을 내용연수로 나눈 금액으로 결정된다. 정액법은 적용하기 쉽고 매기 감가상각비가 동일하여 이해하기 쉽다.

$$감가상각비 = (취득원가 - 잔존가치) \times \frac{1}{내용연수}$$

예제 7-3   정액법

(주)서울은 20 × 5년 초 ₩16,000,000에 취득한 기계장치를 정액법으로 감가상각한다. 내용연수는 5년이고 잔존가치는 ₩2,000,000이다.

요구사항

매년도 감가상각비를 계산하고 감가상각누계액과 장부금액의 변동을 나타내는 표를 제시하라.

해답

연도	계산과정	감가상각비	상각누계액	기말장부금액
20 × 5년	(16,000,000 - 2,000,000)/5년	₩2,800,000	₩2,800,000	₩13,200,000
20 × 6년	(16,000,000 - 2,000,000)/5년	2,800,000	5,600,000	10,400,000
20 × 7년	(16,000,000 - 2,000,000)/5년	2,800,000	8,400,000	7,600,000
20 × 8년	(16,000,000 - 2,000,000)/5년	2,800,000	11,200,000	4,800,000
20 × 9년	(16,000,000 - 2,000,000)/5년	2,800,000	14,000,000	2,000,000

(2) 정률법

정률법의 감가상각비는 기초 장부금액(취득원가 - 감가상각누계액)에 일정한 상각률을 곱하여 구한다.

$$감가상각비 = 기초장부금액 × 상각률^*$$

* 상각률 = 1 - (잔존가치 / 취득원가)$^{1/내용연수}$
　상각률은 계산과정이 복잡하여 실무에서는 미리 계산된 상각률표를 이용한다.

(3) 연수합계법

연수합계법(sum of the years' digits method)의 감가상각비 계산방식은 다음과 같다.

$$감가상각비 = (취득원가 - 잔존가치) × \frac{잔존내용연수}{내용연수합계}$$

예제 7-4　체감잔액법

㈜서울은 20 × 5년 초 ₩16,000,000에 취득한 기계장치를 감가상각한다. 잔존가치는 ₩2,000,000이고 내용연수는 5년으로 추정된다.

요구사항

1. 정률법(상각률 : 0.34)으로 각 회계연도에 인식할 감가상각비를 구하시오.
2. 연수합계법으로 각 회계연도에 인식할 감가상각비를 구하시오.

해답

1. 정률법

연도	계산과정	감가상각비	상각누계액	기말장부금액
20×5년	16,000,000 × 0.34	₩5,440,000	₩5,440,000	₩10,560,000
20×6년	10,560,000 × 0.34	3,590,400	9,030,400	6,969,600
20×7년	6,969,600 × 0.34	2,369,664	11,400,064	4,599,936
20×8년	4,599,936 × 0.34	1,563,978	12,964,042	3,035,958
20×9년	3,035,958 - 2,000,000	1,035,958	14,000,000	2,000,000

2. 연수합계법

연도	계산과정	감가상각비	상각누계액	기말장부금액
20×5년	14,000,000 × 5/15	₩4,666,667	₩4,666,667	₩11,333,333
20×6년	14,000,000 × 4/15	3,733,333	8,400,000	7,600,000
20×7년	14,000,000 × 3/15	2,800,000	11,200,000	4,800,000
20×8년	14,000,000 × 2/15	1,866,667	13,066,667	2,933,333
20×9년	14,000,000 × 1/15	933,333	14,000,000	2,000,000

정률법에서는 고정된 상각률에 매년 감소하는 장부금액을 곱하여 감가상각비가 결정된다. 반면 연수합계법에서는 고정된 상각대상 금액에 매년 감소하는 상각률을 곱하여 감가상각가 결정된다.

(4) 체감잔액법의 사용근거

정액법은 매년 동일한 금액을 감가상각하는 것이므로 적용하기 쉬우면서 수익(매출액)과 비용(감가상각비)이 잘 대응된다. 이에 반해 체감잔액법은 초기에 감가상각비를 많이 인식하고 후기로 갈수록 감가상각비가 줄어드는 방법이므로 수익과 비용이 잘 대응되지 않는 것처럼 보인다. 그러나 감가상각비는 후기로 갈수록 감소하지만 후기로 갈수록 증가하는 수선유지비로 인해 총비용은 비슷해진다. 즉 수선유지비가 적은 초기에 감가상각비를 많이 인식하고 수선유지비가 많이 드는 후기에 감가상각비를 적게 인식하면 사용기간 동안의 총비용이 균등화된다. 그 결과 수익과 비용이 더 잘 대응될 수도 있다. 체감잔액법은 초기에 감가상각비가 많이 계상되므로 유형자산 투자 초기의 법인세부담을 줄일 수 있고, 초기에 가동률이 높은 기계장치 등의 경우에는 자산 상태의 물리적 변화를 잘 반영할 수 있다.

④ 기중에 취득한 유형자산의 감가상각

기업은 지속적인 설비투자를 통해 매년 새로운 유형자산을 취득하기 마련이다. 그런데 유형자산을 회계연도 초에만 취득하는 것이 아니며 연중 수시로 취득한다. 이 경우 새로 취득한 자산은 1년 내내 사용된 것이 아니므로 1년치 감가상각비를 인식할 수 없고 사용기간을 따져 감가상각비를 계산한다. 이 경우에는 취득일이 속하는 달부터 월수를 따져 감가상각비를 계산한다. 이를 월할(月割) 계산이라 한다.*

★ 실무에서는 자산 취득일이 15일 이전이면 그달부터, 15일 이후이면 다음 달부터 사용한 것으로 보고 월수를 계산한다. 예를 들어 10월 6일에 취득한 자산은 10월 1일부터 자산이 사용된다고 본다.

예제 7-5 **기중 취득자산의 감가상각**

(주)세종은 20 × 5년 10월 6일 건설용 중장비를 ₩6,600,000에 취득하였다. 내용연수는 4년이고 잔존가치는 ₩600,000이다.

요구사항

1. 정률법(상각률: 0.451)으로 각 회계연도에 인식할 감가상각비를 산출하시오.
2. 연수합계법으로 각 회계연도에 인식할 감가상각비를 산출하시오.

해답

1. 정률법

연도	계산과정	감가상각비	상각누계액	기말장부금액
20×5년	6,600,000 × 0.451 × 3/12	₩744,150	₩744,150	₩5,855,850
20×6년	5,855,850 × 0.451	2,640,988*	3,385,138	3,214,862
20×7년	3,214,862 × 0.451	1,449,903	4,835,041	1,764,959
20×8년	1,764,959 × 0.451	795,997	5,631,038	968,962
20×9년	968,962 - 600,000	368,962	6,000,000	600,000

* 이를 다음과 같이 계산할 수 있다.

$$6,600,000 × 0.451 × \frac{9}{12} + 6,600,000 × (1 - 0.451) × 0.451 × \frac{3}{12} = ₩2,640,988$$

2. 연수합계법

연도	계산과정	감가상각비	상각누계액	기말장부금액
20×5년	$6,000,000 × \frac{4}{10} × \frac{3}{12}$	₩600,000	₩600,000	₩6,000,000
20×6년	$6,000,000 × \frac{4}{10} × \frac{9}{12}$	1,800,000		
	$6,000,000 × \frac{3}{10} × \frac{3}{12}$	450,000	2,850,000	3,750,000
20×7년	$6,000,000 × \frac{3}{10} × \frac{9}{12}$	1,350,000		
	$6,000,000 × \frac{2}{10} × \frac{3}{12}$	300,000	4,500,000	2,100,000
20×8년	$6,000,000 × \frac{2}{10} × \frac{9}{12}$	900,000		
	$6,000,000 × \frac{1}{10} × \frac{3}{12}$	150,000	5,550,000	1,050,000
20×9년	$6,000,000 × \frac{1}{10} × \frac{9}{12}$	450,000	6,000,000	600,000

제3절 취득일 이후의 사건

1 유형자산 사용기간 동안의 지출

유형자산은 장기간 사용하는 자산이므로 취득 후 사용기간 중에 자산과 관련하여 여러 가지 크고 작은 지출이 발생할 수 있다. 취득 후에 발생하는 지출은 성격에 따라 당해 자산의 장부금액에 가산할 수도 있고 발생한 기간의 비용으로 처리할 수도 있다. 자산의 장부금액에 가산하는 것을 자본적 지출(capital expenditure)이라 하고, 발생기간의 비용으로 처리하는 것을 수익적 지출(revenue expenditure)이라 한다.

자본적 지출은 유형자산의 가치를 실질적으로 증가시키는 성격의 지출이다. 내용연수가 연장되거나 생산량의 증가나 품질의 향상, 원가의 절감 등의 결과를 가져오는 지출을 말한다. 반면, 수익적 지출은 자산의 가치를 실질적으로 증가시키지 못하고 단지 현상유지나 원상회복을 위한 지출로서 금액도 상대적으로 적다.

자본적 지출은 자산의 장부금액에 가산하고 경제적 효익이 제공되는 동안 감각상각을 통하여 비용으로 처리한다. 한편 수의적 지출은 발생한 기간에 비용으로 처리한다. 예를 들어 기계설비에 대한 유지·보수나 수리를 위한 지출은 당초 예상되었던 성능수준을 유지하기 위한 지출이므로 발생시점에 비용으로 처리한다.

> **예제 7-6** **자본적 지출과 내용연수 변경**

20 × 5년 초 본사 건물에 대수선을 실시하였다. 파손된 외벽을 보강하고 페인트를 칠하는 데 ₩500,000, 냉난방 설비를 설치하는데 ₩2,000,000이 지출되었다. 건물에 대한 지출의 결과 잔존내용연수가 당초 10년에서 20년으로 증가하고 잔존가치는 ₩500,000으로 추정된다. 이 건물은 20년 전에 취득한 것으로 취득원가는 ₩18,000,000이고 내용연수 30년, 잔존가치 ₩3,000,000으로 하여 정액법으로 상각해오고 있었다.

요구사항

1. 건물에 대한 지출의 회계처리를 제시하시오.
2. 20 × 5년의 감가상각비를 산출하시오.

해답

1. 건물에 대한 지출의 회계처리

(차)	수 선 비	500,000	(대)	현 금	2,500,000
	건 물	2,000,000			

2. 감가상각비

감가상각누계액 = (취득원가 - 잔존가치) × 사용연수/내용연수

$\qquad$ = (18,000,000 - 3,000,000) × 20/30 = ₩10,000,000

당초의 장부금액 = 취득원가 - 상각누계액 = 18,000,000 - 10,000,000 = ₩8,000,000

새로운 장부금액 = 8,000,000 + 2,000,000 = ₩10,000,000

감가상각비 = (새로운 장부금액 - 잔존가치)/내용연수

$\qquad$ = (10,000,000 - 500,000)/20년 = ₩475,000

2 유형자산의 회계변경

유형자산의 감가상각은 잔존가치, 내용연수 및 감가상각방법의 세 가지 요소를 토대로 결정된다. 이러한 요소들은 일단 선택하고 적용하면 정당한 이유 없이 변경할 수 없다. 그러나 사용환경의 변화로 감가상각방법, 잔존가치, 또는 내용연수의 변경이 필요할 수 있다. 예를 들어 유형자산에 대한 자본적 지출로 인하여 자산의 내용연수나 잔존가치가 변경될 수도 있다. 이 경우에는 자본적 지출이 있었던 시점의 순장부가액을 기초로 감가상각비를 산정한다.★

★ 감가상각 방법이나 추정치의 변경이 필요하다면 새로운 감가상각방법이나 추정치를 적용한다. 이를 회계추정의 변경이라 하고 이러한 변경은 전진적으로 적용한다.

| 예제 7-7 | 자본적 지출과 회계 변경 |

사용 중인 유형자산에 대하여 다음과 같은 지출이 있었다.

(1) 운반용 차량에 현금 ₩500,000을 들여 엔진을 수리하고 부품을 교체하였다. 이로 인하여 내용연수가 연장되었다. 현재 이 차량의 장부금액은 ₩1,250,000이고 정률법(상각율: 0.25)으로 상각하고 있다. 내용연수의 연장으로 인해 상각율은 0.25에서 0.2로 변경되었다.

(2) 본사 건물에 피난시설과 엘리베이터를 설치하였다. 이와 관련하여 ₩300,000의 지출이 발생하였는데 그 결과 건물의 가치가 증가하였다. 현재 이 건물의 장부금액은 ₩5,400,000이고 14년간 정액법으로 상각해오고 있다. 건물의 가치상승으로 내용연수를 20년에서 25년으로 변경하였다. 한편 건물의 잔존가치는 ₩200,000이다.

요구사항

당기의 감가상각비를 제시하시오.

해답

(1) 차량운반구: (1,250,000 + 500,000) × 0.2 = 350,000
(2) 건물: (5,400,000 + 300,000 - 200,000) × 1/11 = 500,000

3 유형자산의 처분

유형자산을 처분하는 경우에는 그 취득원가와 감가상각누계액을 장부에서 제거하고 유형자산처분손익을 인식한다. 이때 장부에서 제거할 감가상각누계액은 전기이월액에 처분시점까지 발생한 감가상각비를 반영하여 결정된다. 유형자산처분손익은 처분대가와 장부금액의 차이로서 유형자산의 처분대가가 장부금액보다 큰 경우에는 유형자산 처분이익이, 작은 경우에는 유형자산처분손실이 인식된다.

예제 7-8 유형자산의 처분

20 × 7년 4월 1일 사용하던 기계장치를 ₩6,000,000에 처분하였다. 이 기계장치는 20 × 5년 4월 1일 ₩12,000,000에 취득한 것으로 정률법(상각율: 0.36)으로 감가상각하고 있다.

요구사항

기계장치의 처분의 회계처리를 제시하시오.

해답

1차년도(× 5년 4월초~ × 6년 3월말) 상각액 = 12,000,000 × 0.36 = ₩4,320,000
2차년도(× 6년 4월초~ × 7년 3월말) 상각액 = (12,000,000-4,320,000) × 0.36 = ₩2,764,800

1) 처분일 까지의 감가상각비 인식

(차) 감가상각비	691,200	(대) 감가상각누계액	691,200

* 2,764,800 × 3/12 = ₩691,200

2) 처분의 회계처리

(차) 현　금	6,000,000	(대) 기계장치	12,000,000
감가상각누계액	7,084,800 *	유형자산처분이익	1,084,800

* 4,320,000 + 2,764,800 = ₩7,084,800

제4절 무형자산

1 무형자산 개요

무형자산(intangible assets)은 미래 경제적 효익을 제공할 수 있는 무형의 권리이다. 무형자산이 제공할 미래 경제적 효익은 제품의 경쟁력 향상으로 인한 매출증가나 원가절감 등을 통해 실현된다. 무형자산은 물리적 실체가 없기 때문에 유형자산보다 미래의 경제적 효익에 대한 불확실성이 크다. 이러한 불확실성 때문에 무형자산은 식별가능하고 기업이 통제할 수 있어야 장부에 기록될 수 있다. 식별가능하다는 것은 그 자산이 독립적으로 거래될 수 있음을 뜻하고, 통제할 수 있다는 것은 경제적 효익에 대한 제3자의 접근을 제한할 수 있음을 뜻한다.

무형자산 역시 그 획득을 위해 자원의 지출을 필요로 한다. 특정한 무형자산이 획득되면 각 형태별로 별도의 계정을 사용하여 보고된다. 무형자산의 취득원가는 매입가액에 취득에 관련된 부대비용을 합한 금액이다. 예를 들어 특허권의 취득원가는 특허청에 출원하여 권리를 확보하는 데 소요되는 출원비, 등록비, 변리사 수수료 등으로 구성된다. 그러나 기술개발에 소요된 원가는 포함되지 않으며 이 부분은 연구개발비로 처리된다. 무형자산도 유형자산과 마찬가지로 최초 인식 후 원가모형이나 재평가모형을 선택할 수 있다.

2 무형자산의 분류

무형자산은 그 성격에 따라 국가가 부여한 법적 권리(지식재산권과 라이선스), 기업 간 계약에서 생긴 권리(프랜차이즈), 연구개발비 등으로 분류된다.

(1) 지식재산권

지식재산권은 인간의 지적 창작물 중에서 법으로 보호할 만한 가치가 있는 것들에 대하

여 국가에서 부여하는 권리로서 여기에는 산업재산권(특허권, 상표권 등), 저작권, 신지식재산권(컴퓨터 프로그램 및 소프트웨어권 등)이 있다. 이러한 권리는 법에서 정한 기간 동안 배타적·독점적 권리를 가지는데 각각의 보호 기간은 나라마다 다르지만 특허권은 20년, 상표권은 10년*, 저작권은 70년이다.

> ★ 상표권을 재등록하면 사용기한이 무한징 늘어나므로 내용연수가 한정되지 않는다.

(2) 라이선스

라이선스(license)는 정부가 공공시설을 기업의 사업에 사용할 수 있도록 허가한 것을 말한다. 버스회사가 노선 영업을 하는 데 공용 도로를 이용해야 하고, 전기사업자가 송전시설을 설치하려면 국유지인 산을 이용해야 하며, 방송사나 이동통신회사는 공중파를 이용해야 하는데 이는 모두 국가로부터 사용 허가를 받아야 한다. 면허는 특정한 기간에 한정되지만 재승인을 통해 면허기간이 무한정 계속될 수도 있다. 따라서 이런 경우 내용연수가 한정되지 않으므로 상각하지 않는다.

(3) 프랜차이즈

프랜차이즈(franchise)는 프랜차이즈의 상호, 휘장 등을 사용하여 특정 지역에서 동일한 이미지로 영업활동을 할 수 있도록 한 본사와 가맹점의 거래관계를 말한다. 본사는 각종 영업의 지원 내지 통제를 하면서 일정한 대가를 받는다.

(4) 연구개발비

기업들은 급변하는 기술변화에 대처하고 경쟁에서 살아남기 위하여 신제품이나 신기술의 개발을 위한 연구개발 활동에 상당한 투자를 한다. 그리고 기업의 브랜드 이미지를 제고하기 위한 광고활동에도 상당한 투자를 한다. 그러나 이러한 투자에 대한 미래의 경제적 효익이 보장되는 것은 아니며 설사 미래의 경제적 효익이 어느 정도 있다 해도 그 금액을 객관적으로 측정하기가 어렵다. 따라서 K-IFRS에서는 일정한 조건을 충족하는 경우에만 무형자산으로 인식할 수 있도록 하는데, 여기에는 연구개발비(research and development costs)가 있다.

연구개발비가 무형자산의 인식기준에 부합하는지를 평가하기 위하여 무형자산의 창출과정을 연구단계와 개발단계로 구분한다. 연구단계는 새로운 과학적, 기술적 지식을 얻기 위한 독창적이고 계획적인 탐구활동을 하는 단계이고, 개발단계는 연구결과나 기타 지식을 계획적으로 적용하는 활동으로서 상업적인 생산을 시작하기 직전의 단계이다. 연구단계의 지출은 미래의 경제적 효익을 창출할 무형자산이 존재한다는 것을 입증하는데 어려움이 있기 때문에 무형자산으로 인식하지 못한다. 개발단계의 지출은 무형자산으로 인식하기 위한 요건을 충족한 것은 개발비로 하여 무형자산으로 인식하되, 요건을 충족하지 못한 지출은 경상개발비의 과목으로 하여 발생기간의 비용으로 처리한다.

표 7-1_ 연구개발비 지출의 회계처리

구분	6가지 요건	
	모두 충족	미 충족
연구단계	비용으로 처리	비용으로 처리
개발단계	자산으로 인식	비용으로 처리

예제 7-9 연구비와 개발비

(주)서울은 20 × 5년 중에 다음과 같은 연구개발 활동을 수행하였다.

(1) 6월 1일 연구활동에 ₩3,000,000을 지출하였다.
(2) 신제품A의 개발활동에 ₩4,000,000을 지출하였다. 이것은 20 × 5년 9월 30일에 개발이 종료되었고 미래 경제적 효익의 유입가능성이 높을 것으로 판단된다.
(3) 신제품B의 개발활동에 관련하여 ₩2,000,000을 지출하였다. 그러나 신제품B는 상업성이 낮은 것으로 판단되어 20 × 5년 10월 30일에 개발을 종료하였다.

연구개발 활동과 관련된 지출을 각각 연구비, 개발비 및 경상개발비로 집계하시오.

해답

(1)	연구비	3,000,000
(2)	개발비	4,000,000
(3)	경상개발비	2,000,000

③ 무형자산의 상각

무형자산도 유형자산과 마찬가지로 상각을 통해 취득원가를 비용화한다. 다만 내용연수가 한정되지 않은(infinite) 무형자산은 상각하지 않는다.* 상각하지 않는 대신 매년 자산의 가치가 손상되지 않았는지 검사하여 손상차손을 인식한다. 그리고 매년 내용연수가 한정되지 않았다는 평가가 정당한지 검토한다. 검토결과 그러한 평가가 정당화될 수 없는 경우에는 내용연수가 한정된 무형자산으로 변경하여 그때부터 상각을 시작한다.

> ★ 내용연수가 한정되지 않았다는 의미는 미래 경제적 효익의 지속연수를 결정하지 못한다는 것이지 토지처럼 미래 경제적 효익이 무한히 지속된다는 의미는 아니다.

(1) 내용연수

무형자산의 내용연수는 그 자산의 사용을 기대하는 기간으로 법률상 유효기간과 경제적 사용가능기간 중 짧은 기간을 선택한다.*

> ★ 산업재산권의 유효기간은 특허권 12년, 실용신안권 5년, 디자인권 8년, 상표권 10년이다.

(2) 상각방법

무형자산은 자산의 경제적 효익이 소비되는 행태를 반영한 합리적인 방법으로 상각한다. 예를 들어 정액법, 체감잔액법, 생산량비례법 등을 선택할 수 있으나 합리적인 상각방법을

정할 수 없는 경우에는 정액법을 사용한다.

(3) 잔존가치

무형자산의 잔존가치는 없는 것으로(₩0) 본다. 다만, 특별한 경우에는 잔존가치를 인식할 수 있다.★

> ★ 상각기간이 종료될 때 제3자가 그 자산을 구입하는 약정이 있거나, 그 자산에 대한 거래시장이 존재하는 경우에만 잔존가치들을 인식할 수 있으며 경제적 내용연수보다 짧은 상각기간을 선택하여 상각한다.

예제 7-10 **무형자산의 상각**

(주)서울은 20 × 5년 초 특허권을 ₩700,000에 취득하였다. 이 과정에서 수수료 ₩50,000이 발생하였다. 이 특허권에 대해 회사가 추정한 경제적 내용연수는 10년이다.

요구사항

산업재산권의 취득과 상각의 회계처리를 제시하시오.

해답

| 취득: | (차) | 산업재산권 | 750,000 * | (대) | 현 금 | 750,000 |
| 상각: | (차) | 무형자산상각비 | 75,000 ** | (대) | 산업재산권 | 75,000 |

 * 700,000 + 50,000 = ₩750,000
** 750,000 ÷ 10년 = ₩75,000

제5절 재평가와 손상

1 재평가

비유동자산은 취득원가로 기록하므로 자산의 공정가치가 장부금액보다 높아지더라도 이를 장부에 반영하지 않는다. 예를 들어 10년 전에 1억 원에 구입한 토지가 지가 상승으로 인해 공정가치로는 10억 원이 되었다고 하자. 그렇더라도 토지를 매각하지 않는 한 9억 원의 평가차익은 재무제표에 반영될 여지가 없다. 그런데 공정가치와 장부금액의 차이가 클 경우, 이를 그대로 놔두면 기업의 재무상태를 제대로 보여주지 못하게 된다. 따라서 회계기준은 유형자산 등을 공정가치로 재평가하는 것을 허용하고 있다.

유형자산 등을 공정가치로 재평가한 금액으로 표시하는 회계처리 방식을 '재평가모형'이라 한다. 재평가모형을 선택한 기업은 자산의 종류별로 원가모형과 재평가모형 중에서 어떤 회계정책을 적용할지를 선택한다. 재평가모형을 선택한 경우 결산시점마다 재평가 여부를 검토하여 자산의 공정가치가 장부가액과 중요한 차이가 있으면 재평가를 실시한다. 자산을 재평가하여 생기는 재평가차액은 재평가잉여금으로 하여 기타포괄손익에 반영한다.

재평가는 보고기간 말에 장부금액이 공정가치와 중요한 차이가 있을 때마다 주기적으로 수행한다. 특정 자산을 재평가할 때는 해당 자산이 포함된 자산 전체를 재평가한다. 이는 선택적으로 재평가하거나 재평가일이 다른 자산들이 혼재된 재무보고를 하는 것을 방지하기 위한 것이다.

예제 7-11 **자산의 재평가**

다음 각 사례에 대해 적절한 재평가 회계처리를 하시오.

1. 보유하고 있는 토지의 공정가치가 장부금액보다 ₩50,000이 올랐다.

2. 보유하고 있는 건물의 공정가치가 장부금액보다 ₩50,000이 올랐다. 단, 이 건물의 감가상각누계액은 ₩40,000이다.

> **해답**

1. 토지의 재평가

(차)	토 지	50,000	(대)	재평가잉여금	50,000

2. 건물의 재평가

(차)	건 물	10,000	(대)	재평가잉여금	50,000
	감가상각누계액	40,000			

2 손상

기업에 불리한 환경변화로 인해 보유한 자산의 가치가 하락하는 경우가 있다. 예를 들어 사업장 인근에 혐오시설이 들어서서 토지가격이 하락하는 것이다. 자산의 가치가 감소한 것을 손상이라 한다. 기업은 자산의 손상이 발생하였는지를 매 회계연도마다 검토하고, 손상의 징후가 있다면 해당 자산의 회수가능액을 추정하고 그것이 장부가액에 미달하면 그 차액을 손상차손으로 인식한다. 동시에 그만큼 대변에 손상차손누계액(자산차감계정)으로 기록한다. 이때 회수가능액은 그 자산의 순공정가치와 사용가치 중 큰 금액으로 한다.

회수가능액 = Max[순공정가치*, 사용가치*]

원가모형을 선택한 경우에는 해당 자산을 공정가치로 평가하여 증가시키지는 않지만 손상차손은 인식한다. 한편 재평가모형을 선택한 경우 재평가된 자산에서 가치하락이 생기면, 우선 재평가잉여금(기타포괄손익)을 제거한다.

★ 자산의 매각으로부터 수취할 금액에서 처분부대비용을 차감한 금액
★ 자산의 사용으로부터 기대되는 미래현 금흐름의 현재가치

손상차손을 인식한 후에는 수정된 장부금액이 잔여 내용연수 동안 감가상각되도록 감가상각을 조정한다. 매 보고기간마다 손상차손의 환입을 시사하는 징후를 검토하여 그 징후가 있는 경우 장부금액을 회수가능액으로 회복시킨다. 이를 손상차손환입이라 한다. 손상차손환입으로 증가되는 장부금액은 과거 손상차손을 인식하지 않았더라면 남았을 장부금액을 한도로 한다.

예제 7-12 자산의 손상

보유 토지의 시세가 급격히 하락하여 그 회수가능액이 ₩30,000,000으로 평가된다. 이 토지의 장부금액은 ₩48,000,000이고 2년 전에 실시한 재평가에서 ₩8,000,000의 재평가잉여금을 인식하였다.

요구사항

1. 손상의 회계처리를 제시하시오.
2. 재무상태표에 표시될 토지 계정을 나타내시오.

해답

1. 손상차손의 회계처리

(차)	손상차손	10,000,000	(대)	손상차손누계액	18,000,000
	재평가잉여금	8,000,000			

2. 재무상태표상 토지의 표시

토지	48,000,000	
손상차손누계액	(18,000,000)	30,000,000

제6절 **투자부동산**

투자부동산은 임대수익이나 시세차익을 위해 보유하는 부동산으로 다른 자산과 독립적인 현금흐름을 창출한다. 앞에서 살펴본 유형자산은 재화의 생산이나 용역의 제공에 사용되면서 현금흐름을 창출하는데, 이렇게 창출된 현금흐름은 당해 유형자산뿐만 아니라 다른 자산과도 관련된다. 예를 들어 공장 건물의 감가상각비는 제품의 제조원가를 구성한다. 따라서 창출되는 현금흐름이 독립적인지, 아니면 다른 자산과 관련이 있는지가 투자부동산과 유형자산을 구별할 수 있는 중요한 특성이다.

임대수익이나 시세차익을 위해 보유하는 투자부동산으로부터 미래에 현금이 얼마나 유입될 것인지를 평가하려면 원가보다는 공정가치가 더 목적 적합한 정보★이다. 이에 투자부동산은 원가모형 외에 공정가치모형을 측정모형으로 선택할 수 있다.

> ★ 임대목적 부동산은 공정가치로 측정하고 공정가치의 변동을 당기손익으로 보고하는 것이 더 목적 적합한 정보를 제공할 수 있기 때문이다.

원가모형을 적용하는 경우 해당 부동산을 유형자산으로 분류할 때의 측정방법과 같다. 공정가치모형을 적용하는 투자부동산의 측정방법은 재평가모형을 적용하는 유형자산과 유사하다. 다만 유형자산의 재평가모형은 유형자산의 분류별(토지, 건물, 기계장치 등)로 적용하는 반면 투자부동산은 모든 투자부동산에 적용한다. 그 밖에 다음과 같은 차이가 있다.

표7-2_ **공정가치모형과 재평가모형의 비교**

구 분	투자부동산의 공정가치모형	유형자산의 재평가모형
재측정 빈도	매 보고기간 마다 평가	1년, 3년 또는 5년 마다 평가
평가손익	당기손익으로 인식	평가이익은 기타포괄손익(재평가잉여금)으로, 평가손실은 당기손익으로 인식
감가상각	감가상각을 하지 않음	재평가된 장부금액을 기초로 감가상각

예제 7-13   투자부동산 원가모형과 공정가치모형의 비교

(주)새롬은 20 × 5년 초 임대목적의 건물을 취득하여 투자부동산으로 분류하였다. 건물의 취득원가는 ₩200,000이며 내용연수는 20년, 잔존가치는 없는 것으로 추정된다. 회사는 이 건물이 유형자산일 경우에는 정액법으로 상각하고 있다. 이 건물의 20 × 5년 말과 20 × 6년 말의 공정가치는 각각 ₩195,000과 ₩185,000이다.

요구사항

1. 원가모형을 적용할 경우의 회계처리를 제시하시오.
2. 공정가치모형을 적용할 경우의 회계처리를 제시하시오.

해설

1. 원가모형
   <20 × 5년 초 취득일>

(차)	투자부동산	200,000	(대)	현 금	200,000

   <20 × 5년 말 결산일>

(차)	감가상각비	10,000	(대)	감가상각누계액	10,000

   <20 × 6년 말 결산일>

(차)	감가상각비	10,000	(대)	감가상각누계액	10,000

2. 공정가치모형
   <20 × 5년 초 취득일>

(차)	투자부동산	200,000	(대)	현 금	200,000

   <20 × 5년 말 결산일>

(차)	투자부동산평가손실	5,000	(대)	투자부동산	5,000

   <20 × 6년 말 결산일>

(차)	투자부동산평가손실	10,000	(대)	투자부동산	10,000

K-IFRS를 반영한
회계원리

01 건물이 있는 토지를 매입하여 이를 철거하고 새 건물을 건축하였다. 이와 관련하여 다음과 같은 지출이 발생하였다. 토지의 취득원가는?

㉠ 토지 매입비 ₩1,000
㉡ 기존 건물 철거비 ₩200
㉢ 철거 시 발생한 고철의 매각액 ₩50
㉣ 건물 신축 공사비 ₩1,500

① ₩1,000   ② ₩1,150
③ ₩1,500   ④ ₩1,450

02 당기 중에 유형자산 중 일부를 ₩1,000에 처분하였고 추가로 취득한 유형자산은 없다. 당기의 감가상각비가 ₩700이면 유형자 산처분손익은 얼마인가?

	전 기	당 기
유형자산	₩8,000	₩6,000
감가상각누계액	4,000	3,400

① ₩300 손실   ② ₩300 이익
③ ₩1,000 손실   ④ ₩1,000 이익

03 20 × 5년 1월 1일 ₩600,000의 기계를 구입하였다. 내용연수는 8년이고, 잔존가치는 ₩60,000으로 추정된다. 20 × 6년 말 감가상각누계액에 대한 설명으로 옳지 않은 것은?

① 정률법(상각율: 0.25)의 감가상각누계액은 ₩262,500이다.
② 정액법의 감가상각누계액은 ₩135,000이다.
③ 연수합계법의 감가상각누계액은 ₩250,000이다
④ 연수합계법의 감가상각누계액은 정률법보다 적다.

04 20 × 5년 5월 1일 ₩5,000,000의 기계를 구입하였다. 내용연수는 5년, 잔존가치는 ₩500,000으로 추정된다. 회사는 연수합계법으로 감가상각을 하고 있다. 20 × 7년 5월 1일 기계를 ₩2,000,000에 처분할 경우 처분손익은?

① 처분손실 ₩300,000
② 처분이익 ₩300,000
③ 처분손실 ₩1,000,000
④ 처분이익 ₩1,000,000

05 다음 중 무형자산에 대한 설명으로 옳지 않은 것은?

① 상표권은 내용연수가 비한정이므로 상각하지 않는다.
② 무형자산은 다른 자산보다 미래 경제적 효익에 대한 불확실성이 높다.
③ 물리적 실체가 없는 권리인 매출채권은 무형자산으로 분류된다.
④ 특정 권리가 독립적으로 거래될 수 있어야 무형자산으로 인식될 수 있다.

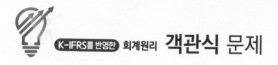

06 연구개발비에 대한 설명으로 옳지 않은 것은?

① 생산 전 또는 사용 전의 시제품과 모형을 설계, 제작 및 시험하는 것은 개발 단계의 활동이다.

② 연구단계에서 발생한 지출은 항상 발생한 기간의 비용으로 처리한다.

③ 연구단계와 개발단계로 구분할 수 없는 활동에서 생긴 지출은 모두 연구단계에서 발생한 것으로 본다.

④ 미래 경제적 효익을 제공할 가능성이 큰 연구비는 무형자산으로 인식할 수 있다.

정답

01 토지의 취득원가: 1,000+200-50 = ₩1,150

건물이 있는 토지를 구입하고 그 건물을 철거한 경우, 철거비용은 전액 토지의 원가가 된다. 철거 시 발생한 폐물의 처분가치는 취득원가에서 차감한다. **정답** ②

02 처분자산의 취득원가 = 8,000 - 6,000 = ₩2,000

처분자산의 감가상각누계 = 4,000 - (3,400 - 700) = ₩1,300

처분자산의 장부금액 = 2,000 - 1,300 = ₩700

처분손익 = 처분금액-장부금액 = 1,000 - 700 = ₩300(이익) **정답** ②

03 정액법 상각누계액: (600,000 - 60,000) × 1/8 × 2년 = ₩135,000

연수합계법 상각누계액: $(600{,}000 - 60{,}000) \times \dfrac{8+7}{8+7+6+5+4+3+2+1} = ₩225{,}000$

정률법의 상각누계액 = 150,000 + 112,500 = ₩262,500

20 × 5년 감가상각비 = 600,000 × 0.25 = ₩150,000

20 × 6년 감가상각비 = 600,000 × (1 - 0.25) × 0.25 = ₩112,500 **정답** ③

04 감가상각대상액 = 5,000,000 - 500,000 = ₩4,500,000

감가상각누계액 = $4{,}500{,}000 \times \dfrac{5+4}{1+2+3+4+5} = ₩2{,}700{,}000$

장부금액 = 5,000,000 - 2,700,000 = ₩2,300,000

처분손익 = 처분대가 - 장부금액 = 2,000,000 - 2,300,000 = (₩300,000) **정답** ①

05 매출채권은 금융자산이지 무형자산이 아니다. **정답** ③

06 연구단계의 지출은 무형자산으로 인식할 수 없다. **정답** ④

주관식 문제

 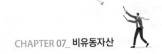

7-01 유형자산의 취득원가

(주)서울은 토지, 건물, 기계장치를 ₩5,000,000에 일괄구입하였다. 관련 자료는 다음과 같다.

> (1) 각 자산의 공정가치: 토지 ₩3,000,000, 건물 ₩1,500,000, 기계장치 ₩500,000
> (2) 기타 취득 관련 사항
>   ① 토지의 취득세 ₩150,000, 건물의 취득세 ₩75,000
>   ② 기계장치 운반비와 시운전비 ₩30,000
>   ③ 중개수수료 ₩200,000

요구사항

토지, 건물, 기계장치의 취득원가를 각각 구하시오.

7-02 유형자산의 오류수정

20×5년 1월 1일 공장 부지를 ₩1,000,000에 구입하여 구 건물을 철거하고 8월 1일 새 건물을 완공하였다.

2월 29일	구건물의 철거비용	₩850,000
3월 10일	폐자재 판매로 인한 잡수익	(200,000)
4월 1일	토지 등기비와 토지 취득세	50,000
5월 1일	건물 공사비 지급	1,800,000
8월 1일	건물 공사비 잔금지급	1,800,000
		₩4,300,000

공장이 완공된 20×5년 8월 1일 회사는 다음과 같이 회계처리 하였다.

(차) 공 장　　　5,300,000　　　　(대) 건설중인자산　　　5,300,000

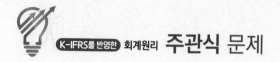
한편 20 × 5년 12월 31일에는 연 상각율 5%로 공장에 대한 감가상각을 하면서 다음과 같이 회계처리 하였다.

| (차) 감가상각비 | 265,000 | (내) 공 장 | 265,000 |

요구사항

1) 토지와 건물의 취득원가를 산출하시오.

2) 건물의 감가상각비를 산출하시오.

3) 회사의 회계처리상 오류를 지적하고 수정분개를 제시하시오.

7-03 유형자산 감가상각

다음 각각의 독립적인 상황에 대한 물음에 답하시오.

⑴ (주)동강은 20 × 5년 1월 1일 ₩12,000,000의 기계장치를 구입하였다. 이 기계장치의 추정 내용연수는 5년이고 정액법으로 상각하고 있다. 20 × 6년도 감가상각비가 ₩2,000,000이었다면 이 기계장치의 추정잔존가치는?

⑵ (주)서강은 20 × 5년 1월 1일 ₩12,000,000의 기계장치를 구입하였다. 이 기계장치의 추정 내용연수는 5년이고 잔존가치 ₩2,000,000으로 하여 연수합계법으로 상각하고 있다. 20 × 7년도의 감가상각비는?

⑶ (주)남산은 20 × 5년 1월 1일 ₩12,000,000의 기계장치를 구입하였다. 이 기계장치의 추정 내용연수는 5년이고 잔존가치 ₩3,000,000으로 하여 정률법(상각률: 0.3)으로 상각하고 있다. 20 × 6년말의 기계장치 장부금액은?

⑷ (주)북악은 20 × 5년 1월 1일 ₩12,000,000의 기계장치를 구입하였다. 이 기계장치의 추정 내용연수는 6년이고 잔존가치 ₩3,000,000으로 하여 정률법(상각률: 0.25)으로 상각하고 있다. 20 × 6년도의 감가상각비는?

7-04 감가상각비의 계산

20 × 1년 1월 1일 기계장치를 ₩1,000,000에 구입하였다. 이 기계의 내용연수는 5년이고 잔존가치는 ₩100,000으로 추정된다.

요구사항

다음 각 방법으로 20 × 1년부터 20 × 5년까지의 감가상각비를 구하시오.

1) 정액법
2) 정률법(상각률: 0.37)
3) 연수합계법

7-05 감가상각비의 월할계산

(주)서남은 20 × 5년 4월 1일 ₩25,000,000의 기계장치를 취득하였다. 이 기계의 내용연수는 4년이고 잔존가치는 ₩5,000,000으로 추정된다.

요구사항

다음 각각의 상각방법을 적용하여 20 × 5년부터 20 × 7년까지의 감가상각비를 각각 구하시오.

1) 정액법
2) 정률법(상각률: 0.33)
3) 연수합계법

7-06 유형자산의 처분 1

(주)서울은 20 × 2년 5월 1일 영업에 사용하던 차량운반구를 ₩6,200,000에 처분하였는데, 차량운반구는 20 × 1년 1월 1일에 취득한 것으로 취득원가는 ₩8,000,000이었고 내용연수 5년에 잔존가치 ₩500,000을 적용하여 정액법으로 상각하였다.

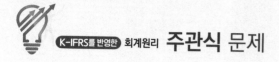

1. 처분일의 감가상각누계액, 장부금액, 처분손익을 산출하시오.
2. 처분일의 회계처리를 제시하시오.

7-07 유형자산의 처분 2

(주)신안은 20 × 2년 4월 1일 ₩6,200,000에 취득한 차량운반구를 20 × 5년 4월 1일 ₩1,400,000에 매각하였다.

요구사항

다음 각각의 방법으로 처분일까지 감가상각누계액을 계산하고, 처분일의 회계처리를 제시하시오.

1) 연수합계법(내용연수 5년, 잔존가치 ₩500,000)
2) 정률법(상각률: 0.4)

7-08 회계변경 1

(주)한라는 20 × 8년 말 현재 다음과 같은 자산들을 보유하고 있다. 건물은 20년 전에 취득한 것이고, 기계장치와 차량운반구는 20 × 7년 5월 1일과 10월 1일에 취득한 것이다.

자 산	취득원가	추정잔존가치	내용연수	상각방법
건 물	₩140,000,000	₩10,000,000	25년	정액법(1/25)
기 계 장 치	18,500,000	3,700,000	10년	정률법(0.15)
차 량 운 반 구	10,000,000	1,000,000	8년	정률법(0.25)

요구사항

1. 각 자산별로 20 × 7년과 20 × 8년의 감가상각비를 산출하시오.
2. 20 × 9년 초 건물에 대한 ₩10,000,000의 자본적 지출이 있었다. 그 결과 잔존 내용연수가 5년에서 10년으로 연장되었다. 20 × 9년도의 감가상각비를 계산하시오.

3. 기계장치는 20 × 9년 5월 1일 ₩12,000,000에 매각하였다. 처분일의 분개를 제시하시오.

7-09 회계변경 2

(주)설악은 20 × 1년 초 ₩3,600,000에 취득한 건물을 내용연수 8년, 잔존가치 ₩240,000으로 추정하여 정액법으로 상각해왔다. 그런데 20 × 7년 초 회사는 잔존 내용연수를 4년, 잔존가치는 ₩140,000으로 추정을 변경하였다.

요구사항

1) 추정의 변경을 반영하여 20 × 7년도 감가상각비를 계산하시오.

2) 이 건물은 20 × 8년 6월 30일에 ₩450,000에 처분되었다. 처분일의 분개를 제시하시오.

7-10 회계변경 3

(주)백두는 20 × 5년 초 ₩8,000,000에 구입한 기계장치를 정률법(상각률: 0.15)으로 상각해오고 있다. 20 × 7년 초 회사는 기계장치의 내용연수와 잔존가치에 대한 회계변경을 하였으며 이에 따라 잔여기간 동안에는 새로운 상각률 0.18로 상각한다.

요구사항

1) 20 × 6년 말 장부금액을 계산하시오.

2) 20 × 7년도 감가상각비와 20 × 7년 말 장부금액을 계산하시오.

3) 이 기계는 20 × 8년 4월 1일 ₩5,000,000에 처분되었다. 처분일의 분개를 제시하시오.

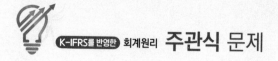

7-11 연구비와 개발비의 구분

(주)서울은 20 × 5년 초에 4가지 과제(A, B, C, D)의 연구개발 활동에 착수하였는데 이와 관련된 내용은 다음과 같다.

(1) 연구개발 활동과 관련된 지출은 다음과 같다.

	20 × 5년	20 × 6년	20 × 7년	합 계
과 제 A	600,000	-	-	600,000
과 제 B	400,000	-	-	400,000
과 제 C	200,000	300,000	200,000	700,000
과 제 D	700,000	500,000		1,200,000
	1,900,000	800,000	200,000	2,900,000

(2) 연구개발 활동 내용

- 과제 A: 신제품A의 개발과 관련된 것으로 20 × 5년 말에 개발이 완료되었다. 신제품A는 성공가능성이 충분하여 미래 경제적 효익을 제공할 가능성이 클 것으로 판단되었다.
- 과제 B: 신제품B의 개발과 관련된 것으로 이 제품은 사업화 성공가능성이 낮을 것으로 판단하여 20 × 5년 중에 개발활동을 종료하였다.
- 과제 C: 신기술 탐구를 위한 연구활동으로서 20 × 7년 말에 활동이 종료되었는데 그 연구 결과는 성공적이었다. 이를 바탕으로 개발활동을 하면 수익성이 있는 신제품을 생산할 수 있을 것으로 판단하였다.
- 과제 D: 신제품D의 개발과 관련된 것으로 20 × 6년 말에 개발이 완료되었다. 신제품D는 사업화 성공가능성이 충분하여 미래 경제적 효익을 제공할 가능성이 클 것으로 판단하였다.

요구사항

1) 20 × 5년부터 20 × 7년까지 연구개발 지출과 개발비 상각의 회계처리를 제시하시오.(단, 회사는 개발비를 5년간 정액법으로 상각한다.)
2) 20 × 5년부터 20 × 7년까지 재무상태표에 표시될 개발비 금액을 제시하시오.

CHAPTER

8

부 채

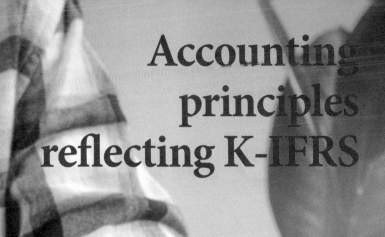

Accounting principles reflecting K-IFRS

제1절 부채의 개요

부채(liability)는 과거 거래나 사건의 결과로서 현재 기업실체가 부담하고 있고 그 이행에 미래 경제적 효익의 희생이 예상되는 의무를 말한다. 예를 들어 외상매입금이나 단기차입금은 과거사건(외상매입이나 차입)의 결과로 발생한 것으로 현재 그 채무를 부담하되 지급이나 상환이 미래에 이행되는 것이다. 채무의 이행은 미래에 이루어지는데 어떤 경우에는 1년 이상의 장기간에 걸쳐 이행되기도 한다. 이런 점을 감안하여 1년 이내에 이행되는지 여부를 기준으로 유동부채와 비유동부채로 분류한다.

- 매입채무: 주된 영업활동의 과정에서 원재료나 상품 등을 외상으로 매입하였을 때 발생하는 채무. 여기에는 외상매입금과 지급어음이 있음
- 미지급금: 그 밖의 거래에서 생긴 미지급 채무를 기록하는 계정. 예를 들어 유형자산을 외상으로 구입한 경우에는 미지급금으로 기록
- 미지급비용: 영업활동과 관련하여 각종 비용이 발생하였으나 그 대가를 미지급한 경우 그 미지급 채무를 기록하는 계정
- 차입금: 금융기관 등에서 사전에 약정된 이자율로 계산된 이자를 지급하기로 약속하고 자금을 차입한 채무를 기록하는 계정
- 선수금: 재화를 판매하기에 앞서 그 대가를 미리 수취한 경우 이를 기록하는 계정
- 선수수익: 서비스를 제공하기에 앞서 그 대가를 수취한 경우 이를 기록하는 계정
- 예수금: 제3자에게 지급해야 할 금액을 기업이 일시적으로 맡아 둔 경우에 사용되는 계정

대부분의 부채는 약정에 의해 일정한 액수의 현금을 상환하여 청산된다. 이를 금융부채라고 하며 여기에는 매입채무, 미지급금, 미지급비용, 차입금 등이 있다. 반면 어떤 부채는 거래상대방에게 재화나 용역을 제공하여 청산된다. 이를 비금융부채라 하며 여기에는 선수금과 선수수익이 있다. 한편, 거래상대방에게 현금 등의 금융자산을 인도할 의무가 있더라도

그것이 계약상의 의무에 속하지 않으면 금융부채로 보지 않으며 여기에는 예수금이 있다. 예수금은 궁극적으로 제3자에게 지급해야 할 금액을 기업이 일시적으로 맡아 둔 경우에 사용되는 계정이다.

예를 들면 상품을 판매할 때 고객에게서 부가가치세를 받는데 이를 부가가치세예수금이라는 계정으로 기록한다.* 또한 직원에게 급여를 지급할 때 직원이 부담하는 근로소득세, 건강보험료 등을 공제하는데 이를 소득세예수금 등의 계정으로 기록한다.

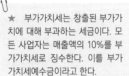

★ 부가가치세는 창출된 부가가치에 대해 부과하는 세금이다. 모든 사업자는 매출액의 10%를 부가가치세로 징수한다. 이를 부가가치세예수금이라고 한다.

예제 8-1 | 예수금

7월 중 다음과 같은 거래들이 있었다.

7/5　　₩800,000의 법률자문 서비스를 제공하고 부가가치세 ₩80,000을 포함하여 ₩880,000 을 현금으로 수취하였다.

7/21　　7월 급여 ₩800,000에서 직원들이 부담해야 할 소득세 ₩80,000과 국민연금 ₩18,000 및 건강보험료 ₩8,000을 공제하고 ₩694,000을 지급하였다.

7/25　　관할 세무서에 부가가치세 ₩80,000을 납부하였다.

7/31　　관할 세무서에 소득세 징수액 ₩80,000을 납부하였다. 또한 국민연금관리공단과 건강보험공단에 국민연금과 건강보험료 징수액 ₩26,000을 납부하였다.

요구사항

각 시점별 회계처리를 제시하시오.

해답

7/5	(차) 현 금	880,000	(대) 매 출	800,000
			부가가치세예수금	80,000

7/21	(차) 급 여	800,000	(대) 현 금	694,000
			소득세예수금	80,000
			국민연금예수금	18,000
			건강보험예수금	8,000
7/25	(차) 부가가치세예수금	80,000	(대) 현 금	80,000
7/31	(차) 소득세예수금	80,000	(대) 현 금	106,000
	국민연금예수금	18,000		
	건강보험예수금	8,000		

제2절 부채의 현재가치 평가

부채는 채무의 인식시점과 이행시점 간에 시차가 존재한다. 이러한 시차를 감안하여 미래에 이행될 채무는 그 현재가치로 기록하여야 한다.* 예를 들어 1년 후에 ₩90,000,000을 지급하는 조건으로 부동산을 취득한다고 하자. 단, 대금을 당장 지불하면 ₩85,000,000을 지급하면 된다고 한다. 즉 현재 ₩85,000,000을 지불하는 것은 1년 후에 ₩90,000,000을 지불하는 것과 동등하다. 이 경우 채무는 그 현재가치인 ₩85,000,000으로 기록해야 한다. 미래에 지불할 금액(명목금액)과 당장 지불한다면 들 금액(현재가치)의 차이를 화폐의 시간가치라고 한다. 이것은 자금의 비용으로서 곧 이자이다.

> ★ 1년 내에 이행될 채무(유동부채)는 현재가치와 명목금액의 차이가 중요하지 않기 때문에 현재가치로 평가하지 않는다. 그러나 비유동부채는 현재가치와 명목금액의 차이가 중요하므로 반드시 현재가치로 평가하여야 한다.

① 미래가치의 계산

이제 이자를 계산하는 방식을 알아보자. 예를 들어, 은행에서 이자율 10%로 ₩100,000

을 3년간 차입한다고 하자. 아래의 계산사례는 이자를 1년마다 지급하는 경우와 3년 후에 한꺼번에 지급하는 경우에 발생하는 이자를 나타낸다.

	이자를 1년마다 지급하는 경우	3년치 이자를 한꺼번에 지급하는 경우
1차연도:	$100,000 \times 10\% = 10,000$	$100,000 \times 10\% = 10,000$
2차연도:	$100,000 \times 10\% = 10,000$	$(100,000+10,000) \times 10\% = 11,000$
3차연도:	$100,000 \times 10\% = 10,000$	$(100,000+10,000+11,000) \times 10\% = 12,100$
3년간의 이자:	₩30,000	₩33,100

후자가 전자보다 ₩3,100이 많은데 이것은 1차연도와 2차연도에 못 받은 이자에 대한 이자가 가산되었기 때문이다. 이러한 방식을 복리이자(compound interest) 계산방식이라고 한다. 앞으로는 복리이자 계산방식을 전제로 논의할 것이다.

이자율 10%로 ₩100,000을 차입하면 1년 후 원리금(원금 + 이자)은 다음과 같다.

$$원금 + 이자 = 100,000 + 100,000 \times 10\% = 100,000 \times (1 + 0.1)$$
$$= 100,000 \times 1.1 = ₩110,000$$

이를 확장하여 1년 후, 2년 후 및 3년 후 원리금(원금 + 이자)을 계산하는 과정을 나타내면 다음과 같다.

$$1년 후 원리금: 100,000 \times 1.1^1 = ₩110,000$$
$$2년 후 원리금: 100,000 \times 1.1^2 = ₩121,000$$
$$3년 후 원리금: 100,000 \times 1.1^3 = ₩133,100$$

이를 이자율 r%, 원금 ₩1에 대하여 일반화하면 다음과 같다.

① 1기간 ₩1의 미래가치: ₩1 × (1+r) = ₩1 × (1+r)
② 2기간 ₩1의 미래가치: ₩1 × (1+r)(1+r) = ₩1 × $(1+r)^2$
③ 3기간 ₩1의 미래가치: ₩1 × (1+r)(1+r)(1+r) = ₩1 × $(1+r)^3$
ⓝ n기간 ₩1의 미래가치: ₩1 × (1+r)(1+r)(1+r) ⋯ (1+r) = ₩1 × $(1+r)^n$

이를 직접 계산하는 것은 번거롭기 때문에 미리 각 이자율과 기간에 대한 ₩1의 미래가치를 구해둔 표를 이용한다.

[미래가치계수]

n\r	4%	5%	6%	7%	8%	9%	10%
1	1.04000	1.05000	1.06000	1.07000	1.08000	1.09000	1.1000
2	1.08160	1.10250	1.12360	1.14490	1.16640	1.18810	1.2100
3	1.12486	1.15763	1.19102	1.22504	1.25971	1.29503	1.3310
4	1.16986	1.21551	1.26248	1.31080	1.36049	1.41158	1.4641
⋮	⋮	⋮	⋮	⋮	⋮	⋮	⋮

이를 미래가치계수라고 한다. 미래가치(future value)란 채무의 이행시점에 지급해야 할 금액으로 원금에 이자를 가산한 것이다. 위의 미래가치 표에서 가로 10%와 세로 3이 만나는 칸의 값은 1.331인데 여기서 1은 원금이고, 0.331은 3년간의 이자를 나타낸다. 이것은 연 이자율 10%로 빌린 ₩1을 3년 후에 갚을 때 지급할 금액은 ₩1.331이 된다는 뜻이다.

이자계산기간이 항상 1년인 것은 아니며 1개월마다 이자를 계산할 수도 있다. 예를 들어 대부업체에서 월 이자율 2%를 적용하여 ₩1,000,000을 빌린다고 하자. 이 경우에는 월 이자율 2%로 12회의 복리이자를 계산하는데 그 값은 1.268242이다. 따라서 1년 후에 ₩1,268,242을 갚아야 한다.

② 현재가치의 계산

현재가치(present value)는 채무를 지금 당장 갚는다면 얼마를 갚아야 하는지에 관한 개념이다. 미래에 갚을 금액과 현재가치의 차이를 할인액이라고 하고 미래금액을 현재가치로 환산하는 것을 할인이라고 한다. 이자율 10%일 때 ₩100,000을 빌리면 3년 후에 ₩133,100을 갚아야 한다. 이를 달리 표현하면 3년 후에 갚을 ₩133,100의 현재가치는 ₩100,000이다. 이자율이 10%일 때 3년 후에 갚을 ₩1의 현재가치는 약 ₩0.7513(₩100,000/₩133,100)이다. 현재가치는 미래가치에서 이자를 제외한 것으로 현재가치와 미래가치 간에는 다음과 같은 관계가 있다.

$$미래가치 = 현재가치 \times (1 + 이자율)^{기간}$$

$$현재가치 = 미래가치 \times \frac{1}{(1 + 이자율)^{기간}}$$

현재가치를 직접 계산하는 것이 번거롭기 때문에 미리 각 이자율과 기간에 대한 ₩1의 현재가치 값을 구해둔 표를 이용한다.

[현재가치계수]

n\r	4%	5%	6%	7%	8%	9%	10%
1	0.96154	0.95238	0.94340	0.93458	0.92593	0.91743	0.90909
2	0.92456	0.90703	0.89000	0.87344	0.85734	0.84168	0.82645
3	0.88900	0.86384	0.83962	0.81630	0.79383	0.77218	0.75131
4	0.85480	0.82270	0.79209	0.76290	0.73503	0.70843	0.68301
⋮	⋮	⋮	⋮	⋮	⋮	⋮	⋮

예를 들어 가로 5%와 세로 4가 만나는 칸의 값은 0.8227인데 이것은 이자율이 5%일 때, 4년 후 ₩1의 현재가치는 ₩0.8227이 된다는 뜻이다.

일시금의 현재가치 평가

(주)진흥은 최근 창업한 기업이다. 회사는 벤처기업으로 미래에 대한 불확실성이 높고 재무적으로 취약하여 이직률이 높다. 이에 직원들의 동기부여를 위해 5년 후에 1억 원 상당의 회사 주식을 주겠다고 약속하였다. K씨는 자신이 받을 주식의 가치를 평가하려고 한다.

요구사항

5년 후 1억 원을 각각 연 15%, 10% 및 5%의 이자율로 할인할 경우 현재가치를 제시하시오.

해답

1) 15%로 할인하는 경우: $100,000,000 \div 1.15^5$ = ₩49,717,673
2) 10%로 할인하는 경우: $100,000,000 \div 1.10^5$ = ₩62,092,132
3) 5%로 할인하는 경우: $100,000,000 \div 1.05^5$ = ₩78,352,617

③ 부채의 현재가치 평가

채무의 이행시점까지 1년 이상의 시차가 존재하는 비유동부채는 그 현재가치로 기록하여야 한다. 예를 들어 자동차를 할부로 구입하고 대금을 36개월 동안 매달 1 백만 원씩 분할 지불한다고 하자. 또한 이 거래에 적용된 이자율이 월 1%라고 하면 이 채무의 현재가치는 얼마일까? 즉 자동차를 36개월 할부가 아니라 지금 현금을 지불하고 산다면 얼마에 살 수 있을까? 이것은 앞으로 36개월 동안 지급할 할부금들의 현재가치를 구하고 이를 모두 합산하면 된다. 이러한 방식으로 할부금의 현재가치를 구하면 ₩30,107,505이다. 즉 이 자동차는 지금 당장 현금을 주고 사면 ₩30,107,505에 구입할 수 있다. 36개월간 내는 할부금 총액 ₩36,000,000은 채무의 명목가치에 해당한다.

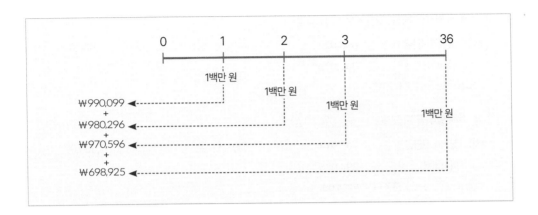

비유동부채는 명목금액이 아닌 현재가치로 측정해야 하므로, 자동차 할부금 채무는 그 현재가치인 ₩30,107,505으로 기록된다.

예제 8-3 | 장기미지급금의 현재가치 평가

(주)동방은 20 × 5년 5월 1일 업무용차량을 36개월 동안 매달 ₩1,000,000씩 갚는 조건으로 구입하였다. 이 차량을 현금으로 구입하면 지금 ₩30,107,505을 지불해야 한다. (이 거래에 적용된 유효이자율: 월 1%)

요구사항

1. 차량구입일의 회계처리를 제시하시오.
2. 첫 번째 할부금 지급일의 회계처리를 제시하시오.
3. 두 번째 할부금 지급일의 회계처리를 제시하시오.
4. 20 × 5년 12월 31일의 장기미지급금 잔액을 제시하시오.

해답

1. 차량구입일(20 × 5년 5월 1일)

(차) 차량운반구	30,107,505	(대) 장기미지급금	30,107,505

2. 첫 번째 할부금 지급일(20×5년 5월 31일)

(차) 장기미지급금	698,925	(대) 현 금	1,000,000
이자비용	301,075*		

* 30,107,505 × 1% = ₩301,075

3. 두 번째 할부금 지급일(20×5년 6월 30일)

(차) 장기미지급금	705,914	(대) 현 금	1,000,000
이자비용	294,086*		

* (30,107,505-698,925) × 1% = ₩294,086

4. 20×5년 12월 31일 현재 장기미지급금의 잔액

<원금상환 스케줄>

회차	일자	미상환원금	이자율	이자비용	할부금	원금상환액
1회	5/31	30,107,505	1%	301,075	1,000,000	698,925
2회	6/30	29,408,580	1%	294,086	1,000,000	705,914
3회	7/31	28,702,666	1%	287,027	1,000,000	712,973
4회	8/31	27,989,693	1%	279,897	1,000,000	720,103
5회	9/30	27,269,589	1%	272,696	1,000,000	727,304
6회	10/31	26,542,285	1%	265,423	1,000,000	734,577
7회	11/30	25,807,708	1%	258,077	1,000,000	741,923
8회	12/31	25,065,785	1%	250,658	1,000,000	749,342
:	:	24,316,443	:	:	:	:

자동차 할부구입 사례에서 할부금을 현재가치로 환산하는 계산이 36번 필요하다. 이 방법은 계산이 너무 많아 번잡하고 비효율적이다. 이렇게 매달 1백만 원씩 지급하는 할부금은 연금(annuity)*의 현재가치 계산방법을 이용하여 한 번의 계산으로 간단히 구할 수 있다.

★ 연금이란 일정한 기간마다 동일한 현금흐름이 반복되는 것을 말한다.

연금의 현재가치도 이자율과 기간에 대하여 계산결과를 미리 구해둔 현재가치계수표를 이용한다. 여기서 가로축은 이자율을 세로축은 연금 기간을 나타낸다. 예를 들어 이자율 5%와 기간 3이 만나는 칸의 값은 2.72325인데 이것은 ₩1,000,000이 3번 반복되는 현금흐름을 이자율 5%로 할인하면 그 현재가치는 ₩2,723,250라는 뜻이다.

[연금의 현재가치계수표]

n\r	4%	5%	6%	7%	8%	9%	10%
1	0.96154	0.95238	0.94340	0.93458	0.92593	0.91743	0.90909
2	1.88609	1.85941	1.83339	1.80802	1.78326	1.75911	1.73554
3	2.77509	2.72325	2.67301	2.62432	2.57710	2.53129	2.48685
4	3.62990	3.54595	3.46511	3.38721	3.31213	3.23972	3.16987
:	:	:	:	:	:	:	:

한편, 연금의 현가계수와 일시금의 현가계수 간에는 다음과 같은 관계가 있다.

$$연금의\ 현가계수 = \frac{1 - 일시금\ 현가계수}{이자율}$$

이자율이 10%일 때 일시금의 현가계수에서 연금의 현가계수를 구하면 다음과 같다.

[일시금 현가계수와 연금 현가계수의 관계]

기간	일시금 현가계수	연금 현가계수
1	0.90909	(1 - 0.90909)/0.1 = 0.90909
2	0.82645	(1 - 0.82645)/0.1 = 1.73554
3	0.75131	(1 - 0.75131)/0.1 = 2.48685
4	0.68302	(1 - 0.68302)/0.1 = 3.16987

제3절 회사채

1 회사채의 개요

회사채는 주식회사가 불특정 다수의 투자자로부터 장기자금을 조달하기 위해 발행한 채무증권을 말한다. 회사채는 일반적으로 원금의 상환일을 장기로 하여 발행되므로 사채라는 계정과목으로 하여 비유동부채로 분류한다. 사채권의 표면에는 사채가액, 이자율, 이자지급일, 상환일 등이 기재되어 있다. 여기서 상환일은 사채의 원금을 상환하기로 한 날을 말하고, 이자지급일은 사채의 이자를 지급하기로 한 날을 말한다. 사채 발행자는 상환일이 되면 사채가액을 채권 소지자에게 지급하여야 한다. 사채가액은 사채 발행자가 만기에 지급하기로 약속한 금액이다. 사채권 표면에 기재되어 있는 금액이라고 해서 이를 액면금액이라고 한다. 그리고 사채 발행자는 이자지급일이 되면 사채권 표면에 기재된 이자율에 액면금액을 곱한 이자를 채권 소지자에게 지급해야 한다. 이 이자는 사채권 표면에 기재되어 있는 이자율로 계산한다고 해서 액면이자라고 한다. 그리고 사채권 표면에 기재되어 있는 이자율을 액면이자율이라 한다.

🔍 그림 8-1_ **회사채 견본**

2 사채발행의 회계처리

(1) 발행가액의 결정

사채의 발행가액은 사채와 관련된 미래현금흐름의 현재가치로 결정된다. 사채와 관련된 미래현금흐름은 이자와 원금이므로 사채의 발행가액은 사채의 이자와 원금을 현재가치로 할인한 값으로 결정된다. 이자는 정기적으로 지급되며, 원금은 만기일에 한 번 지급된다. 따라서 사채와 관련된 미래현금흐름의 현재가치는 연금 부분(이자)과 일시금 부분(원금)으로 분리하여 계산하는 것이 편리하다.

$$\text{사채의 발행가액} = \frac{\text{이자}}{(1+r)} + \frac{\text{이자}}{(1+r)^2} + \cdots + \frac{\text{이자}}{(1+r)^n} + \frac{\text{원금}}{(1+r)^n}$$

여기서 r은 미래의 현금흐름을 현재가치로 환산하는 할인율이다. 이는 사채를 구입하는 투자자들이 요구하는 수익율로서 시장에서 결정되는 이자율이라고 해서 시장이자율이라 부른다.

사채의 발행가액은 발행시점의 시장이자율에 의해 결정된다. 시장이자율은 자금의 수요와 공급에 의하여 결정되므로 액면이자율과 다른 경우가 많다. 시장이자율이 액면이자율보다 높으면 할인 발행되고 그 반대이면 할증 발행된다. 예를 들어, 시장에서 요구하는 이자율이 7%인데 액면이자율은 5%라고 하자. 이 상태로는 이자 차이만큼 투자자는 손해를 보기 때문에 아무도 그 사채에 투자하려 하지 않을 것이다. 따라서 액면이자율을 7%로 맞추어 발행하거나 그렇지 않으면 이자 차이를 감안하여 할인된 금액으로 발행해야 할 것이다. 보통 이런 경우 사채는 할인 발행된다. 그러면 얼마나 할인해야 할 것인가? 그 답은 이자 차이의 현재가치만큼 할인하는 것이다.

$$\text{사채의 발행가액} = \text{액면금액} - \left(\frac{\text{이자차이}}{(1+r)} + \frac{\text{이자차이}}{(1+r)^2} + \cdots + \frac{\text{이자차이}}{(1+r)^n} \right)$$

예제 8-4 **사채의 발행가액**

영건(주)는 20 × 5년 초 액면금액 ₩500,000인 사채를 발행하였다. 액면이자율은 연 8%이고 이자는 매년 말에 지급된다. 사채의 만기일은 20 × 7년 말이고 이 사채의 미래현금흐름을 현재가 치로 환산할 때 적용할 할인율(시장이자율)은 10%이다. 사채의 발행가액을 구하시오.

해답

20×5년 초	20×5년 말	20×6년 말	20×7년 말
액면이자	₩40,000	₩40,000	₩40,000
액면금액			₩500,000

액면이자의 현재가치:	₩99,476*
액면금액의 현재가치:	375,655**
	₩475,131

　* 40,000 × 2.4869 = 99,476
** 500,000 × 0.75131 = 375,655

| 참고 | 발행가액은 액면금액에서 할인액(이자 차이의 현재가치)을 빼서 구할 수도 있다.

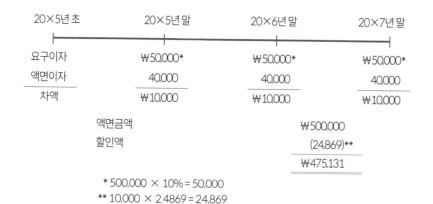

20×5년 초	20×5년 말	20×6년 말	20×7년 말
요구이자	₩50,000*	₩50,000*	₩50,000*
액면이자	40,000	40,000	40,000
차액	₩10,000	₩10,000	₩10,000

액면금액	₩500,000
할인액	(24,869)**
	₩475,131

　* 500,000 × 10% = 50,000
** 10,000 × 2.4869 = 24,869

(2) 사채발행의 회계처리

사채는 액면이자율과 시장이자율의 관계에 따라 액면발행, 할인발행 또는 할증발행될 수 있다. 사채를 발행하면 액면금액을 '사채'라는 과목으로 대변에 기록한다. 이때 사채의 발행가액과 액면금액의 차이는 일반적으로 사채할인발행차금 또는 사채할증발행차금이란 평가계정을 사용하여 기록한다. 다만, K-IFRS에서는 사채할인(할증)발행차금 계정의 사용에 대해 명시적인 언급이 없다. 이에 사채의 평가계정을 사용하지 않고 사채를 순액으로 표시하는 방식으로 회계처리를 설명한다.

예제 8-5 사채발행의 회계처리

(주)참새는 20 × 1년 초에 3년 만기의 사채(액면 ₩100,000, 매년 말 10% 이자지급)를 발행하였다. 현재가치 할인요소는 다음과 같다.

	8%	10%	12%
1년	0.92593	0.90909	0.89286
2년	0.85734	0.82645	0.79719
3년	0.79383	0.75131	0.71178
누계	2.57710	2.48685	2.40183

요구사항

시장이자율이 각각 8%, 10%, 12%일 경우 사채의 발행가액을 계산하고, 사채발행의 회계처리를 제시하시오.

해답

(1) 시장이자율 8%일 때

(차) 현 금　105,154　　(대) 사 채　105,154*

* 이자의 현가: 10,000 × 2.5771 = 25,771
　원금의 현가: 100,000 × 0.79383 = 79,383
　　　　　　　　　　　　105,154

(2) 시장이자율 10%일 때

(차) 현 금	100,000	(대) 사 채	100,000*

* 이자의 현가: 10,000 × 2.48685 = 24,869
  원금의 현가: 100,000 × 0.75131 = 75,131

  100,000

(3) 시장이자율 12%일 때

(차) 현 금	95,196	(대) 사 채	95,196*

* 이자의 현가: 10,000 × 2.40183 = 24,018
  원금의 현가: 100,000 × 0.71178 = 71,178

  95,196

③ 사채의 이자비용 인식

사채의 이자비용은 어떻게 인식해야 하는가? 액면금액에 발행된 경우에는 액면이자만 인식하면 되지만 할인 또는 할증 발행된 경우에는 이자비용을 어떻게 인식할 것인지의 문제가 존재한다.

사채의 이자비용은 유효이자율법으로 인식한다. 유효이자는 사채의 기초 장부가액에 유효이자율*을 곱한 금액이다. [예제 8-5]에서 액면금액 ₩100,000인 사채는 ₩95,196에 할인 발행되었다. 이는 ₩95,196을 빌리고 나중에 ₩100,000을 갚아야 함을 의미한다. 따라서 차액 ₩4,804는 일종의 선급이자에 해당하며 이를 발생기준에 따라 사채의 발행기간에 걸쳐 배분해야 한다. 여기에 적용된 논리가 유효이자율법이다. 유효이자율법으로 배분하면 각 회계기간의 이자율이 균등해진다.

> ★ 유효이자율은 사채의 발행가액과 미래의 현금흐름(원금과 이자지급액)의 현재가치를 일치시키는 이자율이다. 일반적인 경우 사채발행 시점의 시장이자율이 유효이자율이다.

이자비용(유효이자) **= 기초 장부금액 × 유효이자율**

기말 장부금액 = 기초 장부금액 + 유효이자 − 액면이자

예제 8-6   사채의 이자비용

(주)황소는 20 × 1년 초에 액면금액 ₩300,000인 사채(매년 10% 이자지급, 만기 20 × 3년 말)를 ₩265,752에 발행하였다(유효이자율 15%).

요구사항

1. 사채발행일의 회계처리를 나타내시오.
2. 사채의 장부금액 조정표를 제시하시오.
3. 사채 이자비용의 회계처리를 제시하시오.

해답

1. 사채 발행의 회계처리

  (차) 현 금   265,752   (대) 사 채   265,752

2. 사채의 장부금액 조정표

시 점	유효이자	액면이자	이자차이	장부금액
발행일				265,752
× 1년	39,863 [1]	30,000	9,863 [2]	275,615 [3]
× 2년	41,342	30,000	11,342	286,957
× 3년	43,043	30,000	13,043	300,000
	124,248	90,000	34,248	

  1) 265,752 × 15% = 39,863
  2) 39,862 - 30,000 = 9,863
  3) 265,746 + 9,863 = 275,615

3. 사채 이자비용의 회계처리

× 1년	(차) 이자비용	39,863	(대) 현 금	30,000
			사 채	9,863
× 2년	(차) 이자비용	41,342	(대) 현 금	30,000
			사 채	11,342
× 3년	(차) 이자비용	43,043	(대) 현 금	30,000
			사 채	13,043

| 참고 | 사채의 장부금액은 매년 증가한다. 사채의 장부금액이 증가하는 것은 이자 차이가 새로이 장부금액에 가산되기 때문이다. 매년 장부금액이 증가한 결과 사채의 만기일에는 장부금액과 액면가액이 같아진다. 한편 매년 증가하는 사채의 장부금액 때문에 사채의 이자비용도 더불어 증가한다.

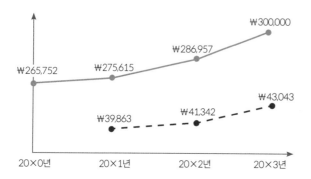

④ 이자지급일과 결산일의 불일치

지금까지는 사채의 발행일이 회계연도 시작일이라고 가정하였다. 그러나 사채는 회계기간 중 어느 때라도 발행될 수 있다. 그런데 사채의 발행일이 회계연도 시작일이 아니면 이자의 지급일과 결산일이 같지 않다. 이 경우에는 결산일에 미지급이자를 인식하는 회계처리를 하여야 한다.

예제 8-7   이자지급일과 결산일의 불일치

(주)참새는 20 × 1년 5월 1일 액면금액 ₩300,000인 사채를 ₩287,363에 발행하였다. 이자는 매년 4월 말에 지급된다. 다음은 사채 장부금액 조정표의 일부이다.

기 간	장부금액	유효이자	액면이자	이자차이
× 1.5.1~ × 2.4.30	287,363	17,242	15,000	2,242
× 2.5.1~ × 3.4.30	289,605	17,376	15,000	2,376

요구사항

1. 20 × 1년 5월 1일의 회계처리를 나타내시오.

2. 20 × 1년 12월 31일의 회계처리를 나타내시오.

3. 20 × 2년 4월 30일의 회계처리를 나타내시오.

4. 20 × 2년 12월 31일의 회계처리를 나타내시오.

해답

1. 20 × 1년 5월 1일의 회계처리

   (차) 현 금   287,363   (대) 사 채   287,363

2. 20 × 1년 12월 31일의 회계처리

   (차) 이자비용   11,495*   (대) 미지급이자   10,000**

                                                   사 채   1,495

      * 17,242 × 8/12 = 11,495   ** 15,000 × 8/12 = 10,000

3. 20 × 2년 4월 30일의 회계처리

   (차) 이자비용   5,747*   (대) 현 금   15,000

      미지급이자   10,000   사 채   747**

      * 17,242-11,495 = 5,747   ** 2,242-1,495 = 747

4. 20 × 2년 12월 31일의 회계처리

   (차) 이자비용   11,584*   (대) 미지급이자   10,000

                                                   사 채   1,584

      * 17,376 × 8/12 = 11,584

5 사채의 상환

일반적으로 사채는 만기일에 액면금액을 지급하여 상환된다. 그러나 예외적으로 만기일 이전에 상환되는 경우도 있다. 사채를 만기 이전에 상환하는 경우에는 액면금액으로 상환되지 않으며 사채의 상환액이 장부금액과 다르기 때문에 상환손익이 생긴다.*

사채의 상환액이 장부금액보다 작으면 상환이익이 생기고, 반대로 사채의 상환금액이 장부금액보다 크면 상환손실이 생긴다. 사채를 상환하면 사채의 장부금액을 제거하고 장부금액과 상환가액의 차이를 사채상환손익으로 인식한다.

> ★ 사채의 상환가액은 남은 기간의 현금흐름을 상환시점의 시장이자율로 할인한 현재가치이다. 반면 사채의 장부금액은 남은 기간의 현금흐름을 발행당시의 시장이자율로 할인한 현재가치로 결정된다. 사채상환시점의 시장이자율은 사채발행시점의 시장이자율과 다를 것이기 때문에 상환손익이 생긴다.

예제 8-8 사채의 상환

20 × 1년 초 (주)도요는 액면금액 ₩1,000,000의 사채(만기 3년, 액면이자율 10%, 매년 말 이자지급)를 ₩951,963에 발행하였다(유효이자율 12%). 아래 각각의 상황에 맞게 사채 상환의 회계처리를 제시하시오.

요구사항

1. 20 × 3년 12월 말 위 사채를 액면금액으로 상환하였다.
2. 20 × 3년 1월 초 위 사채를 ₩980,000에 상환하였다.
3. 20 × 3년 6월 말 위 사채를 ₩1,050,000(경과이자 포함)에 상환하였다.

해답

사채 장부가액 조정표

기간	기초 장부금액	유효이자	액면이자	이자차이
× 1년	951,963	114,236	100,000	14,236
× 2년	966,199	115,944	100,000	15,944
× 3년	982,143	117,857	100,000	17,857

1. 만기 상환

(차) 사 채   1,000,000   (대) 현 금   1,000,000

2. 1년 조기 상환

(차) 사 채   982,143   (대) 현 금   980,000
                                               사채상환이익   2,143

3. 6개월 조기 상환

(차) 이자비용   58,929 [1]   (대) 미지급이자   50,000 [2]
                                               사 채   8,929 [3]

(차) 사 채   991,072 [4]   (대) 현 금   1,050,000
     미지급이자   50,000
     사채상환손실   8,928 [5]

1) 117,857 × 6/12 = 58,929   2) 100,000 × 6/12 = 50,000   3) 17,857 × 6/12 = 8,929
4) 982,143 + 8,929 = 991,072   5) (1,050,000 - 50,000) - 991,072 = 8,928(손실)

제4절 충당부채

① 충당부채와 우발부채

매입채무나 차입금 등의 채무는 미래에 지급하거나 상환할 금액이 정해진 확정채무이다. 반면 현재 의무가 존재하는지 여부나 미래에 의무를 이행하는 데 필요한 자원의 유출규모가 불확실한 채무도 있다. 예를들어 회사가 환경오염 물질을 배출(과거 사건)하여 손해배상 소송에 피소되었고 현재 소송이 진행되고 있다고 하자. 패소하면 거액의 배상금을 지급하여야 하지만 승소하면 배상금을 지급하지 않아도 된다. 판결 결과에 따라 손해배상금의 지급의무를 부담하기도 하고 부담하지 않기도 한다. 이와 같은 잠재적인 의무를 추정채무라

한다. 지출의 시기나 금액에 불확실성이 존재하는 추정채무로서 다음의 조건을 모두 충족하는 경우에는 이를 회계상의 부채로 기록한다. 이렇게 기록되는 부채를 충당부채라고 한다.

- 과거 사건이나 거래의 결과로 현재 의무가 존재한다.
- 그 의무를 이행하기 위하여 자원이 유출될 가능성이 높다.
- 그 의무의 이행에 소요되는 금액을 신뢰성 있게 측정할 수 있다.

위의 조건을 충족하지 않는 경우에는 회계상의 부채가 아니므로 재무제표의 주석에 유의사항으로 기재하는데 이를 우발부채라고 한다.

충당부채와 우발부채는 모두 추정채무이므로 양자를 구분하기가 쉽지 않다. 충당부채와 우발부채를 구분하는 현실적인 기준은 반복성이다. 언제, 누구에게, 얼마를 지급할지 정해져 있지 않지만 비슷한 상황이 과거에도 반복되었기 때문에 그 금액을 추정할 수 있다면 충당부채이다. 예를 들어 자동차를 판매하고 일정 기간 무상수리를 보증할 경우 구체적으로 어느 고객이, 언제, 얼마에 해당하는 수리를 청구할지는 모르지만 과거 경험을 토대로 미래에 어느 정도의 보증수리비가 들 것인지를 합리적으로 예측할 수는 있다. 이 경우에는 합리적인 방법으로 보증수리비를 추정하여 충당부채로 인식하여야 한다.

한편 자동차 제조사가 자동차 급발진사고로 인해 손해배상청구 소송이 계류 중이라고 하자. 이 경우 회사가 패소하면 손해배상을 해야 할 잠재적 의무는 있다. 그러나 반복성이 없기 때문에 경제적 자원을 희생할 의무를 초래하는 미래 사건의 발생여부나 그 금액에 대한 합리적 추정이 어렵다. 이 경우에는 우발부채로 주석에 유의사항으로 공시한다.

표 8-1_ 충당부채와 우발부채의 구분

금액의 추정가능성 / 자원의 유출가능성	신뢰성 있는 추정 가능	신뢰성 있는 추정 불가능
높음	충당부채로 인식	우발부채로 주석공시
높지않음	우발부채로 주석공시	우발부채로 주석공시
거의 없음	공시하지 않음	

② 판매보증충당부채

전형적인 충당부채로 판매보증충당부채가 있다. 판매보증은 기업이 판매한 제품에 하자가 있을 때 무상으로 교환이나 수리를 해주겠다는 약속이다. 일정한 판매수익을 획득하는데 있어서 이러한 보증이 중요한 작용을 했을 수 있다. 따라서 미래의 보증 이행에 들 지출을 당기의 매출에 대응하여 비용으로 인식한다. 또한 이와 관련된 의무를 당기의 부채로 인식한다. 결산일에 충당부채를 인식하는 회계처리는 다음과 같다.

(차) 보증비용	×××	(대) 판매보증충당부채	×××

미래에 실제로 무상 교환이 발생하여 부품 등의 재고자산이 소비되었을 때의 회계처리는 다음과 같다.

(차) 판매보증충당부채	×××	(대) 재고자산	×××

예제 8-9 판매보증충당부채

프린터 제조업체 (주)인쇄는 20 × 5년부터 판매된 제품이 2년 이내에 고장이 있을 경우 새 제품으로 교환해 주는 보증 정책을 시행하였다. 회사는 프린터의 고장률을 2%로 추정한다. 프린터 1대의 판매가격은 ₩150,000이고 원가는 ₩100,000이다.

요구사항

1. 20 × 5년에 1,500대의 프린터가 판매되었다. 그 중에 10건의 무상교환이 있었다. 무상교환의 분개와 1차연도 말 판매보증충당부채와 관련된 분개를 제시하시오.
2. 20 × 6년에 2,000대의 프린터가 판매되었고 총 25건의 프린터 무상교환이 있었다. 무상교환의 분개와 회계연도말 판매보증충당부채와 관련된 분개를 제시하시오.

해답

1. 20 × 5년

무상교환:	(차)	판매보증비용	1,000,000	(대)	재고자산	1,000,000 *
20 × 5년 말:	(차)	판매보증비용	2,000,000	(대)	판매보증충당부채	2,000,000 **

* 보증이행액 = 상품수량 × 원가 = 10대 × ₩100,000 = ₩1,000,000
** 판매보증충당부채 = 추정총보증비용 − 20X5년분 = 3,000,000 − 1,000,000 = ₩2,000,000
추정총보증비용 = 판매수량 × 2% × 원가 = 1,500대 × 2% × ₩100,000 = ₩3,000,000

| 해설 |

20 × 5년 추정총보증비용은 ₩3,000,000이다. 이 중 ₩1,000,000의 무상교환이 20 × 5년에 발생했고, 아직 발생하지 않은 ₩2,000,000을 충당부채로 보고한다.

2. 20 × 6년

무상교환:	(차)	판매보증충당부채	2,000,000	(대)	재고자산	2,500,000 *
		판매보증비용	500,000			
20 × 6년 말:	(차)	판매보증비용	3,500,000	(대)	판매보증충당부채	3,500,000 **

* 보증이행액 = 상품수량 × 원가 = 25대 × ₩100,000 = ₩2,5000,000
** 판매보증충당부채 = 추정총보증비용 − 20X6년분 = 4,000,000 − 500,000 = ₩3,500,000
추정총보증비용 = 판매수량 × 2% × 원가 = 2,000대 × 2% × ₩100,000 = ₩4,000,000

| 해설 |

회사는 20 × 6년 중 ₩2,500,000의 무상교환이 발생했는데, 이 중에서 ₩2,000,000은 전기이월충당 부채를 차기하고, 나머지 ₩500,000은 20 × 6년의 비용으로 처리한다. 20 × 6년 판매분에 대한 보증비 용이 총 ₩4,000,000인데, 20 × 6년 중에 ₩500,000을 인식했으므로 이를 제외한 ₩3,500,000을 추 가로 보증비용으로 인식하고 동액을 충당부채로 보고한다.

보증기간 내에 무상 교환된 프린터 대수가 판매연도에 추정한 30대와 다를 수 있다. 판매 연도에 교환될 것으로 예상하고 기록한 30대의 보증비용은 어디까지나 추정에 불과하므로 실제 교환된 수량과 추정된 수량이 일치하지 않는다. 따라서 1차년도의 추정수량과 2차년 도 실제교환수량 간의 차이에 대해서는 별도의 조정을 하지 않는다.

3 확정급여채무

확정급여채무*는 종업원이 제공한 근로용역에 대해 미래에 지출하게 될 퇴직급여를 충당부채로 인식한 것이다. 직원이 퇴직할 때 지급할 퇴직금은 그 직원이 제공한 노동에 대한 대가를 후불하는 것이다. 즉 직원이 제공한 노동에 대한 대가에는 당장 지급되는 급여뿐 아니라 미래에 지급될 퇴직급여도 포함된다. 따라서 퇴직급여를 당기의 비용으로 인식하고 퇴직급여의 미지급액을 확정급여채무로 인식해야 한다. 다만 이는 퇴직시점에 결정되는 근속연수나 최종급여액 등의 영향을 받는 추정채무이다. 회계기말에 부채로 기록할 금액은 종업원의 근속연수, 이직률, 임금 상승률 등을 고려한 복잡한 보험 수리적 계산을 사용하여 추정한다. 이에 관한 자세한 내용은 중급회계에서 배우게 될 것이다.

> ★ 퇴직급여제도는 확정기여제(defined contribution plan)와 확정급여제(defined benefit plan)가 있는데, 전자의 경우 기업은 매기 고정금액을 납부 하는 것으로 퇴직급여 의무가 이행된다. 따라서 확정기여제에서는 퇴직급여부채의 문제가 생기지 않는다. 여기서는 확정 급여제의 회계처리를 논의된다.

예제 8-10 | 확정급여채무

대한(주)는 확정급여제 퇴직금제도를 운영하고 있다. 당기 말 현재 임직원에게 지급해야 할 퇴직급여의 현재가치가 ₩5,000,000으로 추정된다. 그리고 전기 말에는 ₩4,750,000이 확정급여채무로 계상되어 있었고 당기에 퇴직한 직원에게 지급한 퇴직금은 ₩750,000이다.

요구사항

1. 당기 중에 지급한 퇴직금의 분개를 제시하시오.
2. 당기 말에 확정급여채무를 추가 설정하는 분개를 제시하시오.

해답

1. 퇴직금 지급

(차) 확정급여채무	750,000	(대) 사외적립자산*	750,000

* 종업원에게 퇴직급여를 지급하기 위해 퇴직기금에 이전한 자산을 말한다. 사외적립자산은 보고기간 말의 공정가치로 측정하여 확정급여채무에서 차감하는 형식으로 표시한다.

2. 결산수정분개

(차) 퇴직급여	1,000,000	(대) 확정급여채무	1,000,000

* 퇴직급여충당부채 잔액: 4,750,000 - 750,000 = ₩4,000,000
  추가로 설정할 금액: 5,000,000 - 4,000,000 = ₩1,000,000

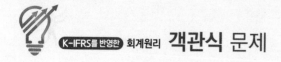

01 (주)용산은 20 × 1년부터 판매한 제품에 대해 2년간 무상수리를 보증하였다. 회사는 매출액의 3%에 해당하는 보증비용이 발생할 것으로 추정한다. 20 × 1년과 20 × 2년에 발생한 보증비용은 다음과 같다. 20 × 2년 말의 판매보증충당부채의 잔액은?

회계연도	매출액	보증발생액	
		20 × 1년분	20 × 2년분
20 × 1년	₩150,000	₩1,500	
20 × 2년	₩250,000	₩3,500	₩5,000

① ₩2,000
② ₩2,500
③ ₩3,500
④ ₩4,500

02 (주)기개는 20 × 1년 초 액면금액 ₩1,000,000의 사채를 ₩975,567에 발행하였다. 사채의 발행일 이후 상환일까지 연도별 이자비용과 사채의 장부금액에 미치는 영향을 올바로 설명한 것은?

① 이자비용은 매년 증가하고, 사채의 장부금액은 매년 감소한다.
② 이자비용은 매년 감소하고, 사채의 장부금액은 매년 증가한다.
③ 이자비용과 사채의 장부금액이 매년 감소한다.
④ 이자비용과 사채의 장부금액이 매년 증가한다.

03 할인 발행된 사채에 관한 설명으로 잘못된 것은?

① 액면이자율이 발행일의 시장이자율보다 낮은 경우 사채는 할인 발행된다.
② 사채할인발행차금의 본질은 이자의 선급액으로 이를 사채 기간에 배분하는 데 적용된 논리가 유효이자율법이다.
③ 유효이자와 액면이자의 차이 만큼 이자가 미지급되었으므로 이를 사채의 장부금액에 가산한다.
④ 사채가 할인 발행된 경우 사채의 장부금액은 매년 증가한다.

04 (주)명월은 20 × 1년 초 시장이자율이 연 11%일 때 액면금액 ₩1,000,000(매년 말 10%의 액면이자를 지급)인 사채를 ₩975,562에 발행하였다. 20 × 2년 초 이 사채를 ₩950,000에 상환하였다면 사채상환손익은?

① ₩17,126(상환이익)　　　　② ₩17,126(상환손실)

③ ₩31,750(상환손실)　　　　④ ₩32,874(상환이익)

05 (주)겨울은 20 × 1년 초 액면이자율 6%, 액면금액 ₩1,000,000인 사채를 ₩924,100에 발행하였다. 회사채 이자는 매년 말에 지급한다. 이 사채의 20 × 1년 말 장부금액은 ₩947,269이다. 이 사채의 유효이자율은?

① 6%　　　　　　　　　　② 7%

③ 8%　　　　　　　　　　④ 9%

정답

01 20 × 1년 총추정보증비용은 ₩4,500(= 150,000 × 3%)이다. 이 중 ₩1,500이 20 × 1년에 발생하였고 나머지 ₩3,000은 20 × 2년으로 이월된다. 20 × 2년도에 발생한 20 × 1년도 판매분 보증비용 ₩3,500은 전기이월 충당부채와 상계되고, 초과액 ₩500은 20 × 2년도 비용으로 처리된다. 20 × 2년 총추정보증비용은 ₩7,500(= 250,000 × 3%)인데 이 중 20 × 2년도 비용으로 ₩5,500(8,500 - 3,000)이 발생하였으므로 ₩2,000은 차기로 이월된다. **정답** ①

02 할인 발행되면 이자비용과 사채장부금액은 매년 증가한다. **정답** ④

03 이자 차이의 본질은 할인 발행액만큼 선지급한 이자를 매 회계기간의 비용으로 배분한 것임 **정답** ③

04 사채장부금액: 발행가액 + 유효이자 - 액면이자 = 975,562 + 107,312 - 100,000 = ₩982,874

　　사채상환손익: 상환가액 - 장부금액 = 950,000 - 982,874 = (₩32,874) **정답** ④

05 1차연도 사채발행차금 상각액 = 947,269 - 924,100 = ₩23,169

　　1차연도 사채유효이자 = 60,000 + 23,169 = ₩83,169

　　사채의 유효이자율 = 83,169÷924,100 = 9% **정답** ④

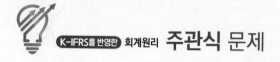

8-01 사채의 이자비용 1

(주)서울은 20 × 5년 초 액면가 ₩100,000의 사채(액면이자율 9%, 만기 5년, 매년 말 이자지급)를 ₩96,209에 발행하였다. 이 사채의 유효이자율은 10%이다.

요구사항

1) 사채발행일의 분개를 제시하시오.
2) 20 × 5년도와 20 × 6년도의 사채 장부금액 조정표를 제시하시오.
3) 20 × 5년 말과 20 × 6년 말에 이자비용을 인식하는 분개를 제시하시오.

8-02 사채의 이자비용 2

산들(주)는 20 × 5년 초 액면가 ₩100,000인 사채(만기 5년, 매년 말 이자지급)를 ₩94,974에 발행하였다. 아래의 표는 사채의 장부금액 조정표의 일부이다.

연 도	기초장부가	유효이자	액면이자	이자차이
20 × 5년	₩94,974	₩6,648	₩6,000	₩648
20 × 6년	:	:	:	:

요구사항

1) 사채 발행일의 분개를 제시하시오.
2) 사채의 액면이자율을 구하시오.
3) 사채의 유효이자율을 구하시오.
4) 20 × 5년 말 장부금액을 구하시오.
5) 20 × 6년도 이자비용을 구하시오.

8-03 이자지급일과 결산일의 불일치 1

강산(주)는 20 × 1년 4월 1일 액면금액 ₩50,000인 사채를 ₩44,448에 발행하였다. 이 사채는 매 6개월마다 ₩2,500의 이자를 지급하며(6개월 유효이자율 6.35%) 상환일은 20 × 6년 3월 31일이다.

요구사항

아래의 날짜별로 적절한 회계처리를 제시하시오.

1) 20 × 1년 4월 1일
2) 20 × 1년 9월 30일
3) 20 × 1년 12월 31일
4) 20 × 2년 3월 31일

8-04 복수의 사채 발행

아래의 날짜별로 적절한 회계처리를 제시하시오.

1) 20 × 5년 1월 1일에 액면금액 ₩100,000인 A사채(기간 5년, 매년 12월 말 ₩8,000의 이자지급)를 ₩92,416에 발행하였다(유효이자율 10%).
2) 20 × 5년 4월 1일에 액면금액 ₩50,000인 B사채(기간 10년, 매년 3월 말과 9월 말에 ₩2,000의 이자지급)를 ₩50,000에 발행하였다.
3) 20 × 5년 9월 30일 B사채의 이자를 지급하였다.
4) 20 × 5년 12월 31일 A사채의 이자를 지급하고 B사채의 미지급이자를 인식하였다.
5) 20 × 6년 1월 31일에 B사채 전액을 경과이자를 포함하여 ₩51,500에 매입하여 상환하였다.

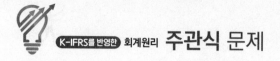

8-05 이자지급일과 결산일의 불일치 2

산천(주)는 20 × 5년 4월 1일 액면금액 ₩500,000인 사채(액면이자율 9%, 기간 5년, 매년 3월 말에 이자지급)를 ₩481,046에 발행하였다(유효이자율 10%).

요구사항

아래의 날짜별로 적절한 회계처리를 제시하시오.

1) 20 × 5년 4월 1일 사채발행일

2) 20 × 5년 12월 31일 결산일

3) 20 × 6년 3월 31일 이자지급일

4) 20 × 6년 3월 31일 사채의 절반을 ₩245,000에 현금으로 매입하여 상환

8-06 장기부채의 현재가치

개울(주)는 20 × 5년 4월 1일 업무용 자동차를 18개월 할부(매월 말 ₩2,000,000씩 상환)로 구입하였다. 이 거래에 적용되는 할인율은 월 2%이다.

요구사항

1) 총 할부금액의 현재가치를 계산하시오.

2) 20 × 5년 4월 1일의 회계처리를 제시하시오.

3) 20 × 5년 4월 30일의 회계처리를 제시하시오.

4) 20 × 5년 5월 31일의 회계처리를 제시하시오.

5) 20 × 5년 12월 31일 장기미지급금 잔액을 제시하시오.

8-07 충당부채

컴퓨터 제조업체인 상경(주)는 회사는 제품 판매 후 2년간 그 어떤 하자도 무상으로 교환해주는 프로그램을 실시하고 있다. 20×5년과 20×6년에 12,000대와 15,000대의 제품이 판매되었고 이 기간 중 각각 500대와 600대의 무상교환이 있었다. 과거 경험상 판매된 제품의 4%가 무상교환되었다. 컴퓨터 1대당 원가는 ₩10,000이고 판매가격은 ₩15,000이다. 20×5년 초 판매 보증 충당부채의 잔액은 ₩4,500,000이다.

요구사항

1. 무상교환의 회계처리를 제시하시오.
2. 결산일의 수정분개를 제시하시오.

CHAPTER

09

자 본

Accounting
principles
reflecting K-IFRS

제1절 자본의 개요

1 자본의 의의와 분류

자본은 자산에서 부채를 차감한 순자산으로 소유주의 청구권을 나타낸다. 이러한 자본은 소유주가 출자한 납입자본과 영업활동에서 벌어들인 이익잉여금으로 구성된다. 납입자본은 주식*을 발행하여 주주에게서 조달한 자본이다. 이익잉여금은 손익거래에서 생긴 순이익 중에서 배당으로 유출되지 않고 사내에 남아 있는 것을 말한다. 회계상 자본은 자본금, 자본잉여금, 이익잉여금, 기타포괄손익누계액과 자본조정으로 분류된다. 자본의 회계처리는 상법의 규정을 따르기 때문에 기업형태에 따라 약간씩 다르다. 여기서는 가장 대표적인 기업형태인 주식회사의 자본 회계를 설명한다.

> ★ 주식은 불특정 다수의 투자자에게 증권을 발행하여 거액의 장기자금을 조달한다는 점에서 회사채와 공통점이 있다. 그러나 자금의 성격이 주식은 자본이지만 회사채는 부채란 점에서 근본적인 차이가 있다. 사채를 발행하여 조달한 자금에 대해서는 경영성과와 무관하게 정해진 이자를 지급해야 하지만 주식을 발행하여 조달한 자금은 배당할 이익이 있을 때에만 배당금을 지급한다.

- 자본금: 보통주자본금, 우선주자본금
- 자본잉여금: 주식발행초과금, 감자차익, 자기주식처분이익
- 자본조정(차감항목): 주식할인발행차금, 감자차손, 자기주식처분손실, 자기주식
- 자본조정(가산항목): 주식매수선택권, 미교부주식배당금 등
- 이익잉여금: 미처분이익잉여금, 이익준비금 등 각종 적립금
- 기타포괄손익누계액: 금융자산평가손익, 재평가잉여금 등

② 자본거래와 손익거래

자본거래란 증자(增資)거래와 감자(減資) 거래,★ 자기주식의 취득거래와 처분거래 등 주주와의 거래에서 생긴 순자산의 변동을 말한다.

> ★ '증자'는 자본금의 증가를 말하고 '감자'는 자본금의 감소를 말한다. 주권(株券)을 발행하면 자본금이 증가하고, 발행한 주권을 소각(消却)하면 자본금이 감소한다.

자본거래에서 생긴 차익(주식발행초과금, 감자차익, 자기주식처분이익)은 자본잉여금으로 처리되고, 자본거래에서 생긴 차손(주식할인발행차금, 감자차손, 자기주식처분손실)은 자본조정(차감항목) 으로 처리된다.

손익거래는 주주가 아닌 제3자와의 거래에서 생긴 순자산의 변동을 말한다. 손익거래는 포괄손익계산서에 집계된다. 여기서 포괄손익★은 당기순이익과 기타포괄손익을 포괄하는 개념으로 당기순이익은 마감분개를 통해 이익잉여금에 대체되고, 기타포괄손익은 기타포괄손익누계액에 대체된다.

> ★ 순자산의 변동에 해당하는 요소를 모두 포함하여 손익을 포괄적으로 측정하려는 관점에서 포괄손익은 실현된 손익 뿐 아니라 미실현 손익 요소를 포함한다.

자본거래와 손익거래를 구분하는 것은 각각을 자본잉여금과 이익잉여금으로 구분하기 위한 것이다. 이렇게 함으로써 자본거래에서 생긴 잉여금을 배당에 사용하거나 이익잉여금을 초과해서 배당을 지급하는 것을 방지할 수 있다.

제2절 자본거래

1 자본금

주식을 발행하여 조달된 자금은 주주의 청구권을 나타내기 위해 자본금으로 기록한다. 주식회사가 발행하는 주식에는 보통주와 우선주가 있다. 기본적으로 보통주로 발행되지만 때로는 우선주로 발행되기도 한다. 보통주 외에 우선주가 발행된 경우에는 자본금을 '보통주자본금'과 '우선주자본금'으로 구분하여 기록한다.

(1) 보통주자본금

보통주(common stock)는 주식회사에서 발행하는 기본 주식이다. 보통주를 소유한 주주는 의결권을 가지고 회사의 경영에 참여할 수 있다. 또한 회사가 이익배당을 할 때 자신의 지분 비율만큼 배당을 받을 수 있고, 회사가 신주를 발행하면 신주를 인수할 권리가 있다.

\〽️ 그림 9-1_ **주식의 견본**

자본금은 상법에서 정한 법정자본으로서 액면금액의 총액(1주당 액면금액 × 발행주식수)으로 기록된다. 예를 들어 액면가 ₩5,000인 보통주 200주를 발행하는 거래를 회계처리하면 다음과 같다.

(차) 현 금	1,000,000	(대) 보통주자본금	1,000,000

(2) 우선주자본금

투자자의 다양한 욕구를 충족시키고 자본조달을 원활히 하기 위해 보통주 외에 우선주가 발행되기도 한다. 우선주(preferred stock)는 배당에 대한 우선권을 갖는 주식이다. 즉 경영성과에 상관없이 일정한 금액의 배당을 받을 권리를 가진다. 우선주는 경영성과가 나빠도 미리 정해진 배당액을 받을 수 있지만 그 외에는 추가적인 배당에 참가할 수 없다. 이와 같이 우선주는 경영성과에 상관없이 일정한 배당이 지급되고 잔여재산에 대한 우선권이 있다는 점에서 회사채와 유사한 면이 있다. 그러나 회사채와는 달리 발행자가 원금을 상환할 의무는 없기 때문에 자본으로 분류된다. 우선주는 배당의 누적 여부에 따라 누적적우선주와 비누적적우선주, 그리고 배당참가의 제한 여부에 따라 참가적우선주와 비참가적우선주 등 다양한 형태로 발행될 수 있다. 다른 설명이 없는 한 우선주는 비누적적, 비참가적 조건으로 발행된다.

예제 9-1   누적적 우선주

(주)예맥의 자본금은 액면가 ₩10,000의 6% 누적적우선주 10,000주와 액면가 ₩5,000의 보통주 50,000주로 구성되었다. 20 × 1년의 배당가능이익이 ₩5,000,000이고, 20 × 2년의 배당가능이익은 ₩15,000,000이다.

요구사항

20 × 1년과 20 × 2년 보통주와 우선주에 대한 배당금을 산출하시오.

해답

회계연도	총배당액	우선주 배당액	보통주 배당액
20 × 1년	₩5,000,000	₩5,000,000	₩0
20 × 2년	15,000,000	7,000,000 *	8,000,000

* 기본 배당액 ₩6,000,000(= ₩100,000,000 × 6%)
연체 배당액 ₩1,000,000(= ₩6,000,000 - ₩5,000,000)
계 ₩7,000,000

② 자본금의 증가

주식을 새로 발행하여 자본금이 증가되는 것을 증자(增資)라 한다. 새로 발행하는 주식의 발행가액은 일반적으로 액면금액과 다르다. 발행가액이 액면금액을 초과하는 것을 할증발행이라 하고, 발행가액이 액면금액에 미달하는 것을 할인발행이라 한다.

① 액면발행

(차) 현　금　　　　　×××(발행가액)　　　(대) 자본금　　　　　×××(액면금액)

② 할증발행

(차) 현　금　　　　　×××(발행가액)　　　(대) 자본금　　　　　×××(액면금액)
　　　　　　　　　　　　　　　　　　　　　　주식발행초과금　　×××(할증액)

③ 할인발행

(차) 현　금　　　　　×××(발행가액)　　　(대) 자본금　　　　　×××(액면금액)
　　주식할인발행차금　×××(할인액)

주식의 할증발행차액은 주식발행초과금으로 기록하고, 주식의 할인발행차액은 주식할인발행차금으로 기록한다.★ 주식발행초과금은 주주와의 거래에서 생긴 잉여금이고 주식할인발행차금은 주주와의 거래에서 생긴 결손금이다. 따라서 주식할인발행차금이 생기면 기존의 주식발행초과금과 상계한다.

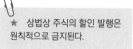
★ 상법상 주식의 할인 발행은 원칙적으로 금지된다.

예제 9-2   증자거래(유상증자)

(주)골드는 액면금액 ₩10,000인 주식을 다음과 같이 발행하였다.

    9/10   주당 ₩10,000에 100주를 발행하다.
    10/20 주당 ₩11,000에 150주를 발행하다.
    11/30 주당 ₩8,000에 100주를 발행하다.

요구사항

날짜 순서대로 주식발행에 대한 회계처리를 제시하시오.

해답

9/10	(차) 현 금	1,000,000		(대) 자 본 금	1,000,000 *

* 10,000 × 100주 = ₩1,000,000

10/20	(차) 현 금	1,650,000 *		(대) 자 본 금	1,500,000 **
				주식발행초과금	150,000

* 11,000 × 150주 = ₩1,650,000   **10,000 × 150주 = ₩1,500,000

11/30	(차) 현 금	800,000		(대) 자 본 금	1,000,000
	주식발행초과금	150,000 *			
	주식할인발행차금	50,000 *			

* 10월 20일에 발생한 주식발행초과금을 우선 제거한 후 잔액을 주식할인발행차금으로 기록

　증자를 하면 일반적으로 주식발행의 대가로 현금 등의 자산이 회사로 유입된다. 그런데 회사로 유입되는 자산이 없이 자본잉여금이나 이익잉여금을 이용하여 자본금이 증가되기도 하는데 이를 무상증자라 한다. 무상증자는 대가의 유입이 없이 자본금이 증가되는 형식적 증자이다. 무상증자에서는 자본잉여금이나 이익잉여금이 감소한 만큼 자본금이 증가하므로 자본총액은 변화가 없다. 무상증자에서 주식은 액면금액으로 발행된 것으로 본다.

예제 9-3	증자거래(무상증자)

(주)말갈은 주식발행초과금의 일부를 자본금에 전입하고 1주당 액면금액 ₩5,000(공정가치 ₩10,000)인 주식 300주를 발행하여 주주들에게 교부하였다. 주식발행의 회계처리를 제시하시오.

해답

(차) 주식발행초과금	1,500,000	(대) 자본금	1,500,000*

* 5,000 x 300주 = ₩1,500,000

발행 주식수가 증가한다는 점에서 증자와 유사한 것으로 주식분할이 있다. 주식분할은 1주당 액면금액을 낮추어 주식수를 증가시키는 것이다. 1주당 시장가격이 너무 높아 시장에서 거래가 잘 이루어지지 않는 경우에 주식수를 늘려 1주당 가격을 낮추어 거래를 활성화시키기 위하여 주식분할을 활용한다. 주식분할은 자본에 미치는 영향이 없으므로 별도의 회계처리를 하지 않는다.

③ 자기주식의 취득과 처분

자기주식(treasury stock)은 발행한 주식을 재취득한 것을 말한다.* 자기주식을 재취득한 것은 주주에게 출자금을 반환한 격이므로 자본금의 감소에 해당한다. 그러나 자본금의 감소는 주주총회의 결의를 필요로 한다. 따라서 감자의 결의가 있기 전까지는 자본조정(차감항목)에 '자기주식'계정으로 기록한다.

> ★ 발행주식 중에서 자기주식을 제외한 부분을 유통 주식(shares outstanding)이라고 한다. 주당순이익이나 배당액은 유통주식수를 기초로 계산한다.

취득한 자기주식은 다시 처분(재발행)할 수도 있다. 자기주식의 처분가액이 취득원가보다 크면 자기주식처분이익이 생긴다. 반대로 자기 주식의 처분가액이 취득원가보다 작으면 자기주식처분손실이 생긴다. 자기주식처분이익은 자본거래에서 생긴 잉여금이므로 자본잉여금에 계상한다. 자기주식처분손실은 기존의 자기주식처분이익과 상계한 후 남는 잔액을 자본조정(차감항목)에 기록한다.

예제 9-4   자기주식 취득과 처분

20 × 5년 중에 다음과 같은 자본거래가 있었다.

7/25 자기주식 15주를 주당 ₩900에 취득하였다.
8/05 자기주식 5주를 주당 ₩940에 처분하였다.
8/20 자기주식 5주를 주당 ₩870에 처분하였다.
8/25 자기주식 5주를 소각하였다.(단, 이것은 상법상의
자본금 감소 규정을 따르지 않는 이익소각★에 해당한다.)

> ★ 자기주식을 소각하여 자본금을 감소시키려면 주주총회의 특별결의 및 채권자보호절차가 필요하여 매우 번거롭다. 따라서 실무에서는 자본금을 그대로 두고 이익잉여금을 감소시키는 이익소각이 더 흔히 나타난다.

요구사항

일자별로 회계처리를 제시하시오.

해답

7/25	(차)	자기주식	13,500 *	(대)	현 금	13,500

* ₩900 × 15주 = ₩13,500

8/05	(차)	현 금	4,700 *	(대)	자기주식	4,500 **
					자기주식처분이익	200

* ₩940 × 5주 = ₩4,700   ** ₩900 × 5주 = ₩4,500

8/20	(차)	현 금	4,350 *	(대)	자기주식	4,500
		자기주식처분이익	150 **			

 * ₩870 × 5주 = ₩4,350
** 8/05 거래에서 생긴 자기주식처분이익을 제거

8/25	(차)	이익잉여금	4,500	(대)	자기주식	4,500 *

* ₩900 × 5주 = ₩4,500

1 이익잉여금의 구성

이익잉여금은 회사의 정상적인 영업활동 및 기타의 손익거래에서 생긴 잉여금 중에서 배당으로 유출되지 않고 사내(社內)에 유보(留保)된 금액이다. 이익잉여금은 당기순이익으로 증가하고, 배당, 자본전입 또는 결손보전 등으로 감소한다. 이익잉여금은 배당을 제한하기 위해 별도의 계정에 적립하기도 하는데 여기에는 이익준비금과 임의적립금 등이 있다.

(1) 이익준비금

상법에 따라 현금배당을 할 경우 배당금의 1/10 이상을 자본금의 1/2에 달할 때까지 적립한 것이다. 이익준비금은 미래의 결손금을 보전하기 위한 용도로 적립된다.

(2) 임의적립금

회사가 정관이나 주주총회의 결의에 따라 적립한 이익잉여금으로 그 이용목적과 방법은 회사가 정한다. 임의적립금을 적립함으로써 과도한 배당을 억제해 현금의 사외 유출을 방지한다.

(3) 미처분이익잉여금

미처분이익잉여금은 처분가능 이익잉여금 중에서 이익처분(배당지급과 각종 적립금의 적립)을 한 후 남은 잔액이다. 미처분이익잉여금은 주주총회에서 그 처분이 결정된다.★

★ 이익잉여금의 처분은 결산일 현재로는 확정된 사건이 아니다. 이익잉여금의 처분은 주주총회에서 확정되며 이것은 재무제표에 반영되지 않는 후속사건이다. 따라서 재무상태의 미처분이익잉여금은 이익처분 내용이 반영되지 않은 금액으로 표시된다.

2 이익잉여금의 처분

　이익잉여금의 처분이란 미처분이익잉여금을 배당금으로 지급할 금액, 이익준비금이나 임의적립금으로 적립할 금액, 차기로 이월시킬 금액 등으로 결정하는 것을 말한다. 이익잉여금을 처분내용을 나타낸 표를 이익잉여금처분계산서라 한다.

(1) 배당

　배당이란 영업활동에서 벌어들인 이익을 주주들에게 배분하는 것을 말한다. 배당은 언제 얼마를 지급할 것인지를 미리 정하지 않은 성과 배분 방식이다. 따라서 배당은 이를 공식적으로 확정하는 날에 회계처리를 한다. 이 점에서 발생기준으로 인식되는 이자와는 차이가 있다. 일반적으로 배당이라고 할 때는 현금배당을 말한다.

　현금배당을 실시하면 회사의 자원이 사외로 유출된다. 어떤 경우에는 현금 대신 회사의 주식을 발행하여 교부하는 것으로 배당을 대신하기도 하며, 이를 주식배당이라 한다. 주식배당을 실시하면 이익잉여금이 자본금으로 바뀔 뿐 현금 등의 자원이 사외로 유출되지 않는다. 실물자산이 사외로 유출되지 않고서도 주주들의 배당 요구를 충족시켜줄 수 있어서 주식배당이 널리 활용된다.

　배당을 결의하면 미처분이익잉여금이 감소하고, 현금배당에서는 미지급배당금, 주식배당에서는 미교부주식배당금이 기록된다. 여기서 미지급배당금은 나중에 현금이 지출될 의무를 나타내는 부채이고, 미교부주식배당금은 나중에 주식이 발행되므로 자본항목이다.

	현 금 배 당			주 식 배 당	
결의일:	(차) 미처분이익잉여금	×××		(차) 미처분이익잉여금	×××
	(대) 미지급배당금		×××	(대) 미교부주식배당금		×××
지급일:	(차) 미지급배당금	×××		(차) 미교부주식배당금	×××
	(대) 현　금		×××	(대) 자본금		×××

예제 9-5 | 배당금

(주)돌궐은 20 × 5. 2. 28. 주주총회에서 현금배당 ₩1,000과 주식배당 ₩2,000을 결의하였으며, 20 × 5. 3. 5.에 배당을 이행하였다.

요구사항

배당과 관련된 각 시점의 회계처리를 제시하시오.

해답

1) 20 × 5. 2. 28.

(차)	미처분이익잉여금	3,000	(대)	미지급배당금	1,000
				미교부주식배당금	2,000

2) 20 × 5. 3. 5.

(차)	미지급배당금	1,000	(대)	현　금	1,000
	미교부주식배당금	2,000		자본금	2,000

(2) 이익잉여금처분계산서

이익잉여금처분계산서는 이익잉여금의 처분내역(예 배당, 적립)을 보고하기 위해 작성하는 표이다. 다만, 이는 재무제표의 구성요소가 아니므로 주석에 기재한다. 만약 이익잉여금 대신 결손금이 생긴 경우에는 결손금의 처리를 보고하는 결손금처리계산서를 작성한다.

이익잉여금처분계산서

20 × 1. 1. 1~20 × 1. 12. 31.
처분예정일: 20 × 2. 2. 25.

한국(주)   (단위: 원)

Ⅰ. 미처분이익잉여금		
1. 전기이월미처분이익잉여금	×××	
2. 당기순이익	×××	×××
Ⅱ. 임의적립금 이입액		×××
합 계		×××
Ⅲ. 이익잉여금처분액		
1. 배당금	×××	
2. 배당평균적립금	×××	
3. 이익준비금	×××	(×××)
Ⅳ. 차기이월미처분이익잉여금		×××

❶ **미처분이익잉여금**: 전기이월 미처분이익잉여금에 당기순이익을 합한 것으로 이익잉여금처분계산서의 출발점이다.

❷ **임의적립금 이입**: 임의적립금 중 사용목적이 끝난 것이나 처분가능이익이 부족한 경우에 미처분이익잉여금에 충당하기 위하여 당기 이전에 처분하였던 임의적립금을 미처분이익잉여금으로 옮기는 것을 이입(移入)이라 한다. 미처분이익잉여금에 임의적립금 이입액을 가산한 금액이 당기에 처분 가능한 이익잉여금이 된다.

❸ **이익잉여금 처분**: 이익처분은 처분가능 이익잉여금을 어디에 사용할지를 지정하는 것을 말한다.

❹ **차기이월미처분이익잉여금**: 이익잉여금 중에서 용도를 지정하지 않고 다음 기로 이월시킨 금액을 말한다.

예제 9-6   **이익잉여금처분계산서**

(주)삼한의 20 × 5년 당기순이익이 ₩800,000이고, 20 × 6년 2월 28일의 주주총회에서 다음
과 같이 이익잉여금이 처분되었다. 단, 전기이월 미처분이익잉여금은 ₩1,000,000이었다.

배당평균적립금 이입	₩300,000	이익준비금 적립	₩150,000
사업확장적립금 적립	₩250,000	현금배당	₩1,500,000

요구사항

1. 20 × 5년의 이익잉여금처분계산서를 작성하시오.

2. 20 × 6년 2월 28일의 이익잉여금처분에 대한 회계처리를 제시하시오.

해답

1. 20 × 5년 이익잉여금처분계산서

이익잉여금처분계산서

Ⅰ 미처분이익잉여금		₩1,800,000
(1) 전기이월미처분이익잉여금	₩1,000,000	
(2) 당기순이익	800,000	
Ⅱ 임의적립금 이입액		300,000
배당평균적립금	300,000	
합 계		2,100,000
Ⅲ 이익잉여금처분액		(1,900,000)
(1) 이익준비금 적립	150,000	
(2) 사업확장적립금 적립	250,000	
(3) 현금배당금	1,500,000	
Ⅳ 차기이월미처분이익잉여금		₩200,000

2. 20 × 6년 2월 28일의 회계처리

(차)	배당평균적립금	300,000	(대)	미처분이익잉여금	300,000
(차)	미처분이익잉여금	1,900,000	(대)	이익준비금	150,000
				사업확장적립금	250,000
				미지급배당금	1,500,000

제4절 자본변동표

자본변동표는 회계기간 동안 발생한 자본변동의 정보를 제공하는 재무보고서이다. 자본을 구성하는 자본금, 자본잉여금, 자본조정, 기타포괄손익누계액 및 이익잉여금의 변동에 대한 포괄적인 정보를 제공한다. 자본변동표에는 자본의 구성항목별로 기초잔액, 변동사항, 기말잔액이 표시된다.

자본변동표

한국(주)   20 × 1. 1. 1.~20 × 1. 12. 31.   (단위: 원)

	자본금	자본잉여금	자본조정	기타포괄손익누계	이익잉여금	총 계
20 × 1. 1. 1.	₩30,000	₩20,000	-	₩50,000	₩25,000	₩80,000
전기오류수정이익					5,000	5,000
중간배당					(25,000)	(25,000)
유상증자	20,000	10,000				30,000
자기주식취득			(10,000)			(10,000)
자기주식처분		2,000	8,000			10,000
재평가적립금				3,000		3,000
당기순이익					35,000	35,000
20 × 1.12.31.	₩50,000	₩32,000	₩(2,000)	₩8,000	₩40,000	₩128,000

❶ **자본금의 변동:** 자본금은 증자거래나 주식배당에 의해 증가하고 감자거래로 감소한다.

❷ **자본잉여금의 변동:** 증자나 감자, 자기주식처분 거래에서 생긴 차익으로 증가하고 차손으로 감소한다. 예를들어 주식발행초과금, 감자차익, 자기주식처분이익으로 증가한다.

❸ **자본조정의 변동:** 자기주식을 취득하거나 감자차손, 자기주식 처분손실이 생기면 자본조정(차감항목)에 기록된다.

❹ **기타포괄손익누계액 변동:** FVOCI주식평가손익, 재평가잉여금 등의 변동이 기록된다.

❺ **이익잉여금의 변동:** 당기순이익(손실)에 의해 증가(감소)하고, 배당으로 감소한다. 그 외에 회계정책변경의 누적효과와 전기오류수정에 의해 변동된다.

예제 9-7   자본변동표

20 × 5년 12월 31일 현재 자본구성은 다음과 같다.

보통주자본금(발행주식수 60주)	₩300,000
자본잉여금	245,000
이익잉여금	555,000
자본합계	₩1,100,000

다음은 20 × 6 회계연도에 발생한 자본거래들이다.

1월 5일 자기주식 1주를 ₩11,500에 취득하였다.

3월 6일 주당 ₩500의 현금배당을 실시하였다.

5월 2일 20주의 보통주를 주당 ₩12,500에 추가 발행하였다.

6월 3일 1월 5일에 취득한 자기주식을 ₩14,000에 처분하였다.

7월 4일 주식발행초과금 중 ₩150,000을 자본금에 전입하였다.

8월 6일 5%의 주식배당을 실시하였다.

요구사항

1. 위의 거래들을 분개하시오.

2. 자본변동표를 제시하시오.(단, 20 × 6년의 당기순이익은 ₩97,000임)

해답

1. 20 × 6년 거래의 분개

1월 5일	(차)	자기주식	11,500	(대)	현 금	11,500
3월 6일	(차)	미처분이익잉여금	29,500*	(대)	현 금	29,500

    * (60주 - 1주) × ₩500 = ₩29,500

5월 2일	(차)	현 금	250,000*	(대)	자 본 금	100,000**
					주식발행초과금	150,000

    * 20주 × ₩12,500 = ₩250,000   ** 20주 × ₩5,000 = ₩100,000

6월 3일	(차)	현 금	14,000	(대)	자기주식	11,500
					자기주식처분이익	2,500
7월 4일	(차)	주식발행초과금	150,000	(대)	자 본 금	150,000
8월 6일	(차)	미처분이익잉여금	27,500*	(대)	자 본 금	27,500

    * (300,000 + 100,000 + 150,000) × 5% = ₩27,500

2. 자본변동표

거래내역	자 본 금	자본잉여금	자본조정	이익잉여금	총 계
20 × 6년 초	300,000	245,000	-	555,000	1,100,000
1월 5일			(11,500)		(11,500)
3월 6일				(29,500)	(29,500)
5월 2일	100,000	150,000			250,000
6월 3일		2,500	11,500		14,000
7월 4일	150,000	(150,000)			-
8월 6일	27,500			(27,500)	-
당기순이익				97,000	97,000
20 × 6년 말	577,500	247,500	-	595,000	1,420,000

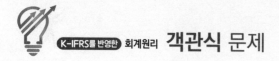

01 다음의 자본조정 항목 중 최초 발생시점의 회계처리가 대변에 생기는 것은?

① 자기주식   ② 주식할인발행차금

③ 미교부주식배당금   ④ 감자차손

02 액면금액 ₩5,000의 보통주 10,000주를 주당 ₩9,700에 발행하고, 액면금액 ₩5,000의 우선주 1,000주를 주당 ₩9,000에 발행하였다. 자본 항목에 표시할 금액으로 적절한 것은?

	보통주자본금	우선주자본금	주식발행초과금
①	₩97,000,000	₩5,000,000	₩4,000,000
②	97,000,000	9,000,000	0
③	50,000,000	9,000,000	47,000,000
④	50,000,000	5,000,000	51,000,000

03 다음의 설명 중 올바른 것은?

① 배당금은 배당선언일에 무관하게 배당기준일의 주주에게 지급된다.

② 현금배당은 미지급배당금으로, 주식배당은 미교부주식배당금으로 하여 유동부채로 분류한다.

③ 현금배당과 주식배당은 이익잉여금이 감소하므로 둘 다 순자산이 감소한다.

④ 현금배당이나 주식배당 모두 비용으로 인식한다.

04 다음 중 자본잉여금의 합계는?

당기순이익	₩36,000	사업확장적립금	₩33,000	이익준비금	₩85,000
배당평균적립금	53,000	주식발행초과금	28,000	감자차익	21,000

① ₩28,000   ② ₩49,000

③ ₩102,000   ④ ₩134,000

05 자본조정을 자본에서 차감할 항목과 자본에 가산할 항목으로 올바르게 분류한 것은?

> ⓐ 주식할인발행차금   ⓑ 자기주식   ⓒ 미교부주식배당금
> ⓓ 재평가잉여금   ⓔ 감자차익   ⓕ 자기주식처분이익

	차감 항목	가산 항목
①	ⓐ, ⓑ	ⓒ
②	ⓐ, ⓒ, ⓓ, ⓔ	ⓑ, ⓕ
③	ⓐ, ⓑ, ⓒ	ⓓ, ⓔ
④	ⓐ, ⓑ, ⓓ	ⓒ

06 (주)태종은 5%의 주식배당과 주당 ₩6의 현금배당을 선언하였다. 이러한 배당의 결과로 감소할 미처분이익잉여금은? 단, 배당일 현재 회사는 액면금액 ₩100인 보통주 280,000주를 발행하고 있으며 이익준비금은 적립하지 않는다.

① ₩1,764,000   ② ₩3,080,000   ③ ₩3,248,000   ④ ₩5,124,000

🎟️ 정답

01 미교부주식배당금은 최종적으로 자본금이 증가될 자본조정항목으로 거래발생 시점에 대변에 기록된다. 자기주식을 비롯한 나머지는 자본의 차감항목으로 차변에 기록된다. **정답** ③

02 보통주자본금: 10,000주 × 5,000 = ₩50,000,000 주식발행초과금: 10,000주 × 4,700 = ₩47,000,000
우선주자본금: 1,000주 × 5,000 = ₩5,000,000 주식발행초과금: 1,000주 × 4,000 = ₩4,000,000
정답 ④

03 ② 주식배당은 미교부주식배당금으로 자본조정에 기록된다.
③ 주식배당은 순자산(자본총액)이 변하지 않는다.
④ 현금배당이나 주식배당 모두 비용이 아니다. **정답** ①

04 자본잉여금: 28,000+21,000 = ₩49,000 **정답** ②

05 주식할인발행차금, 감자차손, 자기주식처분손실, 자기주식은 자본에서 차감하는 자본조정항목이고 미교부주식배당금은 자본에 가산하는 자본조정항목이다. (재평가잉여금은 기타포괄손익누계액, 감자차익과 자기주식처분이익은 자본잉여금) **정답** ①

06 주식배당: 280,000주 × ₩100 × 5% = ₩1,400,000
현금배당: 280,000주 × ₩6 = ₩1,680,000
1,400,000 + 1,680,000 = ₩3,080,000 **정답** ②

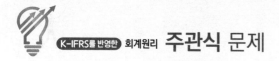

9-01 자기주식의 회계처리

당기 중에 다음과 같은 자기주식 거래가 있었다.

1/17 자기주식 80주를 주당 ₩7,500에 현금으로 취득
2/15 자기주식 150주를 주당 ₩8,000에 현금으로 취득
5/22 보유 중이던 자기주식 100주를 주당 ₩8,700에 재발행(처분)
7/10 자기주식 60주를 주당 ₩7,800에 현금으로 취득
10/5 보유 중이던 자기주식 140주를 ₩7,000에 재발행(처분)

요구사항

각 시점별로 필요한 분개를 제시하시오. (자기주식의 처분원가는 선입선출법으로 결정)

9-02 자기주식의 회계처리

다음은 당기 중에 발생한 자기주식 거래들이다. 기초의 자본잉여금에 자기주식처분이익 ₩4,000이 있었다.

1월 15일 자기주식 15주를 주당 ₩12,000에 취득하였다.
4월 10일 자기주식 5주를 주당 ₩14,000에 추가 취득하였다.
6월 15일 자기주식 10주를 주당 ₩13,000에 처분하였다.
7월 20일 자기주식 5주를 주당 ₩15,500에 추가 취득하였다.
8월 25일 자기주식 5주를 주당 ₩11,000에 처분하였다.
9월 30일 이익잉여금으로 자기주식 10주를 소각하였다.

요구사항

각 시점별로 필요한 분개를 제시하시오. (자기주식의 처분원가는 이동평균법으로 결정)

9-03 이익잉여금처분계산서

다음은 (주)서울의 이익잉여금 변동에 관한 자료이다.

(1) 20 × 6년도 당기순이익은 ₩2,000,000이고, 전기이월 미처분이익잉여금은 ₩1,500,000 이다.

(2) 20 × 7년 3월 10일 주주총회에서 다음과 같이 이익잉여금처분이 확정되었다.

배당평균적립금 적립	₩600,000	이익준비금 적립	₩100,000
주식배당	500,000	현금배당	1,000,000

요구사항

1. 차기이월 미처분이익잉여금을 산출하시오.
2. 20 × 7년 3월 10일에 필요한 회계처리를 제시하시오.

9-04 자본의 변동 1

기초의 자본은 자본금 ₩2,000,000(1주당 액면금액 ₩500), 주식발행초과금 ₩500,000 및 이익잉여금 ₩200,000으로 구성되어 있다. 이 상태에서 당기 중에 다음과 같은 자본거래가 있었다.

2/2	주주총회에서 3%의 현금배당과 2%의 주식배당을 선언하다. (현금배당의 1/10을 이익준비금으로 적립함)
3/2	주주총회에서 결정된 배당을 이행하다.
5/1	보통주 500주를 주당 ₩600에 발행하다.
6/1	자기주식 200주를 주당 ₩400에 취득하다.
9/1	자기주식 50주를 주당 ₩600에 처분하다.
9/3	이익잉여금으로 자기주식 80주를 소각하다.
11/1	자기주식 30주를 주당 ₩300에 처분하다.

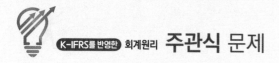

요구사항

1. 일자별로 각 거래를 분개하시오.

2. 재무상태표에 표시될 다음 항목들의 기말잔액을 구하시오.
   (단, 당기순이익은 ₩250,000임)

   (1) 자 본 금   (2) 자본잉여금

   (3) 자기주식   (4) 이익잉여금

9-05 자본의 변동

다음은 당기의 자본 거래 내용이다.

20 × 5. 01. 01.	회사를 설립하고 보통주 10,000주를 주당 ₩140(액면금액 ₩100)에 발행하였다.
20 × 5. 07. 01.	주식발행초과금 ₩300,000을 자본에 전입하였다.
20 × 6. 02. 28.	주식발행초과금 ₩100,000을 결손금 보전에 사용하였다.
20 × 6. 08. 31.	자기주식 4,000주를 주당 ₩120에 취득하였다.
20 × 7. 02. 28.	주주총회에서 ₩160,000의 주식배당을 결의하였다.
20 × 7. 03. 31.	주식배당에 해당하는 신주가 발행되어 주주들에게 교부되었다.

요구사항

일자별로 거래를 분개하고 각 거래가 자본에 미치는 영향을 자본금, 자본잉여금, 이익잉여금, 자본조정으로 구분하여 분석하시오.

9-06 자본변동표

다음은 (주)서울의 자본과 관련된 자료이다.

(1) 20 × 4년 말 자본계정의 구성은 다음과 같다.

Ⅰ. 자본금(발행주식수: 1,000주)		₩5,000,000
Ⅱ. 자본잉여금		115,000
1. 주식발행초과금	70,000	
2. 자기주식처분이익	45,000	
Ⅲ. 이익잉여금		1,000,000
1. 이익준비금	450,000	
2. 미처분이익잉여금	550,000	
자본총계		6,115,000

(2) 20 × 5년도에 발생한 자본변동사항은 다음과 같다.

① 2. 28. 주주총회에서 주당 ₩150의 현금배당을 결의하고 지급하였다.

② 3. 20. 보통주 500주를 주당 ₩8,500에 발행하였다.

③ 8. 25. 자기주식 300주를 주당 ₩6,500에 취득하였다.

④ 10. 1. 자기주식 200주를 ₩6,000에 처분하였다.

⑤ 11. 8. 주당 ₩150의 중간배당을 결의하고 지급하였다.

⑥ 20 × 5년도 당기순이익은 ₩1,300,000이다.

요구사항

1. 20 × 5년도 자본변동표를 작성하시오.

2. 20 × 5년 말의 자본현황을 나타내는 부분재무상태표를 제시하시오.

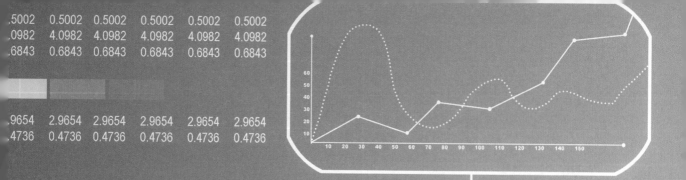

금융자산

3.0864
2.7803
0.0000
0.7392
0.8392
5.0092
2.0956

0.0008
0.7392
0.8392
5.0092
2.0956
1.0008
5493

Accounting
principles
reflecting K-IFRS

제1절 금융자산 개요

1 금융자산의 분류

기업은 일상적 영업활동에 필요한 것보다 더 많은 현금을 일시적으로 보유하는 경우가 있다. 현금은 그 자체로 수익이 발생하지 않으므로 현금을 그대로 두는 것은 현명한 일이 아니다. 따라서 기업들은 여유자금을 주식, 국·공채, 회사채 등 유가증권에 투자하여 운용한다.

K-IFRS에서 유가증권의 회계처리는 금융자산★(financial assets) 기준서에서 다루어진다. 금융자산은 사업모형과 계약상 현금흐름의 특성에 따라 ① 상각후원가 측정(AC: amortized cost), ② 기타포괄손익-공정가치 측정(FVOCI: fair value through other comprehensive income), ③ 당기손익-공정가치 측정(FVPL: fair value through profit or loss) 금융자산 중 하나로 분류하여 회계처리 한다.

> ★ 금융자산 중 수취채권 등은 5장에서 다루어졌으므로 이 장에서는 언급하지 않는다.

금융자산을 FVPL금융자산, AC금융자산, FVOCI금융자산 중의 하나로 분류하는 것은 각각 그 회계처리방식이 다르기 때문이다. FVPL금융자산과 FVOCI금융자산으로 분류된 경우에는 회계기말에 공정가치로 평가한다. 이때 FVPL금융자산의 평가손익은 당기손익에 반영되고 FVOCI금융자산의 평가손익은 기타포괄손익에 반영된다.

단기간의 시세차익을 얻기 위해 취득한 금융자산은 FVPL금융자산으로 분류하고, 만기까지 보유하면서 원리금을 수취할 의도로 취득한 것은 AC금융자산으로 분류한다. 그리고 FVPL금융자산이나 AC금융 자산으로 분류되지 않는 금융자산은 FVOCI금융자산으로 분류한다. 그 결과 채무증권은 FVPL금융자산, FVOCI금융자산, AC금융자산 중 하나로 분류되고, 지분증권은 FVPL금융자산, FVOCI 선택 금융자산 중 하나로 분류된다.

그림 10-1_ **금융자산의 분류: 사업모형★과 현금흐름 특성★**

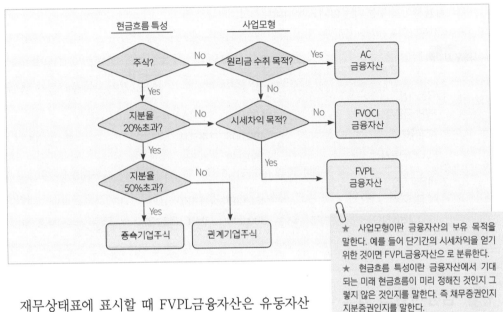

★ 사업모형이란 금융자산의 부유 목적을 말한다. 예를 들어 단기간의 시세차익을 얻기 위한 것이면 FVPL금융자산으로 분류한다.

★ 현금흐름 특성이란 금융자산에서 기대되는 미래 현금흐름이 미리 정해진 것인지 그렇지 않은 것인지를 말한다. 즉 채무증권인지 지분증권인지를 말한다.

재무상태표에 표시할 때 FVPL금융자산은 유동자산으로, AC금융자산과 FVOCI금융 자산은 비유동자산으로 분류한다. 다만 AC금융자산이 결산일로부터 1년 내에 만기가 도래하거나 FVOCI금융자산이 결산일로부터 1년 내에 처분될 것이 거의 확실한 경우에는 유동자산으로 재분류한다.

예제 10-1 **금융자산의 재무제표 표시**

(주)서울은 20 × 4년 12월 31일 현재 다음과 같이 금융자산을 보유하고 있다.

구 분	취득연도	취득 목적	기말평가액	비 고
주식A	20 × 4	단기시세차익	₩100,000	-
주식B	20 × 3	장기투자	150,000	6개월 내 처분 확실
주식C	20 × 4	장기투자	200,000	
채권1	20 × 3	원리금 수취	400,000	9개월 후 만기 도래
채권2	20 × 3	장기투자	300,000	5년 후 만기 도래
채권3	20 × 3	원리금 수취	450,000	2년 후 만기 도래
채권4	20 × 4	단기시세차익	500,000	3년 후 만기 도래

요구사항

위의 금융자산을 부분 재무상태표에 나타내시오.

해답

1. 유동자산
   FVPL금융자산   ₩600,000   (주식A + 채권4)
   AC금융자산   400,000   (채권1)
   FVOCI금융자산   150,000   (주식B)

2. 비유동자산
   AC금융자산   450,000   (채권3)
   FVOCI금융자산   500,000   (주식C + 채권2)

② 금융자산의 최초 측정

다른 자산과 마찬가지로 금융자산도 최초 인식시점에 제공한 대가의 공정가치로 측정한다. 단, 제공한 대가가 취득한 금융자산의 공정가치와 다를 경우에는 취득한 자산의 공정가치로 측정한다. 따라서 금융자산을 취득하기 위해 제공한 대가가 취득한 금융자산의 공정가치를 초과하는 경우, 그 초과금액은 금융자산의 취득원가에서 제외한다. 예를 들어 시가가 액면가에 미달하는 국공채를 불가피하게 액면금액을 다 지불하고 취득하는 경우가 있다. 이때 국공채의 취득원가는 그 공정가치로 기록하고, 초과지불액은 다른 자산의 취득원가로 기록한다.

예제 10-2   금융자산의 취득원가

(주)여명은 20 × 5년 5월 1일 사업용 차량을 ₩30,107,500에 구입하였다. 한편 이 차량의 취득과 관련하여 공정가치가 ₩4,500,000인 도시철도공채를 액면금액(₩5,000,000)으로 취득하였다. 회사는 이를 FVOCI금융자산으로 분류한다.

요구사항

차량과 금융자산의 취득거래에 대한 회계처리를 제시 하시오.

해답

(차)	차량운반구	30,107,500	(대)	현 금	30,107,500
(차)	FVOCI금융자산	4,500,000	(대)	현 금	5,000,000
	차량운반구	500,000			

제2절 채무증권의 회계처리

① 채무증권의 후속측정

FVPL과 FVOCI로 분류된 채권은 기말의 공정가치로 측정한다. FVPL채권의 공정가치 평가손익은 당기손익으로 보고하고 FVOCI채권의 공정가치 평가손익은 기타포괄손익으로 보고한다. 한편 상각후원가로 측정하는 채무증권은 평가손익의 회계처리 문제가 생기지 않는다. 여기서 상각후원가란 유효이자와 액면이자의 차이를 취득원가에 가감하여 조정한 원가를 말한다.

② 이자수익의 인식

채무증권은 유효이자율법으로 이자수익을 인식한다. 유효이자는 직전 장부금액에 유효이자율을 곱한 금액이다.

이자수익 = 직전 장부금액 × 유효이자율

예를 들어 액면금액 ₩1,000,000인 채권을 시장에서 ₩951,964에 취득하였다고 하자. 이 채권은 만기일에 ₩1,000,000을 받기 때문에 투자액보다 ₩48,036을 더 받게 된다. 이 할인액은 일종의 선수이자에 해당하므로 이를 발생기준에 따라 채무증권의 보유기간에 걸 쳐 이자수익에 배분하는데

여기에 적용된 논리가 유효이자율법이다. 이렇게 배분하면 채권 보유기간 동안의 수익률이 균등해진다. 다만 FVPL채권은 보유기간이 단기이므로 굳이 할인액을 보유기간에 걸쳐 배분하는 유효이자율법을 적용하지 않는다. 즉 FVPL채권은 편의 상 액면이자(액면금액 × 액면이자율)로 이자수익을 인식한다.

③ 채무증권의 처분

채무증권은 만기까지 보유할 수도 있지만 중간에 처분할 수도 있는데 중간에 처분하면 장부금액을 제거하고 처분가액과 장부금액의 차이를 처분손익으로 인식한다. AC채권의 장부금액은 상각후원가이므로 AC채권의 처분손익은 처분가액과 상각후원가의 차이로 결정된다. FVOCI 채권의 처분손익도 처분가액과 상각후원가의 차이로 결정된다. 이는 처분일에 FVOCI 채권의 공정가치평가손익이 제거되기 때문이다. FVPL채권의 처분손익은 처분가액과 직전 장부금액의 차이로 결정된다.

표 10-1_ **채무증권의 회계분류와 회계처리**

채무증권의 분류	이자수익	공정가치 평가손익	처분손익
FVPL채권	액면이자	당기손익에 포함	처분가액 – 직전장부금액
AC채권	유효이자	–	처분가액 – 상각후원가
FVOCI채권	유효이자	기타포괄손익으로 처리	처분가액 – 상각후원가

예제 10-3 **FVPL금융자산으로 분류된 채무증권의 회계처리**

(주)참새는 20 × 5년 7월 1일 단기매매 목적으로 액면금액 ₩1,000,000인 사채를 ₩980,000에 취득하였다. 이 사채는 매년 6월 말과 12월 말에 ₩30,000의 이자를 지급한다. 20 × 5년 결산일에 사채의 공정가치는 ₩985,000이었고 회사는 20 × 6년 3월 1일 이 사채를 경과이자를 포함하여 ₩990,000에 처분하였다.

요구사항

채권의 취득일, 이자수취일 및 처분일에 필요한 분개를 제시하시오.

해답

〈취득일〉

| (차) FVPL채권 | 980,000 | (대) 현 금 | 980,000 |

〈결산일〉

| (차) 현 금 | 30,000 | (대) 이자수익 | 30,000 |
| (차) FVPL채권 | 5,000 | (대) FVPL채권평가이익 | 5,000 |

〈처분일〉

| (차) 미수이자 | 10,000 | (대) 이자수익 | 10,000 * |

* 30,000 × 2/6 = 10,000

| (차) 현 금 | 990,000 | (대) FVPL채권 | 985,000 |
| FVPL채권처분손실 | 5,000 * | 미수이자 | 10,000 |

* (990,000 - 10,000) - 985,000 = (5,000)

예제 10-4 상각후원가 측정 금융자산의 회계처리

(주)백성은 20 × 1년 초 액면금액 ₩1,000,000(만기 3년, 액면이자율 10%, 매년 말 이자지급) 인 사채를 ₩951,964에 취득하였다(유효이자율 12%). 회사는 이를 AC금융자산으로 분류하였으며 20 × 3년 초 ₩970,000에 처분하였다.

요구사항

각 시점별로 필요한 분개를 제시하시오.

해답

	기초가액	유효이자	액면이자	차 액	기말가액
× 1년	951,964	114,236	100,000	14,236	966,200
× 2년	966,200	115,944	100,000	15,944	982,144
× 3년	982,144	117,856	100,000	17,856	1,000,000

취득일:	(차) AC채권	951,964	(대) 현 금	951,964

〈 × 1년 말〉

이자수취:	(차) 현 금	100,000	(대) 이자수익	114,236
	AC채권	14,236		

〈 × 2년 말〉

이자수취:	(차) 현 금	100,000	(대) 이자수익	115,944
	AC채권	15,944		

〈 × 3년 초〉

처분일:	(차) 현 금	970,000	(대) AC채권	982,144
	AC채권처분손실	12,144		

제3절
지분증권의 회계처리

1 지분율 20% 미만의 지분증권

지분율이 20% 미만인 주식은 FVPL 금융자산과 FVOCI 선택 금융자산 중 하나로 분류하고 매결산일마다 공정가치로 측정한다.* 주식을 공정가치로 측정하면 평가손익이 발생하는데 FVPL로 분류된 주식의 평가손익은 당기손익(PL)에 반영하고, FVOCI로 분류된 주식의 평가 평가손익은 기타포괄손익(OCI)에 반영한다.

> ★ 단, 예외적으로 활성시장에서 공시되는 시장가격이 없고 공정가치를 신뢰성 있게 측정할 수 없는 경우에는 공정가치로 측정하지 않는다.

예제 10-5 | **FVPL주식의 회계처리**

(주)서울은 20 × 1년 12월초에 단기 시세차익을 얻기 위해 주식A를 ₩1,000에 매입하였다. 이 주식은 FVPL금융자산으로 분류된다. 20 × 1년 결산일 현재 주식A의 공정가치는 ₩1,040이고 이 주식은 20 × 2년 1월 ₩990에 처분되었다.

요구사항

A주식의 취득일, 결산일 및 처분일에 필요한 분개를 하시오.

해답

취득일:	(차)	FVPL주식	1,000	(대)	현 금	1,000
결산일:	(차)	FVPL주식	40	(대)	FVPL주식평가이익	40
처분일:	(차)	현 금	990	(대)	FVPL주식	1,040
		FVPL주식처분손실	50			

FVPL주식을 처분하면 처분가액과 장부금액의 차이를 처분손익으로 인식한다. 그런데 FVOCI로 분류된 주식은 처분시점의 공정가치로 장부금액을 재측정하기 때문에 처분가액 과 장부금액이 같아진다. 따라서 FVOCI주식의 처분에서는 당기손익으로서의 처분손익이 생기지 않는다.★

같은 주식을 수차례에 걸쳐 서로 다른 가격에 취득한 경우 처분된 주식의 원가는 개별적으로 파악하여 결정한다. 다만, 개별적으로 원가를 파악하기 곤란한 경우에는 총평균법이나 이동평균법 등 합리적인 방법 을 사용한다.

> ★ FVOCI주식은 처분일에 관련 기타포괄손익누계액을 제거할 수 없다. 이것은 FVOCI주식의 처분 을 통해 당기손익의 조작을 방지하 기 위한 것이다.

예제 10-6 FVOCI주식의 회계처리

(주)대한은 20 × 1년 초에 주식 A를 ₩1,000에 매입하였다. 이 주식을 FVOCI금융자산으로 분 류하였으며 20 × 3년 중 이를 ₩990에 처분하였다. 20 × 1년 말과 20 × 2년 말의 주식의 공정 가치는 ₩1,040과 ₩900이다.

요구사항

주식의 취득일, 결산일 및 주식 처분일에 필요한 분개를 제시하시오.

해답

취득일:	(차)	FVOCI주식	1,000	(대)	현 금	1,000
× 1년 말:	(차)	FVOCI주식	40	(대)	FVOCI주식평가이익	40
× 2년 말:	(차)	FVOCI주식평가이익	40*	(대)	FVOCI주식	140
		FVOCI주식평가손실	100*			

* 전기이월 FVOCI주식평가이익을 제거하고, 취득원가와의 차이를 평가손실로 기록

처분일:	(차)	FVOCI주식	90	(대)	FVOCI주식평가손실	90*
	(차)	현 금	990	(대)	FVOCI주식	990**

* 처분일의 공정가치(₩990)로 재측정하여 생긴 평가이익 ₩90을 전기이월 평가손실과 상계함
** 처분일의 공정가치로 재측정함에 따라 처분손익이 생기지 않음

② 관계기업투자주식: 지분법회계

회사가 다른 회사에 대하여 유의한 영향력(significant influence)을 행사할 수 있는 경우 당해 기업을 관계기업이라 한다. 그리고 해당 주식을 관계기업투자주식이라 한다. 일반적으로 회사가 직접 또는 간접적으로 다른 회사의 의결권 있는 주식의 20% 이상을 보유하고 있으면 유의한 영향력이 있다고 본다. 회사가 다른 회사에 대하여 유의한 영향력을 행사한다면 두 회사는 법적 실체가 다르더라도 경제적 실체가 같다. 그리고 경제적 실체가 같은 두 회사의 경영성과는 합산하여 보고하는 것이 투자자에게 보다 유용한 정보를 제공한다. 이런 이유로 관계기업투자주식은 지분법(equity method)을 적용하여 회계처리 한다.

지분법은 주식의 취득시점 이후에 발생한 관계기업 자본(순자산)의 변동액 중 회사의 지분에 해당하는 금액만큼 관계기업투자주식의 장부금액에 가산하여 보고하는 회계처리 방식이다. 관계기업이 순이익(순손실)을 보고하면 그 중 회사의 지분율에 해당하는 금액만큼 관계기업투자주식에 가산(차감)하고, 동시에 이 금액을 지분법이익(손실)으로 인식한다. 한편 관계기업에서 배당금을 받으면 배당금 수익이 아니라 관계기업에 대한 투자금을 일부 되돌려 받는 것으로 본다.★ 따라서 배당금을 받으면 그만큼 관계기업투자주식의 장부금액을 감소시킨다.

> ★ 관계기업에서 받은 배당금은 배당금수익으로 처리할 수 없다. 관계기업의 순이익에 대해 지분액만큼 지분법이익을 인식했기 때문에 배당금을 수익으로 인식하면 투자성과를 이중으로 기록하게 된다.

예제 10-7 | 관계기업투자주식의 회계처리

(주)태봉은 20 × 1년 초에 (주)서경의 보통주 100주(지분율 25%)를 ₩100,000에 취득하여 유의한 영향력을 행사하게 되었다. (주)서경은 20 × 1년도 당기순이익으로 ₩20,000을 보고하였고, 20 × 2 년 2월 ₩15,000의 배당금을 지급하였다.

요구사항

각 거래가 발생한 시점별로 필요한 회계처리를 제시하시오.

해답

주식 취득일

| (차) | 관계기업투자주식 | 100,000 | (대) | 현 금 | 100,000 |

관계기업의 당기순이익 보고시

| (차) | 관계기업투자주식 | 5,000 | (대) | 지분법이익 | 5,000 * |

           * 20,000 × 25% = 5,000

배당금 수취일

| (차) | 현 금 | 3,750 | (대) | 관계기업투자주식 | 3,750 * |

           * 15,000 × 25% = 3,750

③ 종속기업투자주식: 연결회계

회사가 다른 회사 주식의 과반수를 보유하면 그 회사를 지배*하게 된다. 회사는 지배기업이 되고 그 회사는 종속기업이 된다. 회사와 종속기업은 지배-종속관계가 형성되어 단일의 경제적 실체가 되므로 회사는 자신과 종속기업의 재무제표를 합산한 연결재무제표(consolidated financial statements)를 작성하여 보고해야 한다.

연결재무제표는 회사와 종속기업이 법적으로 동일한 회계실체였더라면 작성되었을 재무제표를 말한다. 다음의 예를 통해 연결재무제표가 작성되는 과정을 살펴보자. 20 × 1년 1월 1일 P사는 S사의 발행주식 100%를 ₩100,000에 취득하였다. 이때 P사는 다음과 같이 회계처리할 것이다.

> ★ 지배는 다른 회사의 재무 정책과 영업정책을 결정할 수 있는 상태를 말한다.

| (차) 종속기업투자주식 | 100,000 | (대) 현 금 | 100,000 |

취득일 현재 P사와 S사의 재무상태표는 다음과 같으며, S사의 자산과 부채의 공정가치는 장부금액과 차이가 없었다.

P사 재무상태표			
현 금	500,000	차입금	200,000
재고자산	300,000	자본금	500,000
종속기업 투자주식	100,000	이익잉여금	200,000
	900,000		900,000

S사 재무상태표			
현 금	50,000	차입금	20,000
재고자산	30,000	자본금	50,000
유형자산	40,000	이익잉여금	50,000
	120,000		120,000

　　P사의 재무상태표에서 종속기업투자주식 ₩100,000은 S사의 주식을 구입하면서 기록된 것이다. 연결재무표 작성의 첫 번째 절차로 S사의 자산과 부채를 P사의 자산과 부채에 합산한다. 다만, S사의 자본(자본금과 이익잉여금)은 가산되지 않으며 P사의 종속기업투자주식은 제거된다. 왜냐하면 S사의 자본은 P사의 종속기업투자와 중복되기 때문이다. 그 결과 P사의 종속기업투자주식과 S사의 자본은 연결재무상태표에 표시되지 않는다.

연결재무상태표			
현 금	550,000 [1]	차입금	220,000 [4]
재고자산	330,000 [2]	자본금	500,000 [5]
유형자산	40,000 [3]	이익잉여금	200,000 [6]
	920,000		920,000

1) 500,000 + 50,000 = 550,000
2) 300,000 + 30,000 = 330,000
3) 0 + 40,000 = 40,000
4) 200,000 + 20,000 = 220,000
5) P사의 자본금
6) P사의 이익잉여금

보론 FVOCI채권의 회계처리

FVOCI채권은 보유기간 중에 매 결산일마다 공정가치로 평가하고 평가손익을 기타포괄손익으로 처리한다. FVOCI채권을 처분하면 장부금액과 함께 FVOCI채권평가손익을 함께 제거한다. 그 결과 FVOCI채권의 처분손익은 처분가액과 상각후원가의 차이로 결정된다.

FVOCI채권의 처분손익 = 처분가액 – 상각후원가

예제 10-8 FVOCI채권의 회계처리

(주)백제는 20 × 1년 초 액면금액 ₩1,000,000(만기 3년, 액면이자율 10%, 매년 말 이자지급)인 사채를 ₩951,964에 취득하였다(유효이자율 12%). 취득일 이후 사채의 공정가치는 20 × 1년 말에는 ₩950,000으로, 20 × 2년 말에는 ₩990,000으로 변동하였다. 이 사채는 20 × 3년 초 ₩990,000에 처분되었다. 이 채권은 FVOCI금융자산으로 분류된다.

요구사항

각 시점별로 필요한 분개를 제시하시오.

해답

취득일: (차) FVOCI채권   951,964   (대) 현 금   951,964

〈20 × 1년 말〉

이자수익: (차) 현 금   100,000   (대) 이자수익   114,236
                FVOCI채권   14,236

| 시가평가: | (차) | FVOCI채권평가손실 | 16,200 * | (대) | FVOCI채권 | 16,200 |

* 공정가치 - 상각후원가 = 950,000 - 966,200 = ₩16,200(평가손실)

〈20 × 2년 말〉

이자수익:	(차)	현 금	100,000	(대)	이자수익	115,944
		FVOCI채권	15,944			
시가평가:	(차)	FVOCI채권	16,200	(대)	FVOCI채권평가손실	16,200 *
		FVOCI채권	7,856		FVOCI채권평가이익	7,856 **

　* 전기이월 FVOCI채권평가손실 ₩16,200을 전부 제거함
** 공정가치-상각후원가 = 990,000-982,144 = ₩7,856(평가이익)

| 처분일: | (차) | 현 금 | 990,000 | (대) | FVOCI채권 | 990,000 |
| | | FVOCI채권평가이익 | 7,856 * | | FVOCI채권처분이익 | 7,856 |

* 전기이월 'FVOCI채권평가이익 ₩7,856'을 처분시점에 장부에서 제거(주식과 달리 채권의 평가손익은 처분시점에 당기손익으로 재순환됨)

해설

FVOCI채권의 공정가치 평가

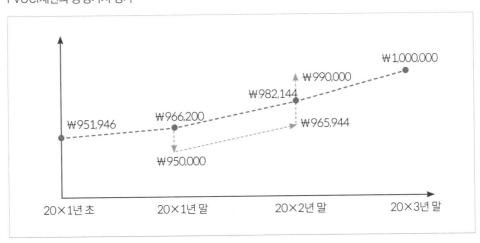

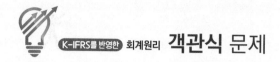

01 20 × 1년 중에 B사 주식 1,000주(지분율 5%)를 주당 ₩1,000에 장기투자 목적으로 취득하여 FVOCI선택금융자산으로 분류하였다. 20 × 1년 말과 20 × 2년 말의 공정가치는 각각 주당 ₩1,100과 ₩800이다. 20 × 3년도 3월 B사 주식 전부를 주당 ₩1,200에 처분하였다. 처분손익은?

① 처분이익 ₩50,000　　　　　　② 처분손실 ₩100,000

③ 처분이익 ₩100,000　　　　　　④ 처분손익 없음(₩0)

02 20 × 1년 중에 A사 주식 100주(지분율 10%)를 주당 ₩12,000에 취득하여 FVOCI 선택 금융자산으로 분류하였다. 이 주식의 시장가치는 20 × 1년 말과 20 × 2년 말에 각각 ₩15,000과 ₩11,500이다. 20 × 3년 중 A사 주식을 1주당 ₩13,500에 모두 처분하였다. 20 × 3년 말 FVOCI주식평가손익의 잔액은?

① 평가이익 ₩300,000　　　　　　② 평가손실 ₩50,000

③ 평가이익 ₩150,000　　　　　　④ 평가손실 ₩150,000

03 다음은 20 × 1년 중 단기매매를 목적으로 취득한 A주식의 거래내역이다.

일 자	매입수량	매도수량	매입단가	매도단가
1월 8일	200주		₩75,000	
4월 5일	300		70,000	
8월 5일		300주		₩110,000
9월 3일	200		120,000	

기말의 공정가치는 주당 ₩100,000이다. A주식의 처분손익과 평가손익은 각각 얼마인가? (단, 주식의 단위당 원가는 이동평균법으로 계산함)

	처분손익	평가손익
①	₩10,000,000(이익)	₩1,600,000(이익)
②	₩10,000,000(손실)	₩1,600,000(손실)
③	₩11,400,000(손실)	₩1,600,000(이익)
④	₩11,400,000(이익)	₩1,600,000(이익)

04 20 × 5년 9월 초 A주식을 ₩500,000에 취득하였다가 20 × 6년 3월 초 ₩480,000에 처분하였다. 이 주식의 20 × 5년 말 공정가치는 ₩450,000이었다. 이 주식을 FVPL금융자산으로 분류한 경우와 FVOCI금융자산으로 분류한 경우의 처분손익은 각각 얼마인가?

	FVPL금융자산	FVOCI금융자산
①	₩30,000 처분이익	₩0
②	₩20,000 처분손실	₩30,000 처분이익
③	₩30,000 처분손실	₩20,000 처분이익
④	₩20,000 처분이익	₩30,000 처분손실

🎆 정답

01 FVOCI선택주식의 처분손익 = ₩0 (장부금액을 처분일의 공정가치로 재측정하므로 처분손익 없음)
정답 ▶ ④

02 FVOCI주식의 평가손익 = 처분 시점의 공정가치 - 취득원가 = 100주 × (13,500 - 12,000) = ₩150,000
정답 ▶ ③

03 8/5일의 이동평균단가 = (200주 × 75,000+300주 × 70,000) ÷ 500주 = ₩72,000

처분손익 = 처분가액-장부금액 = (110,000-72,000) × 300주 = ₩11,400,000

평가손익 = 공정가치-장부금액 = 400주 × 100,000 - (200주 × 72,000 + 200주 × 120,000)

= ₩1,600,000 정답 ▶ ④

04 FVPL금융자산: 처분대가 - 장부금액 = 480,000 - 450,000 = ₩30,000

FVOCI금융자산: 처분대가-재측정후 장부금액 = 480,000 - 480,000 = ₩0 정답 ▶ ①

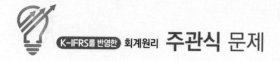

10-01 금융자산의 분류와 평가

(주)서울은 20 × 5년 중에 다음과 같이 금융자산을 취득한 바 있다.

① 20 × 5년 4월 1일 A사가 발행한 사채(액면금액 ₩1,000,000, 액면이자율 8%, 매년 3월말 이자지급)를 액면금액으로 취득하였다. 이 사채는 FVPL금융자산으로 분류된다.

② 20 × 5년 2월 1일 단기매매차익을 목적으로 B사 주식을 ₩1,020,000에 매입하였다.

요구사항

20 × 5년 말 현재 A사채와 B주식의 공정가치는 각각 ₩1,020,000과 ₩1,130,000이다.
20 × 5년 결산일에 필요한 회계처리를 제시하시오.

10-02 지분증권의 회계처리 1

(주)서역은 20 × 5년 중에 장기투자 목적으로 A사의 주식을 ₩150,000에 취득하여 20 × 6년 말까지 보유하고 있다. 20 × 5년 말과 20 × 6년 말의 공정가치는 각각 ₩120,000과 ₩160,000이다.

요구사항

20 × 5년과 20 × 6년 결산일에 필요한 회계처리를 제시하시오.

10-03 지분증권의 회계처리 2

(주)동향은 최근 다음과 같은 주식을 취득하고 처분한 바 있었다. 한편 '병' 주식에 대해서는 지분법이익 ₩3,000을 인식하였다.

종 목	분 류	취득원가	결산일의 공정가치	배당금	처분가액
갑	FVPL금융자산	100,000	80,000	2,000	120,000
을	FVOCI금융자산	150,000	170,000	2,500	160,000
병	관계기업투자	90,000	—	1,500	90,000

요구사항

각 주식의 취득일, 결산일, 배당금 수취일 및 처분일에 필요한 회계처리를 제시하시오.

10-04 채무증권의 회계처리 1

(주)서방은 20 × 5년 초 액면금액 ₩1,000,000인 사채(액면이자율 연 8%, 이자지급일은 매년 12월 31일)를 ₩950,258에 취득하였다(유효이자율 10%). 이 사채의 20 × 5년 말 공정가치는 ₩960,000이었고 20 × 6년 초 ₩960,000에 처분하였다.

요구사항

취득일, 결산일, 처분일에 필요한 회계처리를 제시하시오.

(1) FVPL금융자산으로 분류할 경우

(2) AC금융자산으로 분류할 경우

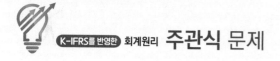

10-05 채무증권의 회계처리 2

(주)서쪽은 20 × 5년 7월 초 액면금액 ₩1,000,000의 사채를 ₩948,456에 취득하였다 (유효이자율 8%). 사채의 액면이자율은 연 6%이고 이자지급일은 매년 6월 말이다. 20 × 5 년 말 사채의 공정가치는 ₩970,000이었고, 20×6년 3월초 이를 ₩1,000,000(경과이자 포함)에 처분하였다.

요구사항

20 × 5년 결산일과 20 × 6년 처분일에 필요한 회계처리를 제시하시오.

(1) FVPL금융자산으로 분류할 경우

(2) AC금융자산으로 분류할 경우

10-06 지분법 회계처리

(주)투자는 20 × 5년 초에 (주)관계의 발행주식 중 30%를 ₩300,000에 취득하여 중대한 영향력을 행사하게 되었다. 취득 당시 (주)관계의 순자산 장부금액은 ₩1,000,000이고 공 정가치와 일치한다. (주)관계는 20 × 5년도 당기순이익으로 ₩300,000을 보고하였고 배 당금으로 ₩200,000을 지급하였다.

요구사항

주식의 취득일, 결산일, 배당일에 필요한 회계처리를 제시하시오.

K-IFRS를 반영한
회계원리

현금흐름표

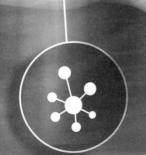

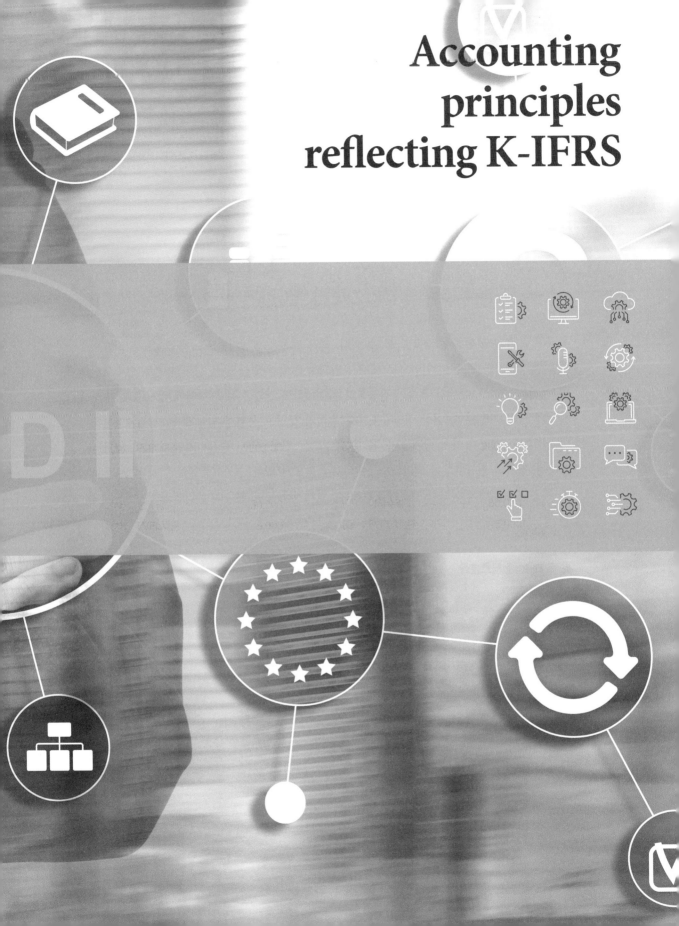

Accounting principles reflecting K-IFRS

 제1절 **현금흐름표 개요**

1 현금흐름표의 의의

기업은 영업활동을 원활하게 수행하기 위해서 적정 수준의 현금을 보유해야 한다. 현금 보유액이 너무 적으면 일시적인 자금부족으로 지급불능에 처할 수 있다. 간혹 기업이 현금 부족으로 흑자 도산하는 경우를 볼 수 있다. 흑자 도산은 발생기준으로 측정되는 당기순이익은 흑자이지만 번 돈이 기업으로 제때 유입되지 않아 차입금 등을 상환하지 못하여 도산하는 것을 말한다. 아무리 우수한 경영성과를 내더라도 차입금 등을 제때에 갚지 못하여 도산하게 되면 기업은 더 이상 경영활동을 계속하지 못하고 사업을 남에게 넘기거나 청산해야 할 수도 있다. 따라서 당기순이익으로 측정되는 경영성과도 중요하지만 현금이 얼마나 있는지, 당기의 현금흐름이 얼마나 되는지를 알 필요가 있다. 현금흐름표는 이와 같은 정보를 제공하기 위해 작성되는 재무제표로서 한 회계기간 동안 현금의 유입액과 유출액에 대한 정보를 제공한다.

표 11-1_ 현금흐름표 (단위: 십억 원)

	제43(당)기		제42(전)기	
Ⅰ. 영업활동으로 인한 현금흐름		528		(139)
1. 당기순이익(손실)	3,697		(4,348)	
2. 당기순이익에 대한 조정	(3,169)		4,209	
Ⅱ. 투자활동으로 인한 현금흐름		(1,991)		621
1. 투자활동으로 인한 현금유입액	3,713		5,495	
2. 투자활동으로 인한 현금유출액	(5,704)		(5,854)	
Ⅲ. 재무활동으로 인한 현금흐름		1,664		5,037
1. 재무활동으로 인한 현금유입액	2,185		5,813	
2. 재무활동으로 인한 현금유출액	(521)		(776)	
Ⅳ. 현금의 증가(감소)(Ⅰ+Ⅱ+Ⅲ)		201		5,519
Ⅴ. 기초의 현금 및 현금성자산		7,435		1,916
Ⅵ. 기말의 현금 및 현금성자산		7,636		7,435

현금흐름표에는 회계기간 동안 발생한 현금흐름을 영업활동, 투자활동 및 재무활동의 현금흐름으로 구분하여 표시된다. 이렇게 현금흐름을 경영활동별로 구분하여 표시하면 투자자가 미래현금흐름을 예측하는 데 유용하다. 또한 현금의 유입과 유출이 어떤 활동을 통해 이루어졌는지를 쉽게 이해할 수 있다. 각 활동의 현금흐름은 현금유입에서 현금유출을 차감한 금액으로 표시된다. 현금유입이 현금유출보다 작으면 음수로 표시되며 이것은 그 활동에서 현금이 지출되었음을 뜻한다. 세 가지 활동의 현금흐름을 합친 것이 한 회계기간 동안의 총현금흐름이다.

영업활동은 기업의 주된 수익창출활동으로서 일반적으로 재화나 서비스의 생산과 판매와 관련되는 활동을 말한다. 따라서 영업활동 현금흐름은 고객에게 재화나 서비스를 판매하여 획득한 현금유입과 이러한 재화나 서비스를 생산하거나 구매하기 위하여 공급자나 종업원 등에게 지출한 현금유출로 구성된다.

투자활동은 영업에 필요한 자산을 취득하거나 처분하는 활동을 말한다. 투자활동 현금흐름은 토지나 건물, 기계와 같은 자산을 취득하는 데 든 현금유출과 이런 자산을 처분하여 생긴 현금유입으로 구성된다.

재무활동은 투자활동이나 영업활동에 필요한 자금을 조달하는 활동을 말한다. 재무활동 현금흐름은 은행에서 부채를 차입하거나 신주를 발행하여 조달한 현금유입과 부채를 상환하거나 주주에게 배당금을 지급하는 데 든 현금유출로 구성된다.

② 당기순이익과 영업활동의 현금흐름

기업의 영업활동은 대부분 현금의 수취나 지출과 관련되어 있다. 예를 들어 상품을 판매하면 수익(매출)이 발생하고 현금을 수취한다. 그리고 상품을 매입하면 비용(매출원가)이 발생하고 현금을 지출한다. 이와 같이 수익을 인식할 때 현금의 수취가 동반되고 비용을 인식할 때 현금의 지출이 동반되는 경우가 많다. 영업활동의 현금유입액과 현금유출액은 영업활동의 현금흐름을 구성하고 수익과 비용은 당기순이익을 구성한다. 이처럼 회계기간의 당기순이익과 영업활동의 현금흐름은 서로 밀접한 관련이 있다. 다만 당기순이익은 발생기준으로

측정되고 영업활동 현금흐름은 현금기준으로 측정되므로 서로 일치하지는 않는다.

정보이용자가 기업의 재무상태나 경영성과를 분석할 때 발생기준으로 측정된 당기순이익만 보면 기업의 내용을 제대로 이해하지 못할 수도 있다. 발생기준으로 작성된 손익계산서에서 수익과 비용을 알 수 있으나 수익으로부터 현금이 얼마나 수취되었는지, 현금으로 지출된 비용이 얼마인지는 알 수 없다. 예컨대 당기순이익이 감소하지만 영업활동의 현금흐름은 증가할 수도 있으며 당기순이익은 증가하지만 영업활동의 현금흐름이 감소할 수도 있다. 이처럼 영업활동의 현금흐름은 당기순이익의 품질을 판단할 수 있는 기준을 제공한다.

현금흐름표의 구조

현금흐름은 회계기간 중에 있었던 현금의 변동액이다. 현금흐름은 현금의 유입액에서 현금의 유출액을 차감하여 산출된다. 이것이 현금흐름표의 본질이기는 하지만 내용을 완전하게 이해하기에는 부족하다. 재무상태표에서 비현금 요소들의 변동을 살펴보면 현금의 유입이나 유출이 어떤 내용으로 이루어져 있는지를 더 구체적으로 알 수 있다. 특정 시점에서 현금의 크기는 부채와 자본의 합에서 비현금자산을 차감한 것이다(식 11-1). 이를 일정기간의 현금변동에 대한 관계식으로 변환해도 성립한다. 그 결과 현금변동(현금흐름)은 부채변동, 자본변동 및 비현금자산의 변동(이하 '자산변동')으로 설명된다(식 11-2).

$$현금 = 부채 + 자본 - 비현금자산 \tag{11-1}$$
$$\Delta현금 = \Delta부채 + \Delta자본 - \Delta비현금자산 \tag{11-2}$$

여기서 'Δ자본'을 당기순이익과 기타의 자본변동(이하 '자본변동')으로 나누면 현금흐름은 당기순이익에 부채변동과 자본변동을 가산하고 자산변동을 차감한 것으로 표현될 수 있다.

현금흐름 = 당기순이익 + 부채변동 + 자본변동 − 자산변동   (11-3)

이를 이용하여 현금흐름표 작성과정을 살펴보자. 〈표 11-3〉은 재무상태표를 이용하여 현금흐름표를 작성하는 과정을 나타내고 있다. 이를 위해 비현금자산을 회계등식의 오른쪽으로 이항한 형태로 재무상태표를 변형하였다. 그 결과 비현금자산은 부채와 자본 아래에 음수 값으로 표시되었다.

표 11-2_ 재무상태표

(단위: 백만 원)

	당 기	전 기		당 기	전 기
현 금	2,165	2,275	매 입 채 무	765	640
매 출 채 권	2,600	2,150	미지급이자	600	750
재 고 자 산	3,450	2,725	미지급법인세	115	90
선급보험료	300	525	장기차입금	4,000	3,850
유 형 자 산	12,450	11,175	납 입 자 본	5,880	5,330
감가상각누계	(6,415)	(5,640)	이익잉여금	3,190	2,550
계	14,550	13,210	계	14,550	13,210

🐝 표 11-3_ 비현금항목의 변동액과 현금흐름

(단위: 백만 원)

	당기	전기	분류	변동금액	영업활동	투자활동	재무활동
매 입 채 무	765	640	영업활동	125	125		
미 지 급 이 자	600	750	영업활동	(150)	(150)		
미지급법인세	115	90	영업활동	25	25		
장 기 차 입 금	4,000	3,850	재무활동	150			150
납 입 자 본	5,880	5,330	재무활동	550			550
이 익 잉 여 금	3,190	2,550	영업활동	640	640		
매 출 채 권	(2,600)	(2,150)	영업활동	(450)	(450)		
재 고 자 산	(3,450)	(2,725)	영업활동	(725)	(725)		
선 급 보 험 료	(300)	(525)	영업활동	225	225		
유 형 자 산	(12,450)	(11,175)	투자활동	(1,275)		(1,275)	
감가상각누계	6,415	5,640	영업활동	775	775		
현 금	2,165	2,275	계	(110)	465	(1,275)	700

〈표 11-3〉에 의하면 현금 변동액은 비현금 항목들의 변동액(부채 변동액, 자본 변동액 및 자산 변동액)과 일치한다. 각각의 변동액을 영업활동, 투자활동 및 재무활동으로 구분하여 당기의 현금 변동액을 설명한 것이 현금흐름표이다. 즉, 당기의 현금 감소액 110백만원은 영업활동의 현금유입 465백만원, 투자활동의 현금유출 1,275백만원 및 재무활동의 현금유입 700백만원으로 설명된다.

영업활동의 현금흐름은 당기순이익(이익잉여금 변동액) 640백만원에 영업활동과 관련된 자산 변동액과 부채 변동액을 가감하여 산출된다. 투자활동 현금흐름은 유형자산의 취득액 1,275백만원이다. 단, 유형자산의 감가상각비 755백만원은 영업활동에 집계된다.★ 재무활동의 현금흐름은 신규차입(장기차입금) 150백만 원, 신규출자(납입자본) 550백만원으로 구성된다. 이하에서는 각 활동별로 현금흐름을 구하는 과정을 자세히 살펴본다.

> ★ 유형자산의 취득이나 처분은 투자활동이지만 감가상각으로 인한 감소액은 영업활동의 현금흐름으로 분류된다.

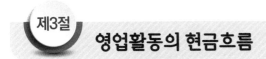

영업활동의 현금흐름

① 영업활동 현금흐름의 개요

영업활동의 현금흐름은 영업활동의 현금유입액에서 영업활동의 현금유출액을 차감한 것이다. 영업활동의 현금유입액은 발생기준의 수익에서 '현금유입이 없는 수익'을 차감하고, '수익이 아닌 현금유입'을 가산한 것이다. 그리고 영업활동의 현금유출액은 발생기준의 비용에서 '현금유출이 없는 비용'을 차감하고, '비용이 아닌 현금유출'을 가산한 것이다.

영업활동의 현금흐름 = 영업활동의 현금유입 – 영업활동의 현금유출 　　(11-4)
영업활동의 현금유입 = 수익 – 현금유입이 없는 수익 + 수익이 아닌 현금유입
영업활동의 현금유출 = 비용 – 현금유출이 없는 비용 + 비용이 아닌 현금유출

🔍 그림 11-1_ **영업활동 현금흐름**

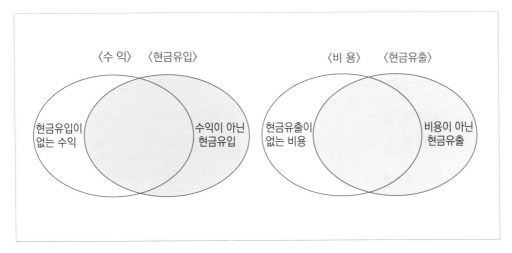

 영업활동의 현금유입

(1) 현금유입이 없는 수익

'현금유입이 없는 수익'은 발생기준으로 수익을 인식하거나 이연 수익(선수금, 선수수익)을 인식하는 경우에 생기며 현금유입이 없는 수익이 발생하면 그 만큼 상대계정인 자산(매출채권, 미수수익)이 증가하거나 부채(선수금, 선수수익)가 감소한다. 이런 거래의 예를 들면 다음과 같다.

(차) 매출채권	×××	(대) 매 출 액	×××
(차) 미수수익	×××	(대) 이자수익	×××
(차) 선 수 금	×××	(대) 매 출 액	×××
(차) 선수수익	×××	(대) 임대수익	×××

• **현금유입이 없는 수익과 관련된 비현금 항목의 변동**

매출채권 증가, 미수수익 증가, 선수금 감소, 선수수익 감소

(2) 수익이 아닌 현금유입

'수익이 아닌 현금유입'은 판매하는 재화나 용역의 대가를 나중에 받거나 미리 받는 경우에 생기며 수익이 아닌 현금유입이 생기면 그 만큼 상대계정인 자산(매출채권, 미수수익)이 감소하거나 부채(선수금, 선수수익)가 증가한다. 이런 거래의 예를 들면 다음과 같다.

(차) 현 금	×××	(대) 매출채권	×××
(차) 현 금	×××	(대) 미수수익	×××
(차) 현 금	×××	(대) 선 수 금	×××
(차) 현 금	×××	(대) 선수수익	×××

• **수익이 아닌 현금유입과 관련된 비현금 항목의 변동**

매출채권 감소, 미수수익 감소, 선수금 증가, 선수수익 증가

③ 영업활동의 현금유출

(1) 현금유출이 없는 비용

'현금유출이 없는 비용'은 발생기준으로 비용을 인식하거나 이연 비용(예 매출원가, 보험료)을 인식하는 경우에 생기며 이런 비용을 인식하면 그 만큼 상대계정인 자산(재고자산, 선급비용)이 감소하거나 부채(미지급비용)가 증가한다. 한편, 현금유출이 없는 비용에는 감가상각비와 무형자산상각비도 포함된다. 이 비용들은 전액 현금유출이 없는 비용이므로 상대계정의 변동액이 아니라 해당 비용을 직접 조정한다.

(차) 매 출 원 가	×××	(대) 재 고 자 산	×××
(차) 보 험 료	×××	(대) 선 급 비 용	×××
(차) 이 자 비 용	×××	(대) 미 지 급 비 용	×××
(차) 감 가 상 각 비	×××	(대) 감가상각누계	×××
(차) 무형자산상각	×××	(대) 무 형 자 산	×××

- 현금유출이 없는 비용과 관련된 비현금 항목의 변동

재고자산 감소, 선급금 감소*, 선급비용 감소, 매입채무 증가*, 미지급비용 증가

감가상각비, 무형자산상각비

> ★ 매입채무가 증가하거나 선급금이 감소하는 거래는 상대계정이 재고자산이므로 비용에 미치는 영향이 없다. 따라서 이런 거래는 현금유출이 없는 비용에 속하지 않지만 이해의 편의상 이를 구분하지 않는다.
>
> | | | | |
> |---|---|---|---|
> | (차) 재고자산 | ××× | (대) 매입채무 | ××× |
> | (차) 재고자산 | ××× | (대) 선 급 금 | ××× |

(2) 비용이 아닌 현금유출

'비용이 아닌 현금유출'은 재화나 용역의 구입대가를 미리 지급하거나 나중에 지급하는 경우에 생기는데 비용이 아닌 현금유출이 생기면 그 만큼 상대계정인 자산(재고자산, 선급금, 선급비용)이 증가하거나 부채(매입채무, 미지급비용)가 감소한다. 이런 거래의 예를 들면 다음과 같다.

(차) 재 고 자 산	×××	(대) 현　금	×××
(차) 선　급　금	×××	(대) 현　금	×××
(차) 선 급 비 용	×××	(대) 현　금	×××
(차) 매 입 채 무	×××	(대) 현　금	×××
(차) 미 지 급 비 용	×××	(대) 현　금	×××

- 비용이 아닌 현금유출과 관련된 비현금 항목의 변동

재고자산 증가, 선급금 증가, 선급비용 증가, 매입채무 감소, 미지급비용 감소

4 영업활동 현금흐름의 측정

식(11-4)에서 수익과 비용을 당기순이익으로 대체하면 영업활동의 현금흐름은 다음과 같이 구할 수 있다.

영업활동의 현금흐름 = 당기순이익
－ 현금유입이 없는 수익
＋ 수익이 아닌 현금유입
＋ 현금유출이 없는 비용
－ 비용이 아닌 현금유출
＋ 투자·재무활동의 손실
－ 투자·재무활동의 이익　　　　　　　　(11-5)

한편, 당기순이익에는 영업활동이 아닌 투자활동 또는 재무활동으로 인한 이득이나 손실이 포함되어 있다. 예를 들어 유형자산처분손익이나 사채상환손익은 투자활동이나 재무활동의 결과이다. 이러한 항목들에서 생긴 손익은 영업활동의 현금흐름이 아니므로 당기순이익에서 제거된다. 영업활동의 현금흐름을 구하는 과정을 다시 정리하면 다음과 같다.

🐝 표 11-4_ 영업활동 현금흐름 산출과정

> 영업활동의 현금흐름 = 당기순이익
>   - (매출채권 증가 + 미수수익 증가 + 선수금 감소 + 선수수익 감소)
>   + 매출채권 감소 + 미수수익 감소 + 선수금 증가 + 선수수익 증가
>   + 재고자산 감소 + 선급금 감소 + 선급비용 감소 + 매입채무 증가 + 미지급비용 증가
>   - (재고자산 증가 + 선급금 증가 + 선급비용 증가 + 매입채무 감소 + 미지급비용 감소)
>   + 감가상각비 + 무형자산상각비
>   + 투자·재무활동의 손실
>   - 투자·재무활동의 이익

이렇게 영업활동의 현금흐름을 구하는 것을 간접법이라 한다. 간접법은 작성하기 간편하여 선호되지만 영업활동의 현금흐름을 주요 활동별로 일목요연하게 파악할 수 없다. 특히 매출에서의 현금유입이나 매입에서의 현금유출이 얼마나 되는지를 나타낼 수 없다. 매출에서의 현금유입액은 매출에서 매출채권과 선수금의 변동액을 조정하면 구할 수 있다. 그리고 매입에서의 현금유출액은 매출원가에서 재고자산, 선급금, 매입채무의 변동액을 조정하면 구할 수 있다. 표 11-5는 영업활동의 현금흐름을 직접법으로 구하는 과정을 나타낸다.

🐝 표 11-5_ 영업활동 현금흐름 산출과정(직접법)

현금기준		발생기준	조정항목
매출에서의 현금유입액	=	매 출 액	- 매출채권 증가 + 매출채권 감소 + 선수금 증가 - 선수금 감소
- 매입에서의 현금유출액	=	- 매출원가	- 재고자산 증가 + 재고자산 감소 - 선급금 증가 + 선급금 감소 + 매입채무 증가 - 매입채무 감소
+ 기타의 현금유입액	=	+ 기타수익	- 미수수익 증가 + 미수수익 감소 + 선수수익 증가 - 선수수익 감소 - 투자·재무활동의 이익
- 기타의 현금유출액	=	- 기타비용	- 선급비용 증가 + 선급비용 감소 + 미지급비용 증가 - 미지급비용 감소 + 감가상각비나 무형자산 상각비 + 투자·재무활동의 손실
영업활동 현금흐름		당기순이익	

예제 11-1 영업활동의 현금흐름

다음의 자료를 이용하여 영업활동의 현금흐름을 직접법과 간접법으로 산출하시오.

손익계산서		부분 재무상태표			
	금 액		전 기	당 기	변 동
매출액	8,700	매출채권	2,150	2,600	450
매출원가	(5,678)	재고자산	2,725	3,450	725
판매비	(345)	선급보험료	525	300	(225)
감가상각비	(775)	선급광고비	575	550	(25)
보험료	(567)	감가상각누계액	(5,640)	(6,415)	(775)
이자비용	(189)	매입채무	640	765	125
법인세비용	(456)	미지급이자	750	600	(150)
당기순이익	690	미지급법인세	90	115	25

해답

1. 직접법

손익계산서		조 정		영업활동 현금흐름	
매출액	8,700	매출채권 증가	(450)	매출에서의 현금유입	8,250
매출원가	(5,678)	재고자산 증가	(725)	매입에서의 현금유출	(6,278)
		매입채무 증가	125		
판매비	(345)	선급광고비 감소	25	판매비 지출	(320)
감가상각비	(775)	감가상각누계액 증가	775		-
보험료	(567)	선급보험료 감소	225	보험료 지출	(342)
이자비용	(189)	미지급이자 감소	(150)	이자비용 지출	(339)
법인세비용	(456)	미지급법인세 증가	25	법인세비용 지출	(431)
당기순이익	690	계	(150)	영업활동의 현금흐름	540

* 여기서 수익은 양수로, 비용은 음수로 처리되었다. 또한 자산의 증가는 음수로, 자산의 감소는 양수로 처리되며 부채의 감소는 음수로 처리된다.

2. 간접법

(1) 당기순이익		₩690
(2) 당기순이익에 대한 조정		(150)
감가상각비	775	
매출채권 증가	(450)	
재고자산 증가	(725)	
선급보험료 감소	225	
선급광고비 감소	25	
매입채무 증가	125	
미지급이자 감소	(150)	
미지급법인세 증가	25	
(3) 영업활동으로 인한 현금흐름		540

예제 11-2 **현금유입이 없는 수익, 현금유출이 없는 비용**

다음은 ㈜ 삼한의 재무상태표의 일부이다.

	당기	전기	변동
소모품	600	800	(200)
선급보험료	600	500	100
선수임대수익	400	500	(100)

요구사항

1. 당기의 소모품비는 ₩900이다. 소모품 구입액은?

2. 당기의 보험료는 ₩800이다. 보험료 지출액은?

3. 당기의 임대수익는 ₩600이다. 임대료 수취액은?

해답

	손익계산서		조정 내역		영업활동의 현금흐름	
1.	소모품비	(900)	소모품 감소	200	소모품구입액	(700)
2.	보험료	(800)	선급보험료 증가	(100)	보험료 지출액	(900)
3.	임대수익	600	선수임대수익 감소	(100)	임대료 수취액	500

투자활동과 재무활동 현금흐름

① 투자활동의 현금흐름

투자활동의 현금흐름은 미래의 수익과 현금흐름을 창출할 자원을 확보하는 데 지출된 현금흐름을 나타낸다. 현금흐름표에서 투자활동의 현금흐름은 투자활동으로 인한 현금유입액과 투자활동으로 인한 현금유출액으로 구분하여 보고한다. 투자활동으로 인한 현금흐름은 예를 들어 다음과 같다.

투자활동으로 인한 현금의 유출	투자활동으로 인한 현금의 유입
• 유형자산의 취득 • 금융자산(주식이나 채권)의 취득 • 여유자금의 대여	• 유형자산의 처분 • 금융자산의 처분 • 대여금의 회수

투자자산이나 유형자산과 같은 비유동자산을 취득하면 현금이 유출된다. 예를 들어 건물을 취득하고 현금 ₩180,000을 지급하면, 건물이라는 비유동자산이 증가하면서 현금 ₩180,000이 유출된다.

(차) 건 물	180,000	(대) 현 금	180,000

투자자산이나 유형자산과 같은 비유동자산을 처분하면 처분금액만큼 현금이 유입된다. 예를 들어 장부금액 ₩8,000(감가상각누계액이 ₩2,000)인 기계를 ₩7,500에 매각 했다면 다음과 같이 분개되며 이 거래에서 ₩7,500의 현금이 유입된다.

(차) 현 금	7,500	(대) 기 계	10,000
감가상각누계액	2,000		
유형자산처분손실	500		

② 재무활동의 현금흐름

재무활동의 현금흐름은 투자활동이나 영업활동에 필요한 자금을 어떻게 조달하였는지를 나타낸다. 재무활동으로 인한 현금유입과 현금유출은 예를 들어 다음과 같다.

재무활동으로 인한 현금의 유입	재무활동으로 인한 현금의 유출
· 차입금의 조달 · 사채의 발행, 유상증자 · 자기주식의 처분	· 사채나 차입금의 상환 · 배당금의 지급 · 자기주식의 취득

기업은 금융기관에서 자금을 차입하거나 회사채를 발행하여 자금을 조달한다. 예를 들어 은행에서 시설자금 ₩300,000을 차입하면 현금 ₩300,000이 유입되고 장기차입금 ₩300,000이 증가한다. 이 금액은 재무활동의 현금유입액으로 보고된다. 그리고 어떤 경우에는 주주들의 신규 출자를 통해 자금을 조달하기도 한다. 이러한 현금흐름도 재무활동의 현금유입액으로 보고된다.

③ 영업활동과 투자·재무활동의 구분

차입금에 대한 이자를 지급하면 현금이 유출된다. 이 거래에서 차변에 기록될 이자비용은 재무활동의 현금유출액으로 보고된다. 이는 이자비용이 재무활동에서 발생한 비용이기 때문이다. 마찬가지로 이자수익이나 배당금수익은 투자활동에서 생긴 수익이므로 투자활동 현금흐름으로 분류해야 할 것이다. 그러나 금융회사의 경우 이자수익과 이자비용은 주된 영업활동과 관련된다. 따라서 금융회사의 이자지급이나 이자수취는 영업활동의 현금흐름으로 보아야 할 것이다. 그러나 다른 업종의 경우에는 이에 대한 명확한 구분이 어렵기 때문에 K-IFRS에서는 이의 구분을 규정하지 않는다.*

★ 여기서는 이 항목들을 영업활동의 현금흐름으로 분류하기로 한다.

보론 현금흐름표 작성사례

여기서는 각 활동별 현금흐름을 통합하여 간접법으로 현금흐름표를 작성하는 과정을 설명한다. 여기에 제시된 사례는 다소 복잡하므로 나중에 중급회계에서 이해하여도 될 것이다.

예제 11-3 현금흐름표 작성(간접법)

다음의 재무상태표와 추가자료를 이용하여 현금흐름 정산표와 현금흐름표를 작성하시오.

재무상태표

	20 × 5년	20 × 4년		20 × 5년	20 × 4년
현 금	55,000	30,000	매 입 채 무	50,000	40,000
매 출 채 권	45,000	40,000	단 기 차 입 금	45,000	-
재 고 자 산	110,000	100,000	사 채	315,000	250,000
선 급 비 용	8,000	20,000	자 본 금	275,000	200,000
토 지	110,000	110,000	자 본 잉 여 금	25,000	-
건 물	450,000	330,000	이 익 잉 여 금	136,000	132,000
감가상각누계액	(54,000)	(44,000)			
기 계	150,000	60,000			
감가상각누계액	(28,000)	(24,000)			
계	846,000	622,000	계	846,000	622,000

| 추가자료 |

① 당기순이익은 ₩14,000이고 당기에 배당금 ₩10,000을 지급하였다.

② 당기의 감가상각비는 ₩17,000(건물 ₩10,000, 기계장치 ₩7,000)이다.

③ 당기 중에 건물 (₩120,000)과 기계 (₩100,000)를 취득하였다.

④ 당기 중에 취득원가 ₩10,000, 상각누계액 ₩3,000인 기계를 매각하고 처분이익 ₩1,000을 인식하였다.

⑤ 당기 중에 사채 (₩100,000)를 발행하였다.

⑥ 당기 중에 장부금액 ₩35,000의 사채를 상환하고 상환이익 ₩5,000을 인식하였다.

⑦ 1주당 액면금액 ₩5,000인 보통주 15주를 총 ₩100,000에 발행하였다.

해답

1. 현금흐름 정산표

	20 × 5년	20 × 4년	변동액	영업활동	투자활동	재무활동
매 입 채 무	50,000	40,000	10,000	10,000		
단기차입금	45,000	-	45,000			45,000
사 채	315,000	250,000	100,000			100,000⑤
			(35,000)			(35,000)⑥
			0	(5,000)⑥		5,000⑥
자 본 금	275,000	200,000	75,000			75,000⑦
자본잉여금	25,000	-	25,000			25,000⑦
이익잉여금	136,000	132,000	4,000	14,000①		(10,000)①
매 출 채 권	(45,000)	(40,000)	(5,000)	(5,000)		
재 고 자 산	(110,000)	(100,000)	(10,000)	(10,000)		
선 급 비 용	(8,000)	(20,000)	12,000	12,000		
토 지	(110,000)	(110,000)	-			
건 물	(450,000)	(330,000)	(120,000)		(120,000)③	
상각누계액	54,000	44,000	10,000	10,000②		
기 계 장 치	(150,000)	(60,000)	(100,000)		(100,000)③	
			10,000		10,000④	
			0	(1,000)④	1,000④	
상각누계액	28,000	24,000	4,000	7,000②	(3,000)④	
현 금	55,000	30,000	25,000	32,000	(212,000)	205,000

④ 기계장치처분이익(₩1,000)은 투자활동과 관련되므로 영업활동에서 투자활동으로 옮김. 따라서 기계
  장치 처분으로 인한 현금흐름은 ₩8,000(= 10,000 + 1,000 -3,000)

⑥ 사채상환이익(₩5,000)은 재무활동과 관련되므로 영업활동에서 재무활동으로 옮김. 따라서 사채상환
  으로 인한 현금흐름은 -₩30,000(= - 35,000 + 5,000)

2. 현금흐름표

Ⅰ. 영업활동의 현금흐름		₩32,000
1. 당기순이익	14,000	
2. 당기순이익의 조정		
감가상각비	17,000	
기계처분이익	(1,000)	
사채상환이익	(5,000)	
3. 영업활동으로 인한 자산·부채의 변동		
매출채권의 증가	(5,000)	
재고자산의 증가	(10,000)	
선급비용의 감소	12,000	
매입채무의 증가	10,000	
Ⅱ. 투자활동의 현금흐름		(212,000)
1. 투자활동의 현금유입액		
기계의 처분	8,000	
2. 투자활동의 현금유출액		
건물의 취득	(120,000)	
기계의 취득	(100,000)	
Ⅲ. 재무활동의 현금흐름		205,000
1. 재무활동의 현금유입액		
사채의 발행	100,000	
주식의 발행	100,000	
단기차입금 차입	45,000	
2. 재무활동의 현금유출액		
사채의 상환	(30,000)	
배당금 지급	(10,000)	
Ⅳ. 현금의 증가(Ⅰ + Ⅱ + Ⅲ)		25,000
기초의 현금		30,000
기말의 현금		55,000

01 다음의 현금흐름 중 영업활동의 현금흐름 요소가 아닌 것은?

① 이자수익의 수취 ② 차입금의 상환

③ 매입채무의 지급 ④ 매출채권의 회수

02 다음의 현금흐름 중 투자활동의 현금흐름에 속하는 것은?

① 사채의 발행 ② 개발비의 지출

③ 배당금의 지급 ④ 자기주식의 취득

03 다음의 현금흐름 중 재무활동의 현금흐름에 속하는 것은?

① 배당금의 수령 ② 무상증자

③ 배당금의 지급 ④ 토지의 처분

04 다음의 사건들 중 영업활동의 현금흐름에 미치는 영향이 다른 것은?

① 재고자산이 ₩6,000 감소하였다.

② 매입채무가 ₩6,600 증가하였다.

③ 매출채권이 ₩5,500 감소하였다.

④ 선급보험료가 ₩1,600 증가하였다.

정답

01 차입금의 상환은 재무활동 현금흐름이고 나머지는 영업활동 현금흐름에 속한다. **정답** ②

02 개발비의 지출이 투자활동 현금흐름이고 나머지는 재무활동 현금흐름에 속한다. **정답** ②

03 배당금의 지급은 재무활동 현금흐름이고 무상증자는 현금흐름에 미치지 않으며, 배당금의 수령은 영업
활동(또는 투자활동) 현금흐름이고 토지의 처분은 투자활동 현금흐름이다. **정답** ③

04 선급보험료의 증가는 현금흐름에 음(-)의 영향을 미친다. **정답** ④

주관식 문제

11-01 영업활동 현금흐름 1

당기와 전기의 재무상태표에 다음과 같은 자산들이 보고되었다.

	전기	당기	변동
선 급 보 험 료	₩80,000	₩90,000	₩10,000
소 모 품	65,000	86,000	21,000

요구사항

1) 당기의 보험료는 ₩120,000이다. 당기의 보험료 지급액을 구하시오.

2) 당기의 소모품비는 ₩790,000이다. 당기의 소모품 구입액을 구하시오.

11-02 영업활동 현금흐름 2

당기와 전기의 재무상태표에 보고된 결산수정항목은 다음과 같다.

	전기	당기	변동
선 급 보 험 료	₩0	₩900,000	₩900,000
미 지 급 이 자	65,000	45,000	(20,000)
미 지 급 급 여	1,165,000	1,345,000	180,000

요구사항

1) 당기의 보험료는 ₩1,725,000이다. 당기의 보험료 지급액을 구하시오.

2) 당기의 이자비용은 ₩725,000이다. 당기의 이자 지급액을 구하시오.

3) 당기의 급여는 ₩3,725,000이다. 당기의 급여 지급액을 구하시오.

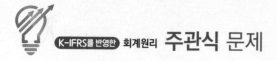

11-03 영업활동의 현금흐름 3

다음은 영업활동의 현금흐름에 관한 자료이다.

당기순이익	₩58,000	감가상각비	₩6,000
매출채권 증가	10,000	매입채무 증가	5,000
재고자산 감소	8,000	미지급비용 감소	2,000

요구사항

영업활동의 현금흐름을 구하시오.

11-04 매출에서의 현금유입액

효익(주)의 매출채권과 손실충당금 잔액은 다음과 같다.

	전기	당기	변동
매 출 채 권	₩200,000	₩260,000	₩60,000
손 실 충 당 금	(40,000)	(30,000)	10,000
계	160,000	230,000	70,000

요구사항

당기의 매출액은 ₩1,000,000이고, 매출채권 손상차손은 ₩0이다. 매출에서 유입된 현금을 계산하시오.

11-05 매입에서의 현금유출액

비용(주)의 재고자산과 매입채무는 다음과 같다.

	전기	당기	변동
재 고 자 산	₩120,000	₩160,000	₩40,000
매 입 채 무	140,000	130,000	(10,000)

요구사항

당기의 매출원가는 ₩800,000이다. 매입에서 유출된 현금을 계산하시오.

11-06 투자활동의 현금흐름

다음은 건물 장부금액의 변동내역이다.

	전기	당기
건 물	₩425,000	₩460,000
감가상각누계액	(140,000)	(156,000)
계	285,000	304,000

| 추가정보 |

• ₩130,000에 건물을 취득하였다.
• 건물의 감가상각비 ₩76,000과 건물의 처분이익 ₩5,000이 있었다.

요구사항

위의 재무정보를 이용하여 건물의 처분에서 유입된 현금을 계산하시오.

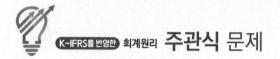

11-07 영업활동의 현금흐름 1

(주)갑을의 재무상태표는 다음과 같다.

재무상태표

	당기	전기		당기	전기
현　　　금	73,000	3,000	매 입 채 무	105,000	85,000
매 출 채 권	156,000	84,000	미지급비용	10,000	16,000
재 고 자 산	68,000	125,000	단기차입금	200,000	200,000
선 급 비 용	20,000	10,000	자 본 금	200,000	200,000
유 형 자 산	400,000	400,000	이익잉여금	132,000	86,000
상 각 누 계 액	(70,000)	(35,000)			
계	647,000	587,000	계	647,000	587,000

| 추가정보 |

· 당기순이익은 ₩46,000이고 비용 중에는 감가상각비 ₩35,000이 포함되어 있다.

요구사항

영업활동의 현금흐름을 구하시오.(간접법)

11-08 영업활동의 현금흐름 2

(주)나산의 재무상태표는 다음과 같다.

재무상태표

	당기	전기		당기	전기
현　　　금	66,000	13,000	매 입 채 무	139,000	85,000
매 출 채 권	160,000	84,000	미지급비용	22,000	16,000
재 고 자 산	125,000	125,000	단기차입금	200,000	200,000
선 급 비 용	100,000	100,000	자 본 금	200,000	200,000
유 형 자 산	250,000	300,000	이익잉여금	100,000	86,000
상 각 누 계 액	(40,000)	(35,000)			
계	661,000	587,000	계	661,000	587,000

| 추가정보 |

• 당기순이익은 ₩14,000이고 비용 중에는 감가상각비 ₩15,000이 포함되어 있다.

• 비용 중에 유형자산처분손실 ₩12,000이 포함되어 있다.

요구사항

영업활동의 현금흐름을 구하시오.(간접법)

11-09 현금흐름표의 작성

다음은 재무상태표를 변형한 것이다.

	20 × 4년	20 × 5년	변동액	영업활동	투자활동	재무활동
매 입 채 무	13,000	24,000	11,000			
미지급비용	31,000	29,000	(2,000)			
자 본 금	90,000	90,000	-			
이익잉여금	10,000	30,000	20,000			
매 출 채 권	(26,000)	(21,000)	5,000			
재 고 자 산	(51,000)	(56,000)	(5,000)			
비 품	(60,000)	(60,000)	-			
상각누계액	5,000	9,000	4,000			
현 금	12,000	45,000	33,000			

| 추가정보 |

• 당기순이익은 ₩25,000이고, 기중에 ₩5,000의 배당금을 지급하였다.

• 비품의 감가상각비는 ₩4,000이다.

요구사항

표의 빈칸에 활동별 현금흐름을 나타내시오.

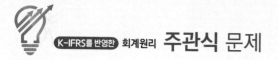

11-10 현금흐름표의 작성

(주)들판의 재무상태표는 다음과 같다.

	당기	전기		당기	전기
현　　　금	₩80,000	₩10,000	매 입 채 무	₩45,000	₩30,000
매 출 채 권	50,000	60,000	미 지 급 비 용	15,000	40,000
재 고 자 산	90,000	110,000	장 기 차 입 금	180,000	140,000
선 급 비 용	5,000	5,000	보통주자본금	100,000	100,000
기 계 설 비	321,000	271,000	이 익 잉 여 금	106,000	76,000
상 각 누 계 액	(100,000)	(70,000)			
계	446,000	386,000	계	446,000	386,000

| 추가정보 |

• 당기순이익은 ₩55,000이고, 기중에 ₩25,000의 현금배당을 하였다.

• 기계설비의 감가상각비는 ₩30,000이다.

• 5월에 장기차입금 ₩40,000을 새로 조달하였다.

요구사항

활동별 (영업활동, 투자활동, 재무활동) 현금흐름을 구하시오.

11-11 현금흐름표의 작성

(주)철강의 재무상태표는 다음과 같다.

	당 기	전 기		당 기	전 기
현 금	₩79,400	₩56,600	매 입 채 무	₩117,700	₩165,200
매 출 채 권	174,600	184,400	미 지 급 비 용	12,700	45,800
재 고 자 산	240,000	200,000	장기미지급금	170,000	100,000
선 급 비 용	14,000	32,000	사 채	250,000	190,000
토 지	260,000	190,000	보통주자본금	400,000	400,000
건 물	230,000	230,000	이 익 잉 여 금	83,600	68,000
기 계 장 치	120,000	120,000			
상 각 누 계 액	(84,000)	(44,000)			
계	1,034,000	969,000	계	1,034,000	969,000

| 추가정보 |

• 당기순이익은 ₩25,000이고, 당기 중에 ₩9,400의 배당금을 지급하였다.
• 건물과 기계장치의 감가상각비는 각각 ₩20,000이다.
• 사채 ₩60,000을 액면발행하였다.
• 장기미지급금 증가액 ₩70,000은 토지를 취득하면서 생긴 것이다.

요구사항

1. 현금흐름 정산표를 작성하시오.
2. 현금흐름표를 작성하시오.

재무제표의
작성과 표시

Accounting
principles
reflecting K-IFRS

 제1절 **재무제표의 작성에 관한 일반기준**

 재무제표 요소의 인식

인식이란 자산, 부채, 자본, 수익, 비용으로 구성되는 재무제표 요소의 어떤 항목을 재무상태표나 손익계산서에 반영하는 과정을 말한다. 어떤 항목이 재무제표에 인식되기 위해서는 재무제표 요소의 정의에 부합할 뿐 아니라, 자산이나 부채를 인식하고 이에 따른 결과로 수익, 비용 또는 자본변동을 인식하는 것이 정보이용자에게 유용한 정보를 제공하는 것을 필요로 한다. 자산이나 부채를 인식하기 위한 조건은 다음과 같다.

- 자산이나 부채에 대한 그리고 이에 따른 결과로 발생하는 수익, 비용 또는 자본변동에 대한 목적적합한 정보를 제공한다.
- 자산이나 부채에 대한 그리고 이에 따른 결과로 발생하는 수익, 비용 또는 자본변동을 충실히 표현한다.

위의 두 인식기준은 재무정보가 갖추어야 할 근본적 질적 특성인 목적적합성과 표현충실성에 해당한다.★ 여기서 목적적합성과 표현충실성은 이에 관한 제약요인을 고려하여 해석되어야 한다. 자산이나 부채가 존재하는지 불확실하거나 자산이나 부채가 존재하지만 이와 관련된 경제적 효익이 유입(또는 유출)될 가능성이 높지 않다면 이를 인식하지 않는 것이 목적 적합할 것이다. 한편, 자산이나 부채를 인식하기 위해서는 측정을 해야 하는데 그러한 측정은 추정에 의존하는 경우가 많다. 추정은 불확실성을 내

★ 종전에는 해당 항목과 관련된 미래 경제적 효익이 유입(유출)될 가능성이 크고, 해당 항목의 원가를 신뢰성 있게 측정할 수 있을 때 인식한다고 표현하였다. 그런데 '가능성'이 크다는 것을 자의적으로 해석하거나, 유용한 정보임에도 불구하고 '신뢰성'있게 측정할 수 없다는 이유로 그 항목을 인식하지 않아도 되는 것처럼 해석될 여지가 있었다.

포하고 있으므로 합리적인 추정이 필수적이다. 따라서 추정의 불확실성이 너무 높은 경우에는 자산이나 부채를 인식하지 않는 것이 충실한 표현이 될 것이다.

② 재무제표 요소의 측정

측정은 재무상태표와 손익계산서에 인식되고 평가되어야 할 재무제표 요소의 화폐금액을 결정하는 것을 말한다. 측정은 취득일에 그 취득금액을 결정하는 것뿐 아니라 매 결산일의 평가를 포함한다. 측정은 측정기준을 선택하는 과정을 포함하는데, 개념체계에서는 여러 가지 측정기준을 제시하고 있다. 개념체계의 측정기준은 우선 역사적 원가와 현행가치로 나뉘고, 현행가치는 다시 공정가치, 사용가치와 이행가치, 현행원가로 구성된다.* 여기서 가장 보편적으로 채택되는 측정기준은 역사적 원가이다. 역사적 원가는 다른 측정기준과 함께 사용된다. 예를 들어 재고자산은 역사적 원가와 순실현가능가치를 비교하여 저가로 평가된다.

> ★ 현재가치는 별도의 측정기준으로 보지 않는다. 현재가치 측정은 상각후원가, 공정가치, 사용가치 등의 측정치를 추정하기 위해 사용되는 것이며 별개의 측정기준이 아니다.

(1) 역사적 원가 또는 취득원가

자산은 취득 당시의 원가(취득원가)로 기록하고, 부채는 그 부채를 부담하는 대가로 수취한 현금, 또는 현금성자산으로 기록한다. 여기서 취득원가는 취득의 대가로 지급한 현금, 현금성자산 또는 그 밖의 대가의 공정가치를 말한다.

취득원가를 역사적 원가(historical cost)라고도 하는데 이는 거래의 인식시점에서 보면 과거의 원가이기 때문이다. 역사적 원가는 원칙적으로 자산을 취득원가로 기록한 다음 그 금액을 수정하지 않는다는 의미를 내포하고 있다. 즉, 취득원가로 기록한 후 원칙적으로 처분 때까지 그 평가액을 변경하지 않는다는 것이다. 그런데 K-IFRS는 역사적 원가로 평가하는 원가모형(cost model) 외에 공정가치로 평가하는 재평가모형(revaluation model)을 선택 가능한 회계정책으로 인정하고 있다.

어떤 자산이 그 공정가치가 변했을 것이라는 가능성을 알면서도 역사적 원가를 장부금액

으로 유지하려는 이유는 무엇일까? 그것은 자산 평가액이 객관적으로 검증할 수 있어야 한다는 회계정보의 질적특성에서 기인한다. 어떤 자산을 실제로 처분하기 전에는 객관적으로 입증 가능한 공정가치를 정하기 어렵다. 그 자산을 실제로 처분하기 전에는 자산의 평가액을 추정할 수만 있을 뿐이며 그 추정치는 변동가능성이 존재하기 때문이다.

역사적 원가 기준은 자산 측정에 관한 가장 보편적인 기준이지만 객관적으로 입증 가능한 공정가치를 확보할 수 있는 경우에는 굳이 역사적 원가를 고집할 이유가 없다. 이 경우에는 당시의 공정가치로 자산평가액을 수정할 수 있다. 예를 들어 공정가치 측정 금융자산은 결산일의 공정가치로 평가하여 장부금액을 수정한다. 그 외에도 재고자산에 대한 저가법 적용, 비유동자산의 손상차손 인식이나, 재평가 등은 역사적 원가기준에 대한 예외에 해당한다.

(2) 현행가치

❶ 공정가치

공정가치는 측정일에 시장참여자 사이의 정상거래에서 자산을 매도할 때 받거나 부채를 이전할 때 지급하게 될 가격을 말한다. 공정가치 측정치에는 거래원가가 포함되지 않으며 거래원가는 발생시점의 비용으로 처리한다. 공정가치는 활성시장에서 관측되는 가격으로 결정되어야 하겠지만 활성시장이 없다면 현금흐름 측정기법을 사용하여 간접적으로 결정되기도 한다.

❷ 사용가치와 이행가치

자산의 사용가치(value in use)는 기업이 자산의 사용과 궁극적인 처분으로 얻을 것으로 기대하는 현금흐름 또는 그 밖의 경제적효익의 현재가치이다. 부채의 이행가치(fulfillment value)는 기업이 부채를 이행할 때 이전해야 하는 현금흐름 또는 그 밖의 경제적효익의 현재가치이다. 사용가치와 이행가치는 미래현금흐름에 기초하므로 자산을 처분하거나 부채를 이행할 때 예상되는 거래원가의 현재가치를 포함한다.

❸ 현행원가

자산의 현행원가(current cost)는 측정일에 그 자산과 동등한 자산을 취득한다면 지급할 대가와 그 거래원가를 포함한 금액이다. 부채의 현행원가는 측정일에 동등한 부채를 부담한다면 수취할 수 있는 대가에서 그 거래원가를 차감한 금액이다.

③ 재무제표의 작성원칙

(1) 공정한 표시

재무제표는 기업의 재무상태, 경영성과 및 현금흐름을 공정하게 표시해야 한다. 공정한 표시를 위해서는 개념체계에서 정한 자산, 부채, 수익 및 비용에 대한 정의와 인식요건에 따라 거래, 그 밖의 사건의 효과를 충실하게 표현해야 한다. K-IFRS에 따라 작성된 재무제표는 공정하게 표시된 재무제표로 본다.

(2) 계속기업

계속기업이란 투자원금의 회수로 청산하는 일회성 사업과는 달리 기업이 본래의 사업목적을 달성하기 위해 계속적인 재투자 과정 속에서 미래에도 기업활동을 계속해 나간다고 보는 것을 말한다. 현대의 기업은 반대의 증거가 없는 한 미래에도 영업활동을 계속할 것으로 간주되고 있다. 따라서 기업을 청산하거나 경영활동을 중단해야하는 상황이 아니면 계속기업을 전제로 재무제표를 작성한다. 다만, 계속기업으로서의 존속능력에 유의적인 의문이 제기될 수 있는 사건이나 상황과 관련된 불확실성을 알게 된 경우 그러한 불확실성을 공시하여야 한다.

(3) 발생기준

발생기준에서는 거래나 사건의 영향을 그것이 발생한 기간에 인식하여 기록하고 재무제표에 표시한다. 즉 거래나 사건을 현금의 수취나 지급 시점이 아니라 발생한 기간에 기록하

는 것이다. 발생기준을 적용하여 작성한 재무제표는 현금흐름을 수반한 과거의 거래 뿐 아니라 미래에 현금을 지급해야 하는 의무(부채)와 현금의 수취가 기대되는 권리(자산)에 대한 정보를 이용자에게 제공한다. 발생기준을 적용하여 작성한 재무제표는 현금기준 (cash basis)의 그것보다 이용자의 경제적 의사결정에 유용한 정보를 제공한다. 따라서 현금흐름 정보를 제외하고는 발생기준에 입각하여 재무제표를 작성한다.

(4) 중요성과 통합

회계기간 중에 생긴 거래와 사건 중 그 성격이나 기능이 상이한 항목들은 구분하여 표시한다. 다만 중요하지 않은 항목은 성격이나 기능이 유사한 다른 항목과 통합하여 표시할 수 있다. 재무제표에는 중요하지 않아 구분하지 않은 항목이라도 주석에서는 구분 표시해야 할 수도 있다.

(5) 상계

K-IFRS에서 허용하거나 요구하지 않는 한 자산과 부채 그리고 수익과 비용은 상계하지 않는다. 다만, 상계 표시가 거래의 실질을 더 잘 반영하는 경우에는 상계하여 표시할 수 있는데 예를 들면 투자자산이나 유형자산의 처분손익은 처분대금에서 장부금액을 상계한 순액으로 표시된 것이다.*

> ★ 매출채권에 대한 손실충당금이나 재고자산에 대한 평가충당금을 관련 자산에서 상계하여 순액으로 표시하는 것은 여기서 말하는 상계가 아니다.

(6) 보고빈도

재무제표는 최소한 1년마다 작성한다. 그런데 보고기간 종료일을 변경하여 재무제표의 보고기간이 1년보다 길거나 짧아질 수도 있다.* 이 경우에는 재무제표가 비교 가능하지 않다는 사실을 공시해야 한다.

> ★ 예를 들어 회계기간이 4월1일부터 다음해 3월31일까지인 기업이 회계기간을 1월1일부터 12월 31일로 변경하는 경우 변경하는 첫해의 회계기간은 4월1일부터 12월31일까지 9개월이 된다.

(7) 비교공시

K-IFRS에서 허용하거나 요구하지 않는 한 당기의 재무제표에 보고되는 모든 금액은 전기의 금액을 함께 공시한다. 재무제표 항목의 표시와 분류를 변경한 경우에는 비교금액도 재분류해야 한다. 필요한 경우 서술형 정보도 비교정보를 공시한다.

(8) 표시의 계속성

재무제표 항목의 표시와 분류는 매기 동일하여야 한다. 다만 사업내용의 중요한 변화 등으로 인해 표시나 분류방법을 변경하는 것이 더 적절해졌거나 K-IFRS에서 표시나 분류방법의 변경을 요구한 경우에는 변경할 수 있다.

제2절 재무상태표의 표시와 분류

① 유동과 비유동 항목의 구분

K-IFRS에서는 재무상태표에 표시해야 할 항목의 순서나 형식을 특정하지 않는다. 다만 재무상태표를 유동/비유동 구분법에 따라 표시하도록 규정하고 있다. 이것은 운전자본으로 계속 순환되는 자본과 장기 영업활동에 사용되는 자본을 구분함으로써 더 유용한 정보를 제공할 수 있기 때문이다.

그러나 금융회사와 같이 영업주기*가 명확히 식별되지 않고, 그렇게 하는 것이 더 목적 적합한 정보를 제공하는 경우에는 유동성 순서에 따라 표시할 수도 있다. 이 경우 모든 자산과 부

> ★ 영업주기는 영업활동을 위해 취득한 자산이 취득시점부터 현금으로 실현되는 시점까지 소요되는 기간을 말한다.

채를 유동성 순서로 표시하는 것이 원칙이지만, 기업이 다양한 사업을 영위하는 등 필요할 경우 일부는 유동/비유동 구분법으로 표시하고, 나머지는 유동성 순서로 표시할 수도 있다.

② 재무상태표에 구분 표시하는 정보

K-IFRS에서는 재무상태표에 표시해야 할 항목에 대한 자세한 규정이 없다. 기업은 성격이나 기능이 유사한 항목들을 중요성의 관점에서 통합하여 표시할 수 있기 때문에 공표된 재무상태표에 표시된 항목들은 기업마다 조금씩 다르다. 그럼에도 불구하고 적어도 다음의 항목은 재무상태표에 구분 표시하여야 하며 기업의 재무상태를 이해하는 데 목적 적합한 경우 재무상태표에 항목, 제목 및 중간합계를 추가로 표시할 수 있다.

표 12-1_ 재무상태표에 구분 표시해야 할 정보

자산 항목	부채와 자본항목
• 현금및현금성자산	〈부 채〉
• 매출채권과 기타채권	• 매입채무와 기타채무
• 금융자산	• 금융부채
• 당기법인세 자산	• 당기법인세 부채
• 이연법인세 자산	• 이연법인세 부채
• 매각예정자산	• 매각예정부채
• 재고자산	• 충당부채
• 유형자산	〈자 본〉
• 무형자산	• 비지배지분
• 투자부동산	• 지배기업 소유주에게 귀속되는 자본
• 지분법 적용 투자자산	
• 생물자산	

여기에 언급된 세분류상의 구체적인 내용은 K-IFRS의 요구사항, 당해 금액의 크기와 성격 등에 따라 달라질 수 있다. 세분류 기준을 결정하거나 추가 항목을 구분 표시할지 여부를 결정할 때에는 자산 금액의 크기와 성격, 유동성, 자산의 기능, 부채 금액의 크기와 성격 등의 요소를 고려한다. 예를 들어 유형자산은 토지와 건물, 기계장치 등으로 세분화하고, 재고자산은 상품, 소모품, 원재료, 재공품 및 제품 등으로 세분화한다. 그리고 충당부채는

퇴직급여 충당부채와 기타항목으로 세분화하고 지배기업 소유주에게 귀속되는 자본은 자본금, 주식발행초과금, 이익잉여금 등으로 세분화한다.

제3절 손익계산서의 표시와 분류

❶ 손익계산서에 표시해야 할 정보

K-IFRS에는 손익계산서에 표시해야 할 항목에 대한 상세한 규정은 없다. 다만 다음의 항목과 금액을 별도로 표시하고, 기업의 경영성과를 이해하는데 목적 적합한 경우 중간단계의 이익을 추가로 표시하도록 규정하였다.

> ★ 어떤 기업은 여러 개의 영업 단위를 두고 사업활동을 수행하기도 한다. 그런데 여러 사업부문 중에서 어떤 사업단위를 폐쇄 또는 매각하기로 결정한 경우 이를 구분표시하지 않으면 정보이용자는 차기에도 당기와 유사하게 수익과 비용이 발생할 것으로 예상하게 될 것이다. 이러한 오해를 주지 않기 위해서 중단한 사업부문에서 생긴 손익을 별도로 구분하여 표시한 것이 중단영업 관련손익이다.

- 매출액 (또는 수익)
- 금융원가
- 관계기업과 공동기업의 당기손익에 대한 지분(지분법손익)
- 법인세비용
- 중단영업 관련손익★

그리고 기타포괄손익 부분에는 기타포괄손익을 성격별로 분류하고, 후속적으로 당기손익으로 재분류되지 않는 항목과 특정 조건을 충족하면 당기손익으로 재분류되는 항목들을 묶어서 표시한다.

국제회계기준은 손익계산서에 영업손익을 구분하여 표시할 것을 요구하지 않는다. 이것은 수익과 비용 중 어느 것이 영업손익이고 어느 것이 영업손익이 아닌지를 구분하는 것이 애매하기 때문이다. 그러나 우리나라에서는 전통적으로 영업손익을 구분하여 표시하는 방식

을 운용해왔다. 이에 K-IFRS에서는 영업손익을 손익계산서 본문에 구분하여 표시하거나 주석으로 공시할 수 있도록 별도의 규정을 두고 있다.

한편 수익과 비용의 어느 항목도 손익계산서의 본문이나 주석에 특별손익 항목으로 분류하여 표시할 수 없다. 특별손익은 정상적인 영업활동과 구분되는 거래나 사건에서 발생한 것으로 그 성격이나 미래의 지속성에 차이가 있는 항목을 말한다. 따라서 이를 구분 표시하는 것이 유용할 수도 있겠지만 특별항목인지 여부를 구분하는데 자의적 판단이 개입될 수 있기 때문에 이를 구분하지 않도록 하였다.

❷ 비용의 기능별 및 성격별 분류

K-IFRS에서는 비용항목을 전통적인 기능(function)별로 분류하는 방식 외에 성격(nature)별로 분류할 수도 있도록 하였다.

기능별 분류법(또는 매출원가법)에 의한 손익계산서는 비용을 매출원가, 판매비, 관리비 등과 같이 기능별로 분류한다. 이 방법에서는 적어도 매출원가는 다른 비용과 분리하여 공시하여야 한다. 이 방법은 전통적으로 오랫동안 이용되어온 방법으로서 재무제표이용자에게 더욱 목적 적합한 정보를 제공할 수 있다. 그러나 비용을 기능별로 분류하는 데에는 상당한 정도의 자의적인 판단이 개입될 수 있다.

성격별 분류법에 의한 손익계산서는 비용을 감가상각비, 연구개발비, 종업원급여, 광고비 등과 같이 성격별로 분류한다. 비용을 성격별로 분류하면 미래현금흐름의 예측에 유용하다.

비용을 기능별로 분류한 경우에는 이를 다시 그 성격별로 재배분한 내용을 주석으로 공시해야 한다. 그러나 비용을 성격별로 분류한 경우에는 이를 다시 기능별로 재배분할 필요가 없다.

🐝 표 12-2_ 기능별 및 성격별 손익계산서

기능별 분류	
매출액	×××
매출원가	(×××)
매출총이익	×××
판매비	(×××)
관리비	(×××)
영업이익	×××
기타수익	×××
기타비용	(×××)
법인세비용 차감전 이익	×××
법인세비용	×××
당기순이익	×××

성격별 분류		
매출액		×××
제품과 제공품 변동액	×××	
원재료 등의 사용액	×××	
종업원급여비용	×××	
감가상각비	×××	
기타	×××	
계		(×××)
기타수익		×××
기타비용		(×××)
법인세비용 차감전 이익		×××
법인세비용		×××
당기순이익		×××

예제 12-1 **기능별 및 성격별 손익계산서**

다음은 ㈜한국의 20 × 5년 회계연도의 영업비용을 활동별로 분류한 것이다.

	제조활동	R&D활동	관리활동	판매활동	계
종업원급여비용	1,540	320	550	220	2,630
감가상각비	1,430	130	350	190	2,100
기타 비용	1,230	50	80	60	1,420
계	4,200	500	980	470	6,150

20 × 5년도 매출액은 ₩8,500이고 원재료 매입액은 ₩1,850이다. 당기와 전기의 재고자산 변동 내역은 다음과 같다.

	당기	전기	변동
제 품	550	650	(100)
재공품	340	230	110
원재료	140	120	20

요구사항

1. 제조원가 명세서를 작성하시오.

2. 기능별 분류에 의한 손익계산서를 작성하시오.

3. 성격별 분류에 의한 손익계산서를 작성하시오.

해답

1. 제조원가명세서

1. 직접재료원가		1,830
기초원재료재고액	120	
당기원재료매입액	1,850	
기말원재료재고액	(140)	
2. 직접노무원가		1,540
3. 제조간접원가		2,660
감가상각비	1,430	
기타 비용	1,230	
4. 당기총제조원가		6,030
기초재공품재고액		230
기말재공품재고액		(340)
5. 당기제품제조원가		5,920

2. 기능별 분류에 의한 손익계산서

1. 매 출 액		8,500
2. 매출원가		(6,020)
기초제품 재고액	650	
당기제품제조원가	5,920	
기말제품 재고액	(550)	
3. 매출총이익		2,480
연구개발비		(500)
관리비		(980)
판매비		(470)
4. 영업이익		530

3. 성격별 분류에 의한 손익계산서

1. 매 출 액		8,500
2. 영업비용		(7,970)
제품, 재공품의 변동액	10 *	
원재료 등의 사용액	(1,830)	
종업원급여비용	(2,630)	
감가상각비	(2,100)	
기타비용	(1,420)	
3. 영업이익		530

* 제품 감소액 + 제공품 증가액 = (100) + 110 = 10

제4절 **수익과 비용의 인식**

① 수익의 인식

수익의 인식은 수익을 언제, 얼마로 장부에 기록할 것인지에 관한 것이다. 수익은 자산의 증가 또는 부채의 감소와 연계하여 정의되기 때문에 자산의 증가나 부채의 감소를 인식할 수 있을 때 수익을 인식한다. 예를 들어 재화나 용역의 매출은 관련 자산의 증가와 함께 인식되고 채무의 면제에 따른 이익은 관련 부채의 감소와 동시에 인식된다.

전통적으로 수익은 가득(earn) 과정의 결정적 사건이 완료되고, 수익 금액을 합리적으로 측정할 수 있을 때, 즉 실현되었을 때 인식하는 것으로 설명된다. 가득조건과 실현조건이 언제 충족되느냐에 따라 진행기준, 완성기준, 인도기준 등 다양한 인식기준이 있었다. 종전 기준에서는 재화의 판매는 인도기준을 적용하고, 용역의 제공은 진행기준을 적용하여 수익을 인식하도록 규정하였다. 그러나 하나의 계약에 재화의 판매와 용역의 제공이 섞여 있을 수

도 있고, 재화만을 판매하더라도 인도시점에 복잡한 조건이 붙어있는 경우도 있어서 명확한 회계처리가 곤란한 상황이 생기기도 했다. 이에 이러한 복잡한 거래에도 적용할 보다 구체적인 지침을 주기 위해서 기준 제1115호에서는 수익의 인식을 다음과 같이 5단계로 구분하여 설명하고 있다.

- 단계 1: 고객과의 계약 식별
- 단계 2: 수행의무의 식별
- 단계 3: 거래가격의 산정
- 단계 4: 거래가격의 배분
- 단계 5: 수익의 인식

그림 12-1_ **수행의무의 식별과 수익의 인식**

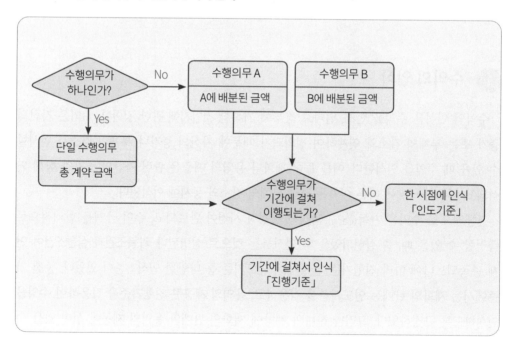

② 수익의 인식과정

(1) 1단계: 고객과의 계약 식별

계약이란 둘 이상 당사자들 사이에 집행 가능한 권리와 의무가 생기게 하는 약정을 말한다. 계약에 해당되려면 계약을 승인하고, 각자의 권리와 의무, 지급조건을 식별할 수 있고, 당사자가 각자의 의무를 수행할 의사가 있고, 대가의 회수가능성이 높다는 조건이 충족되어야 한다. 서면 계약서가 없어도 구두 또는 거래 관행에 따라 당사자의 합의가 있으면 계약은 성립된다.

(2) 2단계: 수행의무 식별

계약에서 고객에게 제공하는 수행의무*가 하나인지 여럿인지를 결정해야 한다. 하나의 계약에서 여러 가지 재화나 용역을 묶음으로 판매한다면 각 재화나 용역 단위로 별도로 수익을 인식한다. 예를 들어 하나의 계약서로 단말기와 통신용역을 함께 판매한다면, 회사는 단말기 판매와 통신용역을 구별하여 인식해야 한다.

> ★ 수행의무(performance obligations)는 고객과 한 약속의 내용을 말한다.

(3) 3단계: 거래가격 산정

거래가격은 총 계약금액을 말한다. 화폐의 시간가치 영향을 조정하며, 실제 결제 시점에 거래금액을 할인해 주거나 고객에게 지급하는 리베이트, 위약금 등이 있다면 이를 조정한다.

(4) 4단계: 거래가격 배분

하나의 계약에서 여러가지 재화나 용역을 제공하는 것이면 3단계에서 산정한 계약의 거래가격을 2단계에서 분리한 각 수행의무에 대해 각각의 개별 판매가격을 기준으로 배분한다.

(5) 5단계: 수익인식

5단계에서는 수익을 인식할 시점을 판단하는 단계로서 자산에 대한 통제(control)*가 고객에게 이전될 때 수익을 인식한다. 재화나 용역*에 대한 통제를 기간에 걸쳐 이전하면, 기간에 걸쳐 수익을 인식하고 재화나 용역에 대한 통제를 한 시점에 이전하면, 그 시점에 수익을 인식한다.

> ★ 통제란 자산의 사용을 결정하고 그로부터 효익을 얻을 수 있는 능력을 말하며 보통 지급청구권, 법적소유권, 물리적 점유, 소유에 따른 위험과 보상 등으로 판단한다.
> ★ 용역을 제공하는 경우에도 용역이 사용되기 직전에는 순간적으로 자산이었다가 즉시 소비되는 것으로 보므로 용역에도 동일한 기준이 적용된다.

예제 12-2 수익인식의 5단계

A사는 게임소프트웨어 개발업체이다. 회사는 최근 제품의 판매촉진을 위해 제품을 구매하는 고객들에게 향후 3년 간 최대 3회의 소프트웨어 업그레이드 서비스를 무상으로 제공하기로 하였다. 따라서 판매가격 ₩1,000,000에는 무상 업그레이드 대가가 포함된다. 고객은 무상 업그레이드 서비스 기간이 지나면 업그레이드 할 때마다 ₩100,000의 요금을 부담한다.

요구사항

수익의 인식과정 5단계를 토대로 위 거래에 대해 수익을 어떻게 인식해야 하는지를 설명하시오.

해답

1단계: 고객과의 계약 식별
   주문서, 계약서, 거래관행 등을 통해 고객과의 계약을 식별한다.

2단계: 수행의무의 식별
   소프트웨어의 인도와 업그레이드 용역의 제공이라는 두 가지 수행의무로 식별된다.

3단계: 거래가격의 산정
   거래가격은 총 계약금액인 ₩1,000,000이다.

4단계: 거래가격의 배분

두 가지 수행의무에 개별 판매가격을 기준으로 ₩1,000,000을 배분한다.

5단계: 수익인식

소프트웨어 판매대가는 인도시점에 일시에 수익으로 인식하고, 업그레이드 용역에 배분된 대가는 향후 3년 동안 수익으로 인식한다.

③ 비용의 인식

비용은 경제적 효익이 사용됨으로써 자본이 감소하고 그 금액을 신뢰성 있게 측정할 수 있을 때 인식한다. 발생기준에서 비용은 수익·비용 대응의 원칙(matching principle)에 따라 인식된다. 즉, 수익을 창출하기 위하여 발생한 비용은 그 수익에 대응하여 수익이 보고된 기간과 동일한 기간에 보고된다. 이러한 대응을 직접대응이라고 한다. 재화의 판매를 통해 수익을 인식하면 그에 따른 매출원가를 동시에 인식하는데 매출원가를 구성하는 다양한 비용요소들이 직접대응의 예이다.

수익과 직접 대응할 수 없는 비용은 재화 및 용역의 사용으로 현금이 지출되거나 부채가 발생하는 기간에 인식한다. 첫째, 자산으로부터의 효익이 여러 회계기간에 걸쳐 기대되는 경우 이와 관련하여 발생한 비용은 체계적이고 합리적인 배분절차에 따라 각 회계기간에 배분하는 과정을 거쳐 인식한다. 이와 같은 예로는 유형자산의 감가상각비와 무형자산의 상각비가 있다. 둘째, 미래경제적 효익이 기대되지 않거나, 미래경제적 효익이 있더라도 자산으로 인식할 조건을 충족하지 못하는 경우에는 지출 시점에 즉시 비용으로 인식된다. 물류비나 관리비 등의 비용항목은 그 지출이 자산의 인식조건을 충족하지 못하므로 현금이 지출되거나 지출이 미루어진 경우 부채가 발생하는 기간에 비용으로 인식한다. 셋째, 제품 보증에 따라 충당부채가 발생하는 경우와 같이 자산의 인식을 수반하지 않는 비용은 부채를 인식하는 시점에 비용을 함께 인식한다. 이러한 대응을 간접대응(기간대응)이라고 한다.

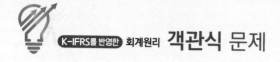

01 재무제표에 관한 설명으로 옳지 않은 것은?

① 재무제표는 기업의 미래전망에 대한 예측치를 제공한다.

② 재무제표 수치에는 경영자의 주관적 판단이 개입되어 있다.

③ 재무제표에 기업의 미래가치에 중대한 영향을 주는 모든 정보가 반영되는 것은 아니다.

④ 재무상태표는 기업의 유동성과 재무구조를 판단할 수 있는 정보를 담고 있다.

02 재무제표 작성과 표시의 일반원칙에 대한 설명으로 옳지 않은 것은?

① 경영자는 재무제표를 작성할 때 계속기업으로서의 존속가능성을 평가하고 특별한 경우가 아니면 계속기업을 전제로 재무제표를 작성한다.

② 재무제표는 최소한 1년마다 작성한다. 단, 회계기간을 변경하는 첫해에는 실무적 이유로 이보다 짧아질 수도 있는데 이 경우에는 비교 공시하는 전기 수치도 동일한 기간으로 재작성하여 공시한다.

③ 회계기간 중에 생긴 거래와 사건은 그 성격이나 기능에 따라 구분하여 표시한다. 다만 중요하지 않은 항목은 실용적인 방법으로 다른 항목과 통합하여 표시할 수 있다.

④ 재무제표 항목의 표시와 분류는 매기 동일하여야 하고 당기의 재무제표에 보고되는 수치는 전기의 비교수치를 함께 공시해야 한다.

03 장기적으로 사용할 자산을 역사적 원가로 평가하는 것은 다음 중에서 어떤 개념에 근거를 두고 있는가?

① 발생기준　　② 기간별보고　　③ 계속기업　　④ 목적적합성

04 발생주의 회계에 대한 설명으로 옳지 않은 것은?

① 발생주의 회계는 일차적으로 기업의 현금수입과 지출에 관심을 가진다.

② 발생주의 회계는 특정기간의 구매, 생산, 판매 등의 기업 활동과 동일 기간의 현금의 수지가 일치하지 않는다는 사실을 인정한다.

③ 발생주의 회계는 기업의 거래내용과 현금흐름에 영향을 주는 상황들에 대한 재무적 효과를 보고한다.

④ 발생주의는 발생(accruals)과 이연(deferrals)의 개념을 포괄한다.

05 다음의 측정기준 중 현재가치 측정기법을 사용하지 않는 것은?

① 이행가치   ② 현행원가

③ 공정가치   ④ 사용가치

06 개념체계에서 제시하고 있는 측정기준이 아닌 것은?

① 역사적 원가   ② 공정가치

③ 현행원가   ④ 현재가치

07 기업이 명확히 식별가능한 영업주기 내에서 재화나 용역을 제공하는 경우에 작성되는 재무상태표의 설명으로 옳은 것은?

① 자산과 부채를 유동성 순서로 배열한다.

② 유동자산과 비유동자산을 구분하여 표시한다.

③ 자산과 부채의 일부는 유동/비유동 구분법으로, 나머지는 유동성 순서에 따라 표시한다.

④ K-IFRS에서는 재무상태표의 표시방법에 대해 특별히 강제하지 않으므로 경영자의 재량에 따라 표시한다.

08 다음 중 재무상태표에 적어도 표시되어야 하는 항목으로만 묶은 것은?

① 유형자산, 투자부동산, 영업권

② 매출채권, 금융부채, 동물자산

③ 재고자산, 납입자본, 투자주식

④ 무형자산, 금융자산, 매입채무

09 다음 중 손익계산서에 적어도 표시되어야 할 항목이 아닌 것은?

① 금융원가   ② 금융수익

③ 법인세비용   ④ 지분법손익

10 비용을 기능별로 분류한 손익계산서에 나타날 수 없는 항목은?

① 매출원가   ② 금융원가

③ 법인세비용   ④ 제품과 재공품의 변동

11 비용을 성격별로 분류한 손익계산서에 나타날 수 없는 항목은?

① 매출원가   ② 제품과 재공품의 변동액

③ 법인세비용   ④ 원재료의 사용액

[12~13] 다음은 당기의 영업비용에 관한 자료이다.

	제조활동	비제조활동	합 계
종업원급여비용	1,500	900	2,400
감가상각비	1,400	800	2,200
기타 비용	1,300	500	1,800
계	4,200	2,200	6,400

당기의 매출액은 ₩8,500이고, 원재료 매입액은 ₩1,850이다. 당기와 전기의 재고자산 내역은 다음과 같다.

	원재료	재공품	제 품	계
전 기	100	250	600	950
당 기	140	300	560	1,000

12 성격별 분류에 의한 손익계산서 상 원재료 등의 사용액은?

① ₩1,800　　　　　　② ₩1,810

③ ₩1,820　　　　　　④ ₩1,830

13 기능별 분류에 의한 손익계산서 상 매출원가는?

① ₩5,960　　　　　　② ₩6,000

③ ₩6,010　　　　　　④ ₩6,400

정답

01 재무제표는 기업의 과거활동의 결과를 보고하는 것으로 미래의 예측정보를 제공하지는 않는다.
정답 ①

02 회계기간의 변경으로 첫해의 회계기간이 1년보다 짧아진 경우에도 비교 공시하는 전기 수치를 재작성하지는 않는다. **정답** ②

03 계속기업 가정에 중요한 변화가 없는 이상 역사적 원가로 평가한다. **정답** ③

04 발생주의는 수익과 비용의 발생시점에 관심을 가진다. **정답** ①

05 현행원가는 측정일에 동등한 자산의 원가로 결정된다. **정답** ②

06 현재가치는 측정기준에 포함되지 않음 **정답** ④

07 원칙적으로 유동/비유동 구분법으로 표시한다. **정답** ②

08 영업권은 무형자산, 투자주식은 금융자산, 동물자산은 생물자산으로 표현되어야 적합 **정답** ④

09 금융수익은 필수요소에 포함되지 않음 **정답** ②

10 제품과 재공품의 변동은 비용을 성격별로 분류한 경우에 나타남 **정답** ④

11 매출원가는 기능별로 분류한 경우에 나타남 **정답** ①

12 1,850 + 100 - 140 = ₩1,810 **정답** ②

13 당기총제조원가 = 1,810 + 4,200 = ₩6,010

당기 제품제조원가 = 6,010 + 250 - 300 = ₩5,960

당기 매출원가 = 5,960 + 600 - 560 = ₩6,000 **정답** ②

CHAPTER

13

재무제표분석

Accounting
principles
reflecting K-IFRS

제1절 재무제표분석 일반

1 재무제표분석의 의의

지금까지 우리는 거래를 식별하여 기록하고 요약한 후 재무제표를 작성하기까지의 과정을 살펴보았다. 이는 회계정보작성자의 입장에서 거래를 식별하고 측정하여 회계정보를 제공하는 것에 초점을 맞춘 것이다. 여기서는 회계정보이용자의 입장에서 공시된 재무제표를 근거로 재무제표에 함축되어 있는 정보를 분석하고 해석하는 데 필요한 내용을 살펴본다.

재무제표분석은 공시된 회계수치의 변화와 수치들 간의 관계를 이용하여 의사결정에 필요한 정보를 탐색하는 과정이다. 여기에는 추세분석, 구성비분석, 재무비율분석 등의 분석기법이 사용된다. 이런 기법을 사용하여 구한 정보는 기업의 재무상태와 경영성과를 보다 잘 평가할 수 있게 하고 미래성과를 보다 잘 예측할 수 있게 한다.

2 재무비율분석

회계수치들은 서로 밀접한 상관관계를 가진다. 따라서 어떤 요소를 다른 요소로 나누면 그 값은 대체로 일정한 값에 수렴하게 된다. 예를 들어 부채를 자산으로 나누거나 매출액을 자산으로 나누면 기업규모의 차이가 평준화된다. 이를 재무비율이라 하며 이 값은 그 기업의 고유한 특성을 나타낸다. 이러한 재무비율은 그 값을 기준값과 비교함으로써 의미를 가진다. 특정 기업의 재무비율을 전년도의 비율이나 동종업계의 평균 비율 등과 비교함으로써 기업의 현 상태를 판단할 수 있다.

3 추세분석

추세분석(trend analysis)이란 재무제표 수치들의 변화추이를 분석하는 것으로 기준연도와 비교하여 각 연도의 변화를 파악한다. 이를 통해 통하여 장기간에 걸친 기업의 변화를 파악하고 미래를 전망할 수 있다. 다음은 ㈜볼펜의 최근 5개년도의 손익계산서이다.

🐝 표 13-1_ **손익계산서**

	20×1년	20×2년	20×3년	20×4년	20×5년
매 출 액	450,000	520,000	680,000	720,000	840,000
매 출 원 가	(312,000)	(362,000)	(456,000)	(492,000)	(590,000)
매출총이익	138,000	158,000	224,000	228,000	250,000
판매관리비	(92,000)	(102,000)	(145,000)	(152,000)	(168,500)
영 업 이 익	46,000	56,000	79,000	76,000	81,500
영업외손익	(33,350)	(34,500)	(48,000)	(60,000)	(61,500)
법인세비용	(5,200)	(6,700)	(7,500)	(6,000)	(7,000)
당기순이익	7,450	14,800	23,500	10,000	13,000

	20×1년	20×2년	20×3년	20×4년	20×5년
매 출 액	450,000	520,000	680,000	720,000	840,000
추 세 비 율	100%	116%	151%	160%	187%
당기순이익	7,450	14,800	23,500	10,000	13,000
추 세 비 율	100%	199%	315%	134%	175%

5년 간의 매출액과 순이익의 흐름은 대체로 일정한 변동범위 내에서 안정적인 증가추세를 나타낸다. 20×3년의 매출액과 당기순이익은 큰 폭의 증가가 있었는데 이것이 일시적 현상인지 미래에 지속될 것인지를 평가해 볼 필요가 있다. 이런 평가를 토대로 정보이용자는 미래의 매출액과 당기순이익이 어떤 정도로 증가할 것이라고 예측할 수 있을 것이다. 이처럼 추세분석은 회계수치가 어떤 중요한 변동이나 전환을 나타내는지를 파악할 수 있는 점에서 유용하다.

 구성비분석

구성비분석(component ratio analysis)이란 기본 항목을 100으로 하고, 이에 대하여 다른 항목의 상대적 비율을 표시하는 분석기법이다. 구성비분석은 영업활동에서 각 구성요소들이 차지하는 상대적 중요성을 비교하는 데 유용하다. 그리고 다른 기업이나 회계기간별 비교에도 유용하다. 재무상태표는 자산총액을 기본항목으로 하여 상대적 비율을 계산하고, 손익계산서는 매출액을 기본항목으로 하여 상대적 비율을 계산한다. 사례에서 20 × 5년의 경우 '영업이익/매출액'비율이 전기보다 약간 감소하였는데 그 원인은 '매출원가/매출액'비율이 전기보다 소폭 증가한 것과 관련이 있다.

공통형 손익계산서

	20 × 4년		20 × 5년	
	금 액	구성비	금 액	구성비
매 출 액	720,000	100.0%	840,000	100.0%
매 출 원 가	(492,000)	68.33%	(590,000)	70.24%
매출총이익	228,000	31.67%	250,000	29.76%
판매관리비	(152,000)	21.11%	(168,500)	20.06%
영 업 이 익	76,000	10.56%	81,500	9.70%
영업외손익	(60,000)	8.33%	(61,500)	7.32%
법인세비용	(6,000)	0.83%	(7,000)	0.83%
당기순이익	10,000	1.39%	13,000	1.55%

제2절 재무비율분석

재무비율분석은 재무제표의 구성요소들 간에 존재하는 상관관계를 이용한다. 재무제표 구성요소들 간의 상관관계는 시간의 경과나 기업의 차이에 상관없이 유지되기 때문에 재무비율을 이용하면 상호 관련 있는 재무제표 구성요소들의 의미를 더 깊이 이해할 수 있다. 다음은 ㈜볼펜의 최근 3개년 재무상태표이다. 이를 이용하여 각종 재무비율의 산출 과정을 살펴본다.

표 13-2_ 재무상태표

		20 × 3년	20 × 4년	20 × 5년
유동자산		90,000	100,000	96,000
현 금		18,000	20,000	22,000
매출채권		20,000	20,000	28,000
미수수익		20,000	28,000	24,000
재고자산		32,000	32,000	22,000
비유동자산		150,000	160,000	184,000
	자 산	240,000	260,000	280,000
유동부채		60,000	60,000	76,000
비유동부채		60,000	68,000	60,000
	부 채	120,000	128,000	136,000
자본금(1주당 ₩5,000)		60,000	70,000	80,000
이익잉여금		60,000	62,000	64,000
	자 본	120,000	132,000	144,000
	부채와 자본	240,000	260,000	280,000

① 영업활동과 수익성비율

수익성(profitability)이란 기업의 상대적 경영성과를 나타내는 개념으로, 수익성비율은 회계기간 동안 획득한 이익을 투자액으로 나눈 값으로 측정한다. 즉, 투자액에 대하여 어느 정도 이익을 얻고 있는지를 나타내주는 것이 수익성비율이다. 일반적으로 널리 이용되고 있는 수익성비율에는 총자산이익률, 자기자본이익률, 매출액순이익률 등이 있다.

(1) 총자산이익률

총자산이익률(ROA: return on assets)은 경영자가 주어진 자산을 얼마나 효율적으로 활용하였는지를 나타낸다. ㈜볼펜의 총자산이익률은 다음과 같이 산정된다.

$$총자산이익률 = \frac{당기순이익}{평균자산} \times 100$$

$$20 \times 4년도: \frac{10,000}{(240,000 + 260,000)/2} \times 100 = 4.0\%$$

$$20 \times 5년도: \frac{13,000}{(260,000 + 280,000)/2} \times 100 = 4.8\%$$

이 식의 분자인 당기순이익은 기간(flow)의 수치이고 분모인 총자산은 시점(stock)의 수치이므로 분자와 분모의 적절한 대응을 위해 분모는 기초총자산과 기말총자산의 평균값을 사용한다.

(2) 자기자본이익률

지분 투자자는 전체 자본에 대한 수익성을 나타내는 총자산이익률보다는 자기자본 투자액에 대한 수익성에 더 관심이 있다. 자기자본이익률(ROE: Return on equity)은 주주들이 출자한 자본에 대한 이익이 얼마인지를 나타내는 재무비율이다. 자기자본이익률은 자기 돈을 가지고 사업을 한 결과 얼마만큼의 이익을 올렸는지를 나타내는 것으로 다른 투자와 비교할 수 있는 판단기준을 제공한다. 예를들어 자기자본이익률이 8%인데 은행의 예금이자율이 5%라면 은행에 예치하는 것보다는 이 사업에 투자하는 것이 옳았음을 나타낸다. 이 비율의 분자는 당기순이익이고 분모는 자기자본의 평균값이다. ㈜볼펜의 자기자본이익률은 다음과 같이 산정된다.

$$\text{자기자본이익률} = \frac{\text{당기순이익}}{\text{평균자본}} \times 100$$

$$20 \times 4\text{년도:} \quad \frac{10,000}{(120,000 + 132,000)/2} \times 100 = 7.94\%$$

$$20 \times 5\text{년도:} \quad \frac{13,000}{(132,000 + 144,000)/2} \times 100 = 9.42\%$$

㈜볼펜의 20 × 5년도 자기자본이익률은 9.42%로서 현재 은행의 정기예금이자율과 비교하면 그런대로 좋은 성과를 나타내고 있다.

(3) 매출액순이익률

매출액순이익률(ROS: Return on Sales)은 매출액에 대한 당기순이익의 비율이다. 매출액순이익률은 기업의 매출액에서 각종 비용이 공제된 후 순수하게 주주에게 귀속되는 몫이 얼마인지를 나타낸다. ㈜볼펜의 20 × 5년도 매출액순이익률은 1.55%인데 이는 매출액 100원당 1.55원의 순이익을 내고 있다는 의미이다.

$$\text{매출액순이익률} = \frac{\text{당기순이익}}{\text{매출액}} \times 100$$

$$20 \times 4\text{년도:} \quad \frac{10,000}{720,000} \times 100 = 1.39\%$$

$$20 \times 5\text{년도:} \quad \frac{13,000}{840,000} \times 100 = 1.55\%$$

② 투자활동과 효율성비율

자산은 수익을 창출하는 데 공헌하는 경제적 자원이다. 투자활동은 자산을 취득하거나 처분하는 활동으로 효율적인 투자활동은 필요한 최적의 자산을 운용한다는 것을 뜻한다. 효율성(또는 활동성)은 기업이 소유하고 있는 자산을 얼마나 효율적으로 운용하였는지를 나타내는 개념이다. 이는 자산회전율(turnover ratio)로 측정하며 일반적으로 총자산회전율이 많이 사용된다. 총자산회전율은 총자산에 대한 매출액의 배수이다. 이는 기업이 보유하고 있는 총자산이 수익을 창출하는 데 얼마나 효율적으로 이용되고 있는가를 나타낸다. 총자산회전율은 매출액을 평균총자산으로 나눈 값으로 산정된다.

$$\text{총자산회전율} = \frac{\text{매출액}}{\text{평균자산}}$$

$$20 \times 4\text{년:} \quad \frac{720,000}{(240,000 + 260,000)/2} = 2.88\text{회}$$

$$20 \times 5\text{년:} \quad \frac{840,000}{(260,000 + 280,000)/2} = 3.11\text{회}$$

총자산의 회전율이 높다는 것은 자산을 효율적으로 사용했다는 것이고, 이를 통해 많은 이익을 획득할 수 있었을 것이다.

③ 재무활동과 건전성 비율

수익성이 높아도 자금의 흐름이 원활하지 못하여 제때에 부채를 갚지 못하면 부도가 나고 기업이 도산에 이를 수도 있다. 재무활동의 건전성은 단기지급능력과 장기지급능력으로 평가한다. 전자는 유동성으로 후자는 재무적건전성으로 측정한다. 유동성은 일반적으로 유동비율로 측정하며 재무적건전성은 부채비율로 측정한다.

(1) 유동비율

유동비율(current ratio)은 1년 이내에 현금화되는 유동자산을 1년 이내에 갚아야 하는 유동부채로 나누어 계산한다. ㈜볼펜의 자료를 이용하여 유동비율을 산정하면 다음과 같다.

$$유동비율 = \frac{유동자산}{유동부채}$$

$$20 \times 4년\ 유동비율: \frac{100,000}{60,000} \times 100 = 166.7\%$$

$$20 \times 5년\ 유동비율: \frac{96,000}{76,000} \times 100 = 126.3\%$$

일반적으로 유동비율이 100% 이상이면 단기지급능력에 중대한 위험이 없는 것으로 보고 200% 이상이면 양호하다고 본다. 유동비율이 전기에 비하여 낮아졌으나 100% 이상이므로 유동비율로 본 단기지급능력에 중대한 문제는 없을 것으로 판단할 수 있겠다.

(2) 부채비율

부채비율(debt-to-equity ratio)은 장기적 재무건전성을 측정하는 비율로서 부채총액을 자

기자본으로 나누어서 계산한다. 부채비율이 높다는 것은 재무적 안정성이 낮다는 것으로 채무불이행 위험이 높다는 것을 의미한다.

$$부채비율 = \frac{부채}{자본}$$

$$20 \times 4년\ 부채비율: \frac{128,000}{132,000} \times 100 = 97.0\%$$

$$20 \times 5년\ 부채비율: \frac{136,000}{144,000} \times 100 = 94.4\%$$

20 × 5년의 부채비율은 전기보다 낮고 부채비율 가이드라인(200%)을 넘지 않는다. 따라서 회사의 재무구조는 대체로 안전한 수준이라고 평가할 수 있겠다.

제3절 재무비율의 통합적 분석

지금까지 영업활동, 투자활동 및 재무활동의 효율성을 평가하기 위해 널리 사용되는 재무비율에 관하여 살펴보았다. 여기서는 이 활동들의 효율성을 한꺼번에 평가하는 방법을 알아본다.

① 총자산이익률의 분해

총자산이익률은 당기순이익을 평균자산으로 나눈 비율인데 이를 다음과 같이 매출액순이익율과 총자산회전율의 결합으로 나타낼 수 있다.

$$총자산이익률 = \frac{당기순이익}{평균자산}$$

$$= \frac{당기순이익}{매출액} \times \frac{매출액}{평균자산}$$

$$= 매출액순이익율 \times 총자산회전율$$

$$= 1.55\% \times 3.11회 = 4.8\%$$

기업들은 다른 기업들과의 경쟁적 환경 속에서 경영활동을 수행하기 때문에 자산사용의 효율성은 최대화하는 동시에 높은 이익률을 달성하기는 어렵다. 왜냐하면 총자산회전율은 매출액순이익률과 역의 상관관계가 있기 때문이다. 어떤 기업들은 낮은 이익률을 감수히는 대신 높은 회전율을 추구하고, 다른 기업들은 낮은 회전율을 감수하는 대신 높은 이익률을 추구하는 전략을 통해 일정한 수익성을 확보하려 한다.

㈜볼펜의 20 × 5년도 총자산이익률은 4.8%인데 이는 매출액순이익율 1.55%와 총자산회전율 3.11회의 곱과 같은 값이 됨을 알 수 있다. 따라서 20 × 4년도와 20 × 5년도 총자산이익률을 비교할 때 그 구성요소별로 살펴보면 총자산이익률의 변화에 영향을 준 요인이 무엇인지 더 자세히 알 수 있다.

❷ 자기자본이익률의 분해

총자산이익률과 마찬가지로 자기자본이익률도 총자산이익률과 부채비율의 곱으로 나타낼 수 있다. 그 결과 자기자본이익률은 영업활동의 수익성과 재무활동의 레버리지효과로 나누어 살펴볼 수 있다.

$$자기자본이익률 = \frac{당기순이익}{평균자본}$$

$$= \frac{당기순이익}{평균자산} \times \frac{평균자산}{평균자본}$$

$$= \frac{당기순이익}{평균자산} \times \frac{평균자본 + 평균부채}{평균자본}$$

$$= 총자산이익률 \times (1 + 평균부채비율)$$

$$= 총자산이익률 + 총자산이익률 \times 평균부채비율$$

$$= 4.8\% + 4.8\% \times 0.9565 = 9.4\%$$

㈜볼펜의 20 × 5년도 자기자본이익률은 9.4%인데 이는 영업활동의 수익성을 나타내는 총자산이익률 4.8%와 부채사용에 따른 레버리지효과(4.6%)의 결합으로 구성됨을 알 수 있다. 여기서 평균부채비율은 20 × 4년과 20 × 5년의 평균부채비율을 말한다.

제4절 재무비율의 해석

재무비율은 그 자체만으로는 의미가 없는 경우가 많다. 비교나 평가의 기준이 되는 비율이 필요하다. 그러나 비교 기준을 선정하는 것이 현실적으로 쉽지 않다. 여기에 사용되는 기준 수치로 임의적인 이상치, 당해기업의 과거수치, 그리고 동종산업에 속한 다른 기업들의 평균수치가 있다.

첫째, 임의적 이상치의 예로 유동비율과 부채비율은 대개 200%가 적정하다고 한다. 그러나 이런 수치는 다소 자의적이기 때문에 기업의 사정에 따라 적절히 적용되어야 할 것이다.

유동비율이 200%가 넘더라도 매출채권이나 재고자산이 과도하게 많은 경우도 있다. 이 경우에는 매출채권이나 재고자산이 비효율적으로 관리되고 있음을 나타내는 부정적 의미로 해석될 수도 있다.

둘째, 임의적 이상치가 없는 경우에는 해당기업의 과거수치와 비교해 보는 방법이 있다. 일정기간 동안의 수치를 비교해보면 해당수치가 어디로 향하고 있는지 전망할 수 있기 때문이다. 그러나 경제환경이나 기업환경이 급변하여 과거수치와 비교하는 것이 무의미할 수도 있다.

셋째, 가장 일반적인 방법으로 동종산업에 속한 다른 기업들의 평균비율과 비교하는 방법이 있다. 다만 특정기업을 경쟁업체나 산업평균과 비교할 때 비교대상이 되는 기업들이 유사 해야만 의미가 있다. 따라서 매우 다각화된 기업의 경우에는 동종산업과의 비교하는 것조차 쉽지 않다.

재무비율분석은 기업가치를 분석하거나 신용분석을 할 때 매우 유용한 도구임에는 틀림없다. 그러나 재무비율은 정보이용자들이 사용할 수 있는 정보 중 극히 일부분에 불과하다. 재무비율 외에도 활용할 수 있는 많은 정보가 있으므로 재무비율분석이 유일한 분석도구나 정보원천이 될 수는 없다. 그리고 재무비율분석은 과거 자료인 재무제표에 기초하여 수행되므로 이를 통하여 미래를 예측하는 데는 한계가 있다. 또한 기업은 다양한 회계처리 방법 중 하나를 선택하여 재무재표를 작성한다. 그 결과 기업마다 회계처리방법이 다를 수 있으며, 통일되지 않은 회계처리 방법으로 작성된 재무제표를 단순

비교하면 분석의 의미가 없게 된다. 이와 같이 재무비율분석의 결과만을 가지고 기업의 경영성과를 완전히 파악할 수는 없다. 재무비율분석은 단지 앞으로 좀 더 깊이 분석해 보아야 할 분야를 부각시켜주는 도구로 그 유용성이 있다.

보론 **EPS와 PER**

1. 주당순이익

　주당순이익(EPS: earnings per share)은 기업이 발행한 보통주 1주당 순이익이 얼마인가를 나타내는 기업성과지표이다. 주당순이익은 주주나 잠재적 투자자들에게 매우 중요한 투자지표 중의 하나로, 경제신문이나 기타의 공시수단을 통해 기업의 주당순이익에 관한 예측과 실적 정보가 공시되는 것을 볼 수 있다.

　기업이 특수한 복합증권(예 전환사채, 신주인수권부사채, 주식선택권)을 발행하여 자본구조가 복잡해지면 기본주당순이익뿐만 아니라 희석주당순이익까지 계산해야 한다. 희석주당순이익 계산은 중급회계에서 다룬다.

　기본주당순이익은 당기순이익을 당해 회계기간의 가중평균유통보통주식수로 나누어서 계산한다. 이를 계산하는 기본산식은 아래와 같다.

$$\text{기본주당순이익} = \frac{\text{보통주 귀속 당기순이익}}{\text{가중평균유통보통주식수}}$$

보통주 귀속 당기순이익

　여기서 보통주 귀속 당기순이익이란 당기순이익에서 우선주에 대한 배당소요액을 차감한 값을 말한다. 만약 우선주가 없다면 당기순이익 전체가 보통주에 귀속되는 당기순이익이 된다.

가중평균유통보통주식수

　가중평균유통보통주식수는 회계기간 동안의 유통보통주식수를 가중 평균한 것이다. 가

중 평균하는 이유는 기업의 유통주식수가 회계기간 중에 변할 수 있기 때문이다. 예를 들어 회계기간 초에는 유통주식수가 12,000주이고 회계기간 말에는 유통주식수가 15,000주이면 이 중 어느 것으로 주당순이익을 계산하는지의 문제가 생긴다. 이때 산식의 분자인 당기순이익이 회계기간 동안의 성과를 나타내므로 이에 대응하여 분모의 유통보통주식수도 한 시점이 아닌 회계기간 동안의 평균을 사용하는 것이 타당하다.

회계기간의 유통보통주식수는 유·무상증자나 주식배당을 한 경우에 증가한다. 반대로 기업이 자기주식을 취득하면 유통보통주식수는 감소한다. 예제를 통해 기본주당순이익을 계산하는 과정을 알아보자.

| 계산시례 |

A사는 20 × 5년 1월 1일 현재 보통주 10,000주(1주당 액면금액 ₩500)와 연 5% 배당조건의 우선주 5,000주(1주당 액면금액 ₩500)를 발행하고 있다. 이 상태에서 9월 1일에 보통주 3,000주를 추가로 발행하였다. 회사의 20 × 5년 당기순이익은 ₩1,236,000이다. 이 자료를 바탕으로 20 × 5년도 기본주당순이익을 계산하면 다음과 같다.

$$기본주당순이익 = \frac{보통주\ 귀속\ 당기순이익}{가중평균유통보통주식수}$$

$$= \frac{₩1,111,000}{11,000주} = ₩101$$

- 보통주 귀속 당기순이익 = 당기순이익 - 우선주배당금
= ₩1,236,000 - 5,000주 × ₩500 × 5% = 1,111,000
- 가중평균유통보통주식수 = 10,000주 × 8/12 + 13,000주 × 4/12 = 11,000주

2. 주가이익배수

주가이익배수(PER: price-earnings ratio)는 주당순이익에 대한 주가의 배율이다. 즉, 주가가 주당이익의 몇 배인지를 나타낸다. 기업의 이익과 주가는 일정한 상관관계가 있다. 일반적으로 주당이익이 크면 주가가 높고, 주당이익이 작으면 주가도 낮다. 따라서 PER는 대체로 일정한 값에 수렴한다. 이러한 PER의 특징을 활용하면 과소평가 또는 과대평가된 주식을 발견할 수 있다. 예를 들어 A사의 현재 주가가 ₩1,515이라고 하자. 그러면 A사의 PER는 15이다. PER의 산식은 다음과 같다.

$$\text{주가이익배수(PER)} = \frac{\text{주가}}{\text{주당순이익}} = \frac{1,515}{101} = 15$$

만약 유사기업의 PER가 15보다 높으면, A사의 주식은 과소평가되었다고 볼 수도 있다. 반대로 유사기업의 PER이 15보다 낮으면, A사의 주식은 과대평가되었다고 볼 것이다. 그러나 이런 단순한 방식만으로는 성공적인 투자가 보장되지는 않는다. 왜냐하면 PER가 높은 종목의 경우 현재의 이익보다 미래의 이익성장 전망이 좋아서 주가가 높게 형성된 경우도 많기 때문이다. 특히 성장성이 빠른 업종에서는 이익수준보다는 이익성장이 더 중요시되며 이 경우에는 PER의 의미를 신중하게 해석해야 한다.

K-IFRS를 반영한
회계원리

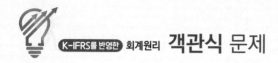

01 유동비율이 100%를 초과한다. 다음 중 유동비율이 더 높아지는 상황은?

① 외상매출금을 회수한다.

② 다른 회사의 주식을 취득한다.

③ 운영자금을 은행에서 새로 단기차입한다.

④ 지급어음이 만기가 되어 당좌예금에서 인출되었다.

02 상품을 구입하고 절반은 현금으로 지급하고 나머지는 약속어음을 발행했다. 유동비율은 200%이고 부채비율 100%일 때, 이 거래가 유동 비율과 부채비율에 미치는 영향은?

	유동비율	부채비율
①	변동없음	변동없음
②	변동없음	증 가
③	감 소	증 가
④	증 가	변동없음

03 유동비율은 100%를 초과하고 부채비율은 100%에 미달하는 상황이다. 다음 중 유동비율이 증가하고, 부채비율이 감소하는 거래는?

① 재고자산을 외상으로 구입한다.

② 외상매입금을 현금으로 지급한다.

③ 은행에서 단기차입금을 차입한다.

④ 외상매출금을 현금으로 회수한다.

04 매출원가는 ₩720,000이고 매출총이익률은 20%이다. 기초의 총자산은 ₩240,000이고 기말의 총자산은 ₩360,000이라면 총자산회전율은?

① 2.5 　　　　　　　　② 3

③ 3.5 　　　　　　　　④ 4

05 부채비율이 200%일 때, 다음 중 부채비율을 개선하는 데 가장 효과적인 것은?

① 외상매출금을 현금으로 회수한다.

② 무상증자를 실시하여 자본금을 보강한다.

③ 회사채를 조기에 상환한다.

④ 장기투자주식을 처분한다.

🧩 정답

01 ① 유동자산이나 유동부채의 변동이 없다.

② 유동자산이 감소하여 유동비율이 낮아진다.

③ 유동자산과 같은 금액의 유동부채가 증가하여 유동비율이 낮아진다.

④ 유동자산과 같은 금액의 유동부채가 감소하여 유동비율이 높아진다. **정답** ④

02 유동자산(상품)과 동액의 유동부채(지급어음)가 증가한다. 유동비율이 200%일 때 분자와 분모에 동액이 증가하면 유동비율은 감소한다. 한편 유동부채가 증가했으므로 부채비율은 증가한다. **정답** ③

03 ① 유동자산과 유동부채가 같은 금액으로 증가한다. 유동비율이 100%를 초과할 때 이런 변동은 유동비율을 감소시킨다. 한편 유동부채의 증가 때문에 부채비율은 증가한다.

② 유동자산과 유동부채가 같은 금액으로 감소한다. 유동비율이 100%를 초과할 때 이런 변동은 유동비율을 증가시킨다. 한편 유동부채의 감소 때문에 부채비율은 감소한다.

③ 위 ①과 동일함.

④ 유동자산이나 유동부채에 미치는 영향이 없다. 따라서 유동비율이나 부채비율에 영향이 없다.

정답 ②

04 매출액 $= \dfrac{\text{매출원가}}{(1-0.2)} = \dfrac{720,000}{0.8} = ₩900,000$

총자산회전율 $= \dfrac{\text{매출액}}{\text{평균자산}} = \dfrac{900,000}{(240,000 + 360,000)/2} = 3$ **정답** ②

05 ① 외상매출금을 현금으로 회수한다.(외상매출금 감소, 현금 증가: 부채비율 변동 없음)

② 무상증자를 실시하여 자본금을 보강한다.(자본금 증가, 이익잉여금 감소: 부채비율 변동 없음)

③ 회사채를 조기에 상환한다.(사채 감소, 현금 감소: 사채 감소액만큼 부채가 감소되어 부채비율이 개선됨)

④ 장기투자주식을 처분한다.(현금 증가, 투자주식 감소: 부채비율 변동 없음) **정답** ③

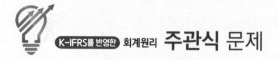

13-01 재무비율의 계산

다음은 (주)서편의 재무상태표이다.

재무상태표			
(주)서편			20 × 6년 12월 31일
현　　금	₩20,000	매 입 채 무	₩70,000
매 출 채 권	60,000	장 기 차 입 금	100,000
재 고 자 산	60,000	보통주자본금	120,000
기계(순액)	180,000	이 익 잉 여 금	30,000
합　　계	₩320,000	합　　계	₩320,000

요구사항

당기의 매출액은 ₩540,000이고 당기순이익은 ₩20,000이다. 그리고 전기 말의 자산은 ₩280,000이고 자기자본은 ₩120,000이다. 다음의 재무비율을 계산하시오.

(1) 유동비율　　　　　　　　　　(2) 총자산회전율

(3) 자기자본이익률　　　　　　　(4) 부채비율

13-02 재무비율의 계산과 평가

다음은 (주)동녘에 관한 자료이다.

재무상태표

(주)동녘   20 × 6년 12월 31일

현 금	₩40,000	매 입 채 무	₩50,000
매출채권(순액)	90,000	단 기 차 입 금	126,000
재 고 자 산	130,000	미 지 급 비 용	5,000
선 급 보 험 료	3,000	자 본 금	250,000
토 지	20,000	이 익 잉 여 금	12,000
기계설비(순액)	160,000		
	₩443,000		₩443,000

| 추가자료 |

당기의 매출액은 ₩1,540,000이고 당기순이익은 ₩70,000이다. 또한 전기 말 자산은 ₩347,000이고 자기자본은 ₩288,000이다. 당기말 현재 회사가 발행한 주식수는 500주이고, 1주당 공정가치 ₩1,750이다.

요구사항

1. 다음의 재무비율들을 계산하시오.

> ① 유동비율   ② 총자산회전율   ③ 자기자본이익률   ④ 부채비율
> ⑤ 매출액순이익률 ⑥ 주당순이익   ⑦ 주가이익배수(PER)

2. 아래의 오류가 (주)동녘의 재무비율(①~⑦)에 미치는 영향을 설명하시오.

1) 매입채무 ₩20,000을 지급한 거래의 기록 누락

  "(차) 매입채무   20,000   (대) 현 금   20,000"

2) 기계설비의 감가상각비 ₩20,000 과소계상

  "(차) 감가상각비   20,000   (대) 감가상각누계액   20,000"

Appendix

부 록

주관식 문제 해답 및 해설

Chapter 2 재무제표의 이해

2 - 01

①	상 품	(자산)	②	차 입 금	(부채)
③	건 물	(자산)	④	이 자 수 익	(수익)
⑤	매 출 원 가	(비용)	⑥	대 여 금	(자산)
⑦	임 차 료	(비용)	⑧	이 익 잉 여 금	(자본)
⑨	매 출	(수익)	⑩	미 지 급 비 용	(부채)

2 - 02

(1) 부채 = 45,000 - 28,000 = ₩17,000

(2) 자산 = 58,000 + 25,000 = ₩83,000

(3) 자본 = 28,500 - 18,300 = ₩10,200

(4) 수익 = 18,300 + 2,800 = ₩21,100

2 - 03

① 10,000 - 8,000 = 2,000

② ③ - ① = 4,000

③ 15,000 - 9,000 = 6,000

④ 6,000 + 1,000 = 7,000

⑤ 11,000 - ⑥ = 3,600

⑥ 6,400 + 1,000 = 7,400

⑦ 6,500 - 1,200 = 5,300

⑧ 4,000 + 5,100 = 9,100

⑨ 5,100 - 1,200 = 3,900

⑩ 8,200 + (1,100) = 7,100

⑪ 7,300 + ⑫ = 15,000

⑫ 8,800 + (1,100) = 7,700

2 - 04

재무상태표

현　　　금	41,000	매 입 채 무	130,000
매 출 채 권	140,000	단 기 차 입 금	200,000
상　　　품	40,000	미 지 급 비 용	15,000
토　　　지	194,000	자 　 본 　 금	180,000
건　　　물	135,000	이 익 잉 여 금	25,000
	550,000		550,000

2 - 05

재무상태표

현　　　금	80,000	매 입 채 무	23,000
매 출 채 권	14,000	단 기 차 입 금	120,000
상　　　품	40,000	미 지 급 비 용	5,000
토　　　지	94,000	자 　 본 　 금	200,000
건　　　물	135,000	이 익 잉 여 금	15,000
	363,000		363,000

2 - 06

손익계산서

총수익:	매　　　출	1,850,000	1,965,000
	이 자 수 익	115,000	
총비용:	매 출 원 가	620,000	1,370,000
	급　　　여	180,000	
	임 　 차 　 료	215,000	
	보 　 험 　 료	110,000	
	광 　 고 　 비	125,000	
	법 인 세 비 용	120,000	
	당 기 순 이 익		595,000

참고

- 배당금: 자본(이익잉여금의 감소)
- 기계설비: 자산
- 미수이자: 자산
- 미지급급여: 부채

2 - 07

- 자산: 현금, 매출채권, 상품, 비품
- 부채: 매입채무, 차입금
- 자본: 자본금, 이익잉여금

재무상태표

현 금	300,000	매 입 채 무	1,130,000
매 출 채 권	1,350,000	차 입 금	1,250,000
상 품	900,000	자 본 금	500,000
비 품	800,000	이 익 잉 여 금	470,000
	3,350,000		3,350,000

손익계산서

총수익:	매 출	3,400,000	3,435,000
	이 자 수 익	35,000	
총비용:	매 출 원 가	2,900,000	3,335,000
	급 여	250,000	
	임 차 료	100,000	
	판 매 수 수 료	50,000	
	이 자 비 용	20,000	
	법 인 세 비 용	15,000	
	당 기 순 이 익		100,000

2 - 08

1. 재무상태표

- 자산: 현금, 매출채권, 미수수익, 상품, 토지
- 부채: 매입채무, 단기차입금, 미지급비용
- 자본: 자본금, 이익잉여금

재무상태표

현 금	118,400	매 입 채 무	333,300
매 출 채 권	234,500	단 기 차 입 금	343,200
미 수 수 익	25,600	미 지 급 비 용	12,300
상 품	56,700	자 본 금	364,200
토 지	789,000	이 익 잉 여 금	171,200
	1,224,200		1,224,200

2. 손익계산서

손익계산서

총수익:	매 출 액	1,234,500	1,269,000
	이 자 수 익	34,500	
총비용:	매 출 원 가	789,000	1,145,600
	급 여	198,700	
	임 차 료	123,400	
	이 자 비 용	34,500	
	당 기 순 이 익		123,400

Chapter 3   거래의 기록원리

3 - 01

	자 산	비 용	부 채	자 본	수 익
(1)	증 가			증 가	
(2)	감 소	증 가			
(3)	증 가				증 가
(4)	증 가		증 가		
(5)	감 소	증 가			
(6)		"영 향 없 음"			
(7)	감 소		감 소		
(8)		증 가	증 가		
(9)	증 가				
	감 소				
(10)	증 가		증 가		

3 - 02

	자 산	비 용	부 채	자 본	수 익
(1)	(800)	800			
(2)	5,000			5,000	
(3)	5,000		5,000		
(4)	(2,000)		(2,000)		
(5)	5,000 (1,000)		4,000		
(6)	(200)	200			
(7)	(500)			(500)	
(8)	1,000				1,000
(9)	1,000 (1,000)				
(10)		200 150	350		

3 - 03

	자 산	+	비 용	=	부 채	+	자 본	+	수 익
(1)	현금 10,000				차입금 10,000				
(2)	비품 2,800				미지급금 2,800				
(3)	현금 (1,400)				미지급금 (1,400)				
(4)	현금 (3,000)								
	상품 3,000								
(5)	상품 3,000				매입채무 3,000				
(6)	현금 (2,000)				매입채무 (2,000)				
(7)	현금 (100)		임차료 100						
(8)	현금 (600)		이자비용 600						
(9)	현금 (600)						이익잉여금 (600)		
(10)	현금 5,000								매출액* 5,000
(11)	매출채권 6,000								매출액* 6,000
(12)	현금 3,000								
	매출채권 (3,000)								

* 수익(매출액)과 비용(매출원가)을 모두 표시할 수도 있고, 이처럼 '매출액만 기록할 수도 있다. 이에 관해서는 '재고자산' 편에서 다룰 것이다.

3 - 04

	차변요소				대변요소			
	자산증가	부채감소	자본감소	비용발생	자산감소	부채증가	자본증가	수익발생
①	현 금 500,000					차입금 500,000		
②	현 금 200,000				대여금 200,000			
③		매입채무 200,000			현 금 200,000			
④	상 품 200,000				현 금 100,000	매입채무 100,000		
⑤		매입채무 100,000			현 금 100,000			

	차변	대변
⑥	차입금 500,000	현금 500,000
⑦	현금 130,000	매출채권 130,000
⑧	예금 400,000	현금 400,000
⑨	임차료 50,000	현금 50,000
⑩	현금 15,000	이자수익 15,000

3 - 05

	차변요소				대변요소			
	자산증가	부채감소	자본감소	비용발생	자산감소	부채증가	자본증가	수익발생
①	현금 2,000,000					차입금 2,000,000		
②	기계장치 3,000,000					미지급금 3,000,000		
③	소모품 400,000					미지급금 400,000		
④				이자비용 10,000	현금 10,000			
⑤	현금 100,000							용역수익 100,000
⑥	매출채권 200,000							용역수익 200,000
⑦				임차료 30,000	현금 30,000			
⑧	현금 200,000				매출채권 200,000			
⑨				급여 80,000	현금 80,000			
⑩		미지급금 1,000,000			현금 1,000,000			

3 - 06

1) 거래의 분석

	차 변 요 소				대 변 요 소			
	자산증가	부채감소	자본감소	비용발생	자산감소	부채증가	자본증가	수익발생
①	현 금 5,000,000						자본금 5,000,000	
②				광고비 100,000	현 금 100,000			
③	차량운반구 3,000,000				현 금 3,000,000			
④	현 금 400,000 매출채권 400,000							용역수익 800,000
⑤				임차료 20,000	현 금 20,000			
⑥	현 금 400,000				매출채권 400,000			
⑦	현 금 600,000			처분손실 400,000	차량운반구 1,000,000			
⑧				급 여 80,000		미지급비용 80,000		
⑨			이익잉여금 10,000		현 금 10,000			
⑩	매출채권 300,000							용역수익 300,000

2) 분개

①	(차)	현 금	5,000,000	(대)	자본금	5,000,000
②	(차)	광고비	100,000	(대)	현 금	100,000
③	(차)	차량운반구	3,000,000	(대)	현 금	3,000,000

④	(차)	현 금	400,000	(대)	용역수익	800,000
		매출채권	400,000			
⑤	(차)	임차료	20,000	(대)	현 금	20,000
⑥	(차)	현 금	400,000	(대)	매출채권	400,000
⑦	(차)	현 금	600,000	(대)	차량운반구	1,000,000
		유형자산처분손실	400,000			
⑧	(차)	급 여	80,000	(대)	미지급비용	80,000
⑨	(차)	이익잉여금	10,000	(대)	현 금	10,000
⑩	(차)	매출채권	300,000	(대)	용역수익	300,000

3 - 07

(1) 임차료 발생   17,000   현금 감소   17,000

    임차료 ₩17,000을 현금으로 지급하다.

(2) 현금 증가   27,000   매출채권 감소   27,000

    매출채권 ₩27,000을 현금으로 수취하다.

(3) 차입금 감소   32,000   현금 감소   32,000

    차입금 ₩32,000을 현금으로 상환하다.

(4) 건물 증가   37,000   현금 감소   10,000

                    미지급금 증가   27,000

    건물(₩37,000)을 취득하고 대금 중 ₩10,000을 현금으로 지급하고 나머지는 외상으로 하다.

(5) 임차료 발생   7,000   미지급비용 증가   7,000

    임차료 ₩7,000이 발생하였으나 미지급하다.

3 - 08

① 주주들이 자본금 ₩5,000을 출자하다.

② 상품 ₩3,000을 취득하고 대금 중 ₩1,000을 현금으로 지급하고 나머지는 외상으로 하다.

③ ₩4,000의 청소용역을 제공하고 대금 중 ₩2,500을 현금으로 받고 나머지는 외상으로 하다.

④ 비품 ₩1,000을 취득하고 대금은 나중에 지급하기로 하다.

⑤ 매입채무 ₩2,000을 현금으로 지급하다.

⑥ 청소용역을 제공하고 대금 ₩5,000은 외상으로 하다.

3 - 09

1) 거래의 분개

4.1.	(차)	현 금	2,000,000	(대)	자 본 금	2,000,000
4.2.	(차)	비 품	800,000	(대)	현 금	200,000
					미 지 급 금	600,000
4.4.	(차)	광고선전비	200,000	(대)	미지급비용	200,000
4.10.	(차)	현 금	300,000	(대)	용역 수익	300,000
4.15.	(차)	미지급비용	100,000	(대)	현 금	100,000
4.23.	(차)	매 출 채 권	400,000	(대)	용 역 수 익	400,000
4.28.	(차)	현 금	100,000	(대)	매 출 채 권	100,000
4.29.	(차)	미 지 급 금	200,000	(대)	현 금	200,000
4.30.	(차)	임 차 료	70,000	(대)	미지급비용	270,000
		급 여	200,000			

2) 총계정원장에 전기

현 금

4/1	자 본 금	2,000,000	4/2	비 품	200,000
	용 역 수 익	300,000	4/15	미 지 급 비 용	100,000
	매 출 채 권	100,000	4/29	미 지 급 금	200,000
				차 기 이 월	1,900,000
		2,400,000			2,400,000

매 출 채 권

4/23	매 출	400,000	4/28	현 금	100,000
				차 기 이 월	300,000
		400,000			400,000

비 품

4/2	현 금 외	800,000	차 기 이 월	800,000

미지급금

4/29	현 금	200,000	4/2	비 품	600,000
	차 기 이 월	400,000			
		600,000			600,000

미지급비용

4/15	현 금	100,000	4/4	광고선전비	200,000
	차 기 이 월	370,000	4/30	급여, 임차료	270,000
		470,000			470,000

자본금

	차 기 이 월	2,000,000	4/1	현 금	2,000,000

용역수익

			4/10	현 금	300,000
			4/23	매 출 채 권	400,000

광고선전비

4/4	미 지 급 비 용	200,000		

급 여

4/25	미 지 급 비 용	200,000		

임차료

4/30	미 지 급 비 용	70,000		

3 - 10

1) 거래의 분개

(1)	(차)	현 금	500,000	(대)	차 입 금	500,000
(2)	(차)	소 모 품 비	35,000	(대)	소 모 품	35,000
(3)	(차)	임 차 료	70,000	(대)	현 금	70,000
(4)	(차)	현 금	500,000	(대)	매 출 채 권	500,000
(5)	(차)	차량운반구	1,200,000	(대)	미 지 급 금	1,200,000
(6)	(차)	매 출 채 권	600,000	(대)	용 역 수 익	600,000
(7)	(차)	매 입 채 무	60,000	(대)	현 금	60,000
(8)	(차)	미 지 급 금	50,000	(대)	현 금	50,000
(9)	(차)	미지급비용	75,000	(대)	현 금	75,000
(10)	(차)	급 여	80,000	(대)	미 지 급 비 용	80,000

2) 계정잔액

	4월 말 잔액		5월의 거래			5월 말 잔액	
	차변	대변	차변		대변	차변	대변
현 금	350,000		1,000,000①		255,000②	1,095,000	
매 출 채 권	500,000		(6) 600,000	(4)	500,000	600,000	
소 모 품	100,000			(2)	35,000	65,000	
차량운반구	200,000		(5) 1,200,000	(5)	1,200,000	1,400,000	
매 입 채 무		100,000	(7) 60,000	(10)	80,000		40,000
미 지 급 금		50,000	(8) 50,000		500,000		1,200,000
미지급비용		75,000	(9) 75,000				80,000
차 입 금		-		(6)	600,000		500,000
자 본 금		500,000					500,000
용 역 수 익		600,000					1,200,000
임 차 료	70,000		(3) 70,000			140,000	
급 여	105,000		(10) 80,000			185,000	
소 모 품 비	-		(2) 35,000			35,000	
합계	1,325,000	1,325,000	3,170,000		3,170,000	3,520,000	3,520,000

① (1) + (4) = 500,000 + 500,000 = 1,000,000

② (3) + (7) + (8) + (9) = 70,000 + 60,000 + 50,000 + 75,000 = 255,000

3) 5월 말 잔액시산표

잔 액 시 산 표

현 금	1,095,000	매 입 채 무	40,000
매 출 채 권	600,000	미 지 급 금	1,200,000
소 모 품	65,000	미 지 급 비 용	80,000
차량운반구	1,400,000	차 입 금	500,000
소 모 품 비	35,000	자 본 금	500,000
급 여	185,000	용 역 수 익	1,200,000
임 차 료	140,000		
	3,520,000		3,520,000

3 - 11

(1) 현금계정의 올바른 잔액은 ₩245,000이다.

(2) 매입채무계정에서 ₩60,000을 차감하여 ₩40,000으로 수정된다.

(3) 차변에 기록된 차입금은 대변으로, 대변에 기록된 매출채권은 차변으로 옮겨 적는다.

  또한 차변에 기록된 용역수익은 대변으로, 대변에 기록된 비용들은 차변으로 옮겨 적는다.

잔 액 시 산 표

차 변	계정과목	대 변
₩245,000	현 금	
125,000	매 출 채 권	
70,000	선 급 비 용	
325,000	상 품	
	차 입 금	₩250,000
	매 입 채 무	40,000
	자 본 금	300,000
	이 익 잉 여 금	95,000
	용 역 수 익	990,000
345,000	급 여	
565,000	영 업 비	
₩1,675,000	합 계	₩1,675,000

3 - 12

1) 이자 ₩12,000을 지급하다.

    ① 회계처리 취소(역분개): (차) 현　금　　120,000　　(대) 이자비용　120,000

    ② 올바른 회계처리:　　(차) 이자비용　12,000　　(대) 현　금　　12,000

    위의 ①과 ②에서 현금과 이자비용을 상계하면 다음과 같다.

    (차) 현　금　　　108,000　　　(대) 이자비용　　　108,000

2) 설비 ₩120,000을 구입하다.

    ① 회계처리 취소(역분개): (차) 현　금　　120,000　　(대) 수선비　120,000

    ② 올바른 회계처리:　　(차) 기계설비　120,000　　(대) 현　금　　120,000

    위의 ①과 ②에서 현금을 상계하면 다음과 같다.

    (차) 기계설비　　　120,000　　　(대) 수 선 비　　　120,000

3) 매입채무 ₩320,000을 지급하다.

    ① 회계처리 취소(역분개): (차) 현　금　　230,000　　(대) 매입채무　230,000

    ② 올바른 회계처리:　　(차) 매입채무　320,000　　(대) 현　금　　320,000

    위의 ①과 ②에서 현금과 매입채무를 상계하면 다음과 같다.

    (차) 매입채무　　　90,000　　　(대) 현　금　　　90,000

4) 매출채권 ₩130,000을 회수하다.

    ① 회계처리 취소(역분개): (차) 매　출　　130,000　　(대) 현　금　130,000

    ② 올바른 회계처리:　　(차) 현　금　　130,000　　(대) 매출채권　130,000

    위의 ①과 ②에서 현금을 상계하면 다음과 같다.

    (차) 매　출　　　130,000　　　(대) 매출채권　　　130,000

Chapter 4 이익측정과 결산

4 - 01

(1) 현금기준에 의한 기중거래 분개

①	(차)	임 차 료	234,000	(대)	현 금	234,000
②	(차)	보 험 료	123,000	(대)	현 금	123,000
③	(차)	현 금	34,500	(대)	용 역 수 익	34,500

	당기분	차기분
임 차 료 ₩234,000:	117,000(= 234,000 × 3/6)	117,000(= 234,000 × 3/6)
보 험 료 ₩123,000:	20,500(= 123,000 × 2/12)	102,500(= 123,000 × 10/12)
용역수익 ₩345,000:	241,500(= 345,000 × 70%)	103,500(= 345,000 × 30%)

(2) 결산일의 수정분개

①	(차)	선 급 임 차 료	117,000	(대)	임 차 료	117,000
②	(차)	선 급 보 험 료	102,500	(대)	보 험 료	102,500
③	(차)	미 수 수 익	207,000	(대)	용 역 수 익	207,000*

* 241,500 - 34,500 = 207,000

4 - 02

(1) 현금기준에 의한 기중거래 분개

①	(차)	임 차 료	120,000	(대)	현 금	120,000
②	(차)	보 험 료	54,000	(대)	현 금	54,000
③	(차)	현 금	127,000	(대)	광 고 수 익	127,000

	당기분	차기분
임차료 지급액 ₩120,000:	30,000(= 120,000 × 6/24)	90,000 (= 120,000 × 18/24)
보험료 지급액 ₩54,000:	40,500(= 54,000 × 9/12)	13,500 (= 54,000 × 3/12)
광고수익 발생 ₩254,000:	190,500(= 254,000 × 3/4)	63,500 (= 254,000 × 1/4)

(2) 결산일의 수정분개

①	(차)	선 급 임 차 료	90,000	(대)	임 차 료	90,000
②	(차)	선 급 보 험 료	13,500	(대)	보 험 료	13,500
③	(차)	매 출 채 권	63,500	(대)	광 고 수 익	63,500*

* 190,500 - 127,000 = ₩63,500

4 - 03

(1) 현금기준에 의한 기중거래 분개

①	(차)	소 모 품 비	1,234	(대)	현 금	1,234
②	(차)	이 자 비 용	1,111	(대)	현 금	2,345
		미 지 급 비 용	1,234			
③	(차)	현 금	7,200	(대)	용 역 수 익	7,200

	전기분	당기분	차기분
소모품 구입액　₩1,234:		778	456
이자비용 지급액　₩2,345:	1,234	1,111	
용역대금 수취액　₩7,200:		4,800	2,400

(2) 결산일의 수정분개

①	(차)	소 모 품	456	(대)	소 모 품 비	456
②	분 개 없 음					
③	(차)	용 역 수 익	2,400	(대)	선 수 수 익	2,400
	(차)	영 업 비 용	3,210	(대)	미 지 급 비 용	3,210

4 - 04

1) 결산수정분개

①	(차)	임 대 수 익	44,000	(대)	선 수 수 익	44,000
②	(차)	급 여	55,000	(대)	미 지 급 비 용	55,000
③	(차)	미 수 수 익	25,000	(대)	이 자 수 익	25,000
④	(차)	소 모 품 비	35,000	(대)	소 모 품	35,000

2) 자산, 부채, 수익 및 비용에 미치는 영향

	자 산	비 용	부 채	수 익
(1)			44,000	(44,000)
(2)		55,000	55,000	
(3)	25,000			25,000
(4)	(35,000)	35,000		

4 - 05

1) 결산수정분개

①	(차)	소 모 품 비	120,000	(대)	소 모 품	120,000
②	(차)	급 여	50,000	(대)	미 지 급 비 용	50,000
③	(차)	선 급 비 용	50,000	(대)	임 차 료	50,000
④	(차)	선 급 비 용	200,000	(대)	보 험 료	200,000
⑤	(차)	이 자 비 용	20,000	(대)	미 지 급 비 용	20,000

2) 수정후시산표

	수정전시산표		수정분개		수정후시산표	
	차 변	대 변	차 변	대 변	차 변	대 변
현 금	690,000				690,000	
매 출 채 권	100,000				100,000	
소 모 품	200,000			① 120,000	80,000	
선 급 비 용	-		③ 50,000		250,000	
			④ 200,000			
미 지 급 비 용		-		② 50,000		70,000
				⑤ 20,000		
차 입 금		800,000				800,000
자 본 금		200,000				200,000
용 역 수 익		700,000				700,000
소 모 품 비	-		① 120,000		120,000	
급 여	200,000		② 50,000		250,000	
임 차 료	200,000			③ 50,000	150,000	
보 험 료	300,000			④ 200,000	100,000	
이 자 비 용	10,000		⑤ 20,000		30,000	
합 계	1,700,000	1,700,000	440,000	440,000	1,770,000	1,770,000

3) 자산, 부채, 자본, 수익 및 비용의 잔액

- 자산: 현금 + 매출채권 + 선급비용 + 소모품

    = 690,000 + 100,000 + 250,000 + 80,000 = ₩1,120,000

- 부채: 차입금 + 미지급비용 = 800,000 + 70,000 = ₩870,000

- 자본: 자산 - 부채 = 1,120,000 - 870,000 = ₩250,000

    또는 자본금 + 이익잉여금변동액 = 200,000 + 50,000 = ₩250,000

- 수익: 용역수익 = ₩700,000

- 비용: 급여 + 임차료 + 보험료 + 소모품비 + 이자비용

    = 250,000 + 150,000 + 100,000 + 120,000 + 30,000 = ₩650,000

- 당기순이익 = 수익 - 비용 = 700,000 - 650,000 = ₩50,000

4 - 06

1) 결산수정분개

①	(차)	선 급 비 용	40,000	(대)	보 험 료	40,000
②	(차)	소 모 품 비	105,000	(대)	소 모 품	105,000
③	(차)	감 가 상 각 비	140,000	(대)	비 품	140,000
④	(차)	선 급 비 용	100,000	(대)	임 차 료	100,000
⑤	(차)	용 역 수 익	120,000	(대)	선 수 수 익	120,000

2) 수정후시산표

	수정전시산표		수정분개		수정후시산표	
	차 변	대 변	차 변	대 변	차 변	대 변
현 금	2,160,000				2,160,000	
매 출 채 권	1,250,000				1,250,000	
소 모 품	180,000			② 105,000	75,000	
선 급 비 용	-		④ 100,000 ① 40,000		140,000	
비 품	3,400,000			③ 140,000	3,260,000	
매 입 채 무		700,000				700,000
선 수 수 익		460,000		⑤ 120,000		580,000
차 입 금		3,060,000				3,060,000

자 본 금		2,000,000				2,000,000
용 역 수 익		2,910,000	⑤ 120,000			2,790,000
소 모 품 비	–		② 105,000		105,000	
급 여	1,500,000				1,500,000	
임 차 료	400,000			④ 100,000	300,000	
보 험 료	240,000			① 40,000	200,000	
감 가 상 각 비	–		③ 140,000		140,000	
합 계	9,130,000	9,130,000	505,000	505,000	9,130,000	9,130,000

3) 손익계산서

손익계산서

급 여	1,500,000	용 역 수 익	2,790,000
임 차 료	300,000		
보 험 료	200,000		
소 모 품 비	105,000		
감 가 상 각 비	140,000		
당 기 순 이 익	545,000		
	₩2,790,000		₩2,790,000

4) 재무상태표

재무상태표

현 금	₩2,160,000	매 입 채 무	₩700,000
매 출 채 권	1,250,000	선 수 수 익	580,000
소 모 품	75,000	차 입 금	3,060,000
선 급 비 용	140,000	자 본 금	2,000,000
비 품	3,260,000	이 익 잉 여 금	545,000
자 산	₩6,885,000	부 채 와 자 본	₩6,885,000

- 자산 = 재무상태표 차변합계 = ₩6,885,000

- 부채 = 매입채무(700,000) + 선수수익(580,000) + 차입금(3,060,000) = ₩4,340,000

- 자본 = 자산(6,885,000) - 부채(4,340,000) = ₩2,545,000

  또는 자본금(2,000,000) + 이익잉여금(545,000) = ₩2,545,000

4 - 07

1) 결산수정분개

①	(차)	임 대 수 익	300		(대)	선 수 수 익	300
②	(차)	급 여	100		(대)	미 지 급 비 용	100
③	(차)	이 자 비 용	150		(대)	미 지 급 비 용	150
④	(차)	선 급 비 용	400		(대)	보 험 료	400

2) 수정후시산표

	수정전 시산표		수정분개		수정후 시산표	
	차 변	대 변	차 변	대 변	차 변	대 변
현 금	400				400	
매 출 채 권	500				500	
선 급 비 용	100		④ 400		500	
기 타 의 자 산	2,000				2,000	
차 입 금		600				600
미 지 급 비 용		100		② 100 ③ 150		350
선 수 수 익		100		① 300		400
자 본 금		1,500				1,500
이 익 잉 여 금		700				700
용 역 수 익		2,500				2,500
이 자 수 익		400				400
임 대 수 익		800	① 300			500
급 여	2,500		② 100		2,600	
이 자 비 용	200		③ 150		350	
보 험 료	1,000			④ 400	600	
계	6,700	6,700	950	950	6,950	6,950

3) 재무제표 구성항목의 잔액

• 자산 = 현금 + 매출채권 + 선급비용 + 기타의 자산 = 400 + 500 + 500 + 2,000 = ₩3,400

- 부채 = 차입금 + 미지급비용 + 선수수익 = 600 + 350 + 400 = ₩1,350
- 수익 = 용역수익 + 이자수익 + 임대수익 = 2,500 + 400 + 500 = ₩3,400
- 비용 = 급여 + 이자비용 + 보험료 = 2,600 + 350 + 600 = ₩3,550

4 - 08

1) 소모품 감소(₩100) & 소모품비 증가(₩100)

(차)	소모품비	100	(대)	소모품	100

2) 비품감소(₩4,000) & 감가상각비 증가(₩4,000)

(차)	감가상각비	4,000	(대)	비 품	4,000

3) 미지급비용 증가(₩1,000), 급여 증가(₩1,000)

(차)	급 여	1,000	(대)	미지급비용	1,000

4) 선수수익 감소(₩2,000), 용역수익 증가(₩2,000)

(차)	선수수익	2,000	(대)	용역수익	2,000

5) 선급비용 감소(2,025), 보험료 감소(₩1,125), 임차료증가(₩3,150)

이를 다시 풀어쓰면 다음과 같다.

선급비용 증가(₩1,125) & 보험료 감소(₩1,125)

임차료 증가(₩3,150) & 선급비용 감소(₩3,150)

(차)	선급비용	1,125	(대)	보험료	1,125
	임차료	3,150		선급비용	3,150

4 - 09

1) 결산수정분개

	(차)				(대)		
①	선 급 비 용	10,000		보 험 료	10,000
②	선 수 수 익	20,000		용 역 수 익	20,000
③	감 가 상 각 비	10,000		비 품	10,000
④	급 여	10,000		미 지 급 비 용	10,000
⑤	소 모 품	10,000		소 모 품 비	10,000

2) 정산표

(단위: 천 원)

계정과목	수정전시산표		수정분개		수정후시산표		손익계산서		재무상태표	
	차변	대변	차변	대변	차변	대변	차변	대변	차변	대변
현 금	40				40				40	
매 출 채 권	50				50				50	
비 품	60			③ 10	50				50	
매 입 채 무		30				30				30
선 수 수 익		30	② 20			10				10
자 본 금		70				70				70
용 역 수 익		200		② 20		220		220		
보 험 료	20			① 10	10		10			
소 모 품 비	40			⑤ 10	30		30			
급 여	100		④ 10		110		110			
전 력 비	20				20		20			
계	330	330								
감 가 상 각 비			③ 10		10		10			
선 급 비 용			① 10		10				10	
미 지 급 비 용				④ 10		10				10
소 모 품			⑤ 10		10				10	
계			60	60	340	340				
당 기 순 이 익							40			40
계							220	220	160	160

3) 자산, 부채, 자본

- 자산 = 재무상태표 차변합계(160,000) = ₩160,000
- 부채 = 매입채무(30,000) + 선수수익(10,000) + 미지급비용(10,000) = ₩50,000
- 자본 = 자산(160,000) - 부채(50,000) = ₩110,000
  또는 자본금(70,000) + 이익잉여금증가(40,000) = ₩110,000

Chapter 5   당좌자산

5 - 01

	현금및현금성자산	장기금융상품	단기차입금
한국은행권	₩15,000		
타인발행수표	13,000		
당좌예금(A은행)	18,000		
당좌차월(B은행)			₩15,000
보통예금	10,000		
정기예금		30,000	
합계	₩56,000	₩30,000	₩15,000

5 - 02

1) 은행계정조정표

	은행 측 잔액	회사 측 잔액
수정전 금액	₩2,390,000	₩2,300,000
(1) 받을어음 입금누락	—	210,000
(2) 당좌차월 이자누락	—	(10,000)
(3) 부도수표	-	(600,000)
(4) 인출되지 않은 수표	(400,000)	-
(5) 기록 오류	-	90,000
수정후 금액	₩1,990,000	₩1,990,000

2) 수정분개

(1)	(차)	당 좌 예 금	210,000	(대)	받 을 어 음	210,000
(2)	(차)	이 자 비 용	10,000	(대)	당 좌 예 금	10,000
(3)	(차)	외 상 매 출 금	600,000	(대)	당 좌 예 금	600,000

(3)번 해설: 외상대금을 수표로 받았을 때 "(차) 당좌예금 600,000 (대) 외상매출금 600,000"로 회계처리 하였음. 이 수표가 부도가 났으므로 당초 회계처리를 취소함(반대로 분개)

(4) "회계처리없음"

(5)　(차)　당 좌 예 금　　　　90,000　　　(대)　외상매입금　　　　90,000

(5)번 해설: 장부상에는 "(차) 외상매입금 540,000 (대) 당좌예금 540,000"로 분개 되었음. 그러나 올바른 분개는 "(차) 외상매입금 450,000 (대) 당좌예금 450,000"이므로 차액 ₩90,000을 취소함(반대로 분개)

5 - 03

1) 은행계정조정표

	은행 측 잔액	회사 측 잔액
수정전 금액	₩880,000	?
(1) 받을어음 입금누락	-	500,000
(2) 은행 미기록 예금	400,000	-
(3) 인출되지 않은 수표	(230,000)	-
수정후 금액	₩1,050,000	₩1,050,000

2) 회사측의 장부금액(수정전)

수 정후 금액은 ₩1,050,000이고, 이 금액은 입금 누락된 받을어음(500,000)이 가산된 금액이므로 수정전 장부금액은 ₩550,000(= 1,050,000 - 500,000)임

3) 수정분개

(1)　(차)　당 좌 예 금　　　500,000　　　(대)　외상매출금　　　500,000
(2), (3)　　　회계처리없음

5 - 04

1) 은행계정조정표

	은행 측 잔액	회사 측 잔액
수정전 금액	₩4,600	₩30,000
12/06 부도수표	-	(2,000)
12/26 회사 미기록 예금	-	3,000
12/28 인출되지 않은 수표	(24,000)	-
12/31 은행수수료	-	(400)
12/31 은행 미기록 예금	50,000	-
수정후 금액	₩30,600	₩30,600

2) 수정분개

12/06	(차)	외상매출금	2,000	(대)	당 좌 예 금	2,000
12/26	(차)	당 좌 예 금	3,000	(대)	외상매출금	3,000
12/31	(차)	이 자 비 용	400	(대)	당 좌예금	400

5 - 05

1) 외상매출금 계정의 기록

외상매출금

전기이월	432,000	(2) 매출에누리와 환입	82,000
(1) 외상매출	1,432,000	(3) 현금회수	1,150,000
		(4) 제각처리	16,000
		차기이월	616,000
	1,864,000		1,864,000

(1)	(차)	외상매출금	1,432,000	(대)	매 출 액	1,432,000
(2)	(차)	매 출 액	82,000	(대)	외상매출금	82,000
(3)	(차)	당 좌 예 금	1,150,000	(대)	외상매출금	1,150,000
(4)	(차)	손실충당금	16,000	(대)	외상매출금	16,000

2) 손실충당금 수정분개

외상매출금 기말잔액	₩616,000
외상매출금 회수가능액	600,000
외상매출금 대손추정액	16,000
손실충당금 잔액	6,000 (= 22,000 − 16,000)
손실충당금 추가설정	10,000

(차) 손상차손   10,000   (대) 손실충당금   10,000

5 - 06

기	날짜		차변	금액		대변	금액
1기	6/15	(차)	손 상 차 손	4,000	(대)	외상매출금	4,000
	12/31	(차)	손 상 차 손	12,000	(대)	손실충당금	12,000
2기	5/15	(차)	손실충당금	8,000	(대)	외상매출금	8,000
	7/11	(차)	손실충당금	4,000	(대)	외상매출금	5,000
			손 상 차 손	1,000			
	12/31	(차)	손 상 차 손	15,000	(대)	손실충당금	15,000
3기	4/15	(차)	손실충당금	3,000	(대)	외상매출금	3,000
	4/30	(차)	손실충당금	4,000	(대)	외상매출금	4,000
	7/20	(차)	현 금	3,000	(대)	손실충당금	3,000
	11/21	(차)	손실충당금	5,000	(대)	외상매출금	5,000
	12/31	(차)	손 상 차 손	9,000 *	(대)	손실충당금	9,000

* 손실충당금 추가설정액 = 손실추정액 − 손실충당금 잔액 = 15,000 − 6,000 = ₩9,000

5 - 07

(1)	(차)	당 좌 예 금	3,900	(대)	단기차입금	4,000	
		이 자 비 용	100				
(2)	(차)	손실충당금	300	(대)	받 을 어 음	300	
(3)	(차)	외상매출금	4,500	(대)	용 역 수 익	4,500	
(4)	(차)	받 을 어 음	4,500	(대)	외상매출금	4,500	
(5)	(차)	손실충당금	200	(대)	외상매출금	700	
		손 상 차 손	500				
(6)	(차)	토　　　지	7,500	(대)	당 좌 예 금	3,000	
					미 지 급 금	4,500 *	

* 토지의 구입을 위해 어음을 발행한 것은 지급어음이 아니라 미지급금으로 처리함

(7)	(차)	임 차 료	600	(대)	당 좌 예 금	900	
		급 여	300				
(8)	(차)	단기차입금	4,000	(대)	당 좌 예 금	4,000 *	

* 어음이 정상적으로 결제되었다면 다음과 같이 분개되었을 것임

(차) 단기차입급 　　4,000　　　　(대) 받을어음　　　4,000

(9)	(차)	당 좌 예 금	4,500	(대)	받 을 어 음	4,500	

5 - 08

1) 어음할인을 자금의 차입으로 볼 경우

5/1	(차)	받 을 어 음	1,000,000	(대)	매 출 액	1,000,000
6/1	(차)	당 좌 예 금	987,500	(대)	단기차입금	1,000,000
		이 자 비 용	12,500 *			

* 500,000 × 6% × (2/12 + 3/12) = ₩12,500

8/1	(차)	단기차입금	500,000	(대)	받 을 어 음	500,000
9/1	(차)	단기차입금	500,000	(대)	당 좌 예 금	500,000

2) 어음할인을 채권의 양도로 볼 경우

5/1	(차)	받을어음	1,000,000	(대)	매 출 액	1,000,000
6/1	(차)	당좌예금	987,500	(대)	받을어음	1,000,000
		매출채권처분손실	12,500			
8/1		"분 개 없 음"				
9/1		"분 개 없 음"				

5 - 09

3/01	(차)	받을어음	500,000	(대)	매 출 액	500,000
3/15	(차)	받을어음	300,000	(대)	매 출 액	300,000
3/21	(차)	상 품	500,000	(대)	받을어음	500,000
4/01	(차)	현 금	295,500	(대)	단기차입금	300,000
		이 자 비 용	4,500 *			

* 300,000 × 6% × 3/12 = ₩4,500

5/31		"분 개 없 음"				
6/30		단기차입금	300,000	(대)	당좌예금	300,000

Chapter 6   재고자산

6 - 01

① 기초재고 + 당기매입 - 기말재고 = 1,000 + 10,000 - 2,000 = ₩9,000

② 매출액 - 매출원가 = 15,000 - 9,000 = ₩6,000

③ 매출원가 + 매출총이익 = 22,000 + 14,000 = ₩36,000

④ 20 × 4년 기초재고 = 20 × 3년 기말재고 = ₩2,000

⑤ 매출원가 + 기말재고 - 기초재고 = 22,000 + 5,000 - 2,000 = ₩25,000

⑥ 20 × 5년 기초재고 = 20 × 4년 기말재고 = ₩5,000

⑦ 기초재고 + 당기매입 - 기말재고 = ⑥ + 30,000 - ⑧ = ₩8,000

⑧ 매출액 - 매출총이익 = 45,000 - 18,000 = ₩27,000

6 - 02

1/10	(차)	상 품	250,000	(대)	외상매입금			250,000
1/20	(차)	외상매출금	170,000	(대)	매		출	170,000
		매 출 원 가	137,000		상		품	137,000
1/25	(차)	외상매출금	130,000	(대)	매		출	130,000
		매 출 원 가	100,000		상		품	100,000

6 - 03

3/05	(차)	매 입	20,000	(대)	외상매입금			20,000
3/10	(차)	외상매출금	37,000	(대)	매		출	37,000
3/23	(차)	매 출	7,400	(대)	외상매출금			7,400
3/25	(차)	외상매출금	9,000	(대)	매		출	9,000
3/31	(차)	매 출 원 가	25,000 *	(대)	매		입	20,000
					상		품	5,000

* 매출원가 = 기초상품 + 당기매입 - 기말상품 = 10,000 + 20,000 - 5,000 = ₩25,000

6 - 04

1) 계속기록법의 회계처리

7/02	(차)	상 품	33,000	(대)	현 금	33,000
7/06	(차)	현 금	75,000	(대)	매 출	75,000
		매 출 원 가	52,500*		상 품	52,500

*100 × 250 + 110 × 250 = ₩52,500

7/12	(차)	상 품	72,000	(대)	현 금	72,000
7/25	(차)	현 금	75,000	(대)	매 출	75,000
		매 출 원 가	59,000*		상 품	59,000

*100 × 50 + 120 × 450 = ₩59,000

2) 재고실사법의 회계처리

7/02	(차)	매 입	33,000	(대)	현 금	33,000
7/06	(차)	현 금	75,000	(대)	매 출	75,000
7/12	(차)	매 입	72,000	(대)	현 금	72,000
7/25	(차)	현 금	75,000	(대)	매 출	75,000
7/31	(차)	매 출 원 가	111,500*	(대)	매 입	105,000
					상 품	6,500

* 매출원가 = (기초상품 + 당기매입) - 기말상품 = (30,000 + 33,000 + 72,000) - 23,500 = ₩111,500

6 - 05

1) 선입선출법

(선입선출법에서 실물흐름 가정)

매 입				매 출		
날짜	적 요	단 가	량	5월 8일	5월12일	5월18일
5월 1일	기 초	₩12.0	2,000	1,800	200	
5일	매 입	11.5	1,000		1,000	
10일	매 입	11.0	4,000		1,400	2,600
15일	매 입	11.1	2,000			850
계			9,000	1,800	2,600	3,450

5/8일 매출원가 = ₩12.0 × 1,800개 = ₩21,600

5/12일 매출원가 = ₩12.0 × 200개 + ₩11.5 × 1,000개 + ₩11.0 × 1,400개 = ₩29,300

5/18일 매출원가 = ₩11.0 × 2,600개 + ₩11.1 × 850개 = ₩38,035

5월의 매출원가 = 21,600 + 29,300 + 38,035 = ₩88,935

2) 이동평균법

날 짜	적 요	입 고		출 고		잔 고	
		수 량	금 액	수 량	금 액	수 량	금 액
5월 1일	기 초	2,000	₩24,000			2,000	₩24,000
5일	매 입	1,000	11,500			3,000	35,500
8일	매 출			1,800	₩21,300	1,200	14,200
10일	매 입	4,000	44,000			5,200	58,200
12일	매 출			2,600	29,100	2,600	29,100
15일	매 입	2,000	22,200			4,600	51,300
18일	매 출			3,450	38,475	1,150	12,825

5/8일 매출원가 = ₩35,500 × 1,800/3,000 = ₩21,300

5/12일 매출원가 = ₩58,200 × 2,600/5,200 = ₩29,100

5/18일 매출원가 = ₩51,300 × 3,450/4,600 = ₩38,475

5월의 매출원가 = 21,300 + 29,100 + 38,475 = ₩88,875

6 - 06

1) 이동평균법

날 짜	적 요	입 고		출 고		잔 고	
		수 량	금 액	수 량	금 액	수 량	금 액
01/01	기 초	10	1,000			10	1,000
01/08	매 입	10	1,400			20	2,400
01/15	매 출			15	ⓐ	5	ⓑ
01/20	매 입	20	3,200			25	ⓒ
01/21	매 출			10	ⓓ	15	ⓔ

ⓐ 2,400 × 15/20 = ₩1,800

ⓑ 2,400 - ⓐ = ₩600

ⓒ ⓑ + 3,200 = ₩3,800

ⓓ ⓒ × 10/25 = ₩1,520

ⓔ 3,800 - ⓓ = ₩2,280

2) 선입선출법

기초재고 + 당기매입 = 1,000 + 1,400 + 3,200 = ₩5,600

기말재고 = 3,200 x 15/20 = ₩2,400

매출원가 = 5,600 - 2,400 = ₩3,200

6 - 07

1) 선입선출법

기초재고 + 당기매입 = ₩10.0 × 5,000개 + ₩10.5 × 2,000개 + ₩11.0 × 1,500개

$\qquad$ + ₩11.0 × 2,000개 + ₩11.25 × 1,000개 = ₩120,750

기말재고 = ₩11.25 × 1,000개 + ₩11.0 × 1,500개 = ₩27,750

매출원가 = (기초재고 + 당기매입) - 기말재고액 = 120,750 - 27,750 = ₩93,000

2) 총평균법

총평균단가 = (기초재고액 + 당기매입액) / (기초재고량 + 당기매입량)

$\qquad$ = 120,750/11,500 = ₩10.5

기말재고 = ₩10.5 × 2,500개 = ₩26,250

매출원가 = ₩10.5 × 9,000개 = ₩94,500

6 - 08

1) 총평균법

총평균단가 = 6,770,000/14,000 = 483.57⋯

기말재고 = 3,500 × 483.57⋯ = ₩1,692,500

   또는 6,770,000 × 3,500/14,000 = ₩1,692,500

매출원가 = 10,500 × 483.57⋯ = ₩5,077,500

   또는 6,770,000 × 10,500/14,000 = 5,077,500

2) 선입선출법

기말재고 = ₩510 × 2,000개 + ₩500 × 1,500개 = ₩1,521,500

매출원가 = (기초재고액 + 당기매입액) - 기말재고액 = 6,770,000 - 1,521,500 = ₩5,248,500

6 - 09

1) 총평균법

$$총평균단가 = \frac{₩6,050,000}{10,000개} = ₩605$$

기말재고 = 기말재고수량 × 총평균단가 = 2,000개 × ₩605 = ₩1,210,000

매출원가 = 판매수량 × 총평균단가 = 8,000개 × ₩605 = ₩4,840,000

2) 선입선출법

기말재고 = 기말재고수량 × 최근 구입단가 = 2,000개 × ₩725 = ₩1,450,000

매출원가 = 판매가능재고액 - 기말재고액 = 6,050,000 - 1,450,000 = ₩4,600,000

6 - 10

1) 총평균법

총평균단가 = $\dfrac{58,000}{5,000}$ = ₩11.6

기말재고 = 기말재고수량 × 총평균단가 = 920개 × ₩11.6 = ₩10,672

매출원가 = 판매가능재고액 - 기말재고액 = 58,000 - 10,672 = ₩47,328

2) 선입선출법

기말재고 = 기말재고수량 × 최종구입단가 = 920개 × ₩11 = ₩10,120

매출원가 = 판매가능재고액 - 기말재고액 = 58,000 - 10,120 = ₩47,880

3) 개별법

기말재고 = 기말재고수량 × 개별단가 = 220개 × ₩12 + 330개 × ₩12 + 370개 × ₩11 = ₩10,670

매출원가 = 판매가능재고액 - 기말재고액 = 58,000 - 10,670 = ₩47,330

6 - 11

"기말재고의 차이 = 당기순이익의 차이" 임.

(1) 선입선출법의 순이익 = 총평균법의 순이익 + 기말재고액의 차이
    = 24,000 + (54,000 - 48,000) = ₩30,000

(2) 총평균법의 기말재고액 = 선입선출법의 기말재고액 + 당기순이익의 차이
    = 64,000 - (15,000 - 11,000) = ₩60,000

(3) 선입선출법의 기말재고액 = 총평균법의 기말재고액 + 당기순이익의 차이
    = 45,000 - (16,000 - 13,000) = ₩42,000

(4) 총평균법의 순이익 = 선입선출법의 순이익 + 기말재고액의 차이
    = 16,000 + (53,000 - 45,000) = ₩24,000

6 - 12

총평균법에서의 3년간 당기순이익

	20 × 1년		20 × 2년		20 × 3년	
매 출 액		₩80,000		₩91,000		₩105,000
매출원가		(60,000)		(72,000)		(83,000)
기초재고	10,000		20,000		28,000	
매 입 액	70,000		80,000		90,000	
(기말재고)	(20,000)		(28,000)		(35,000)	
기타의 비용		(20,000)		(20,000)		(20,000)
당기순이익		0		(1,000)		2,000

Chapter 7　비유동자산

7 - 01

(1) 토지의 취득원가

$(5,000,000 + 200,000) \times 3,000,000/5,000,000 + 150,000 = ₩3,270,000$

(2) 건물의 취득원가

$(5,000,000 + 200,000) \times 1,500,000/5,000,000 + 75,000 = ₩1,635,000$

(3) 기계장치 취득원가

$(5,000,000 + 200,000) \times 500,000/5,000,000 + 30,000 = ₩550,000$

> 해설
>
> 일괄구입과 관련된 취득부대비용은 일괄구입액에 가산한 후에 개별자산의 공정가액을 기준으로 배분하고, 개별 자산별로 발생한 취득부대비용은 개별자산의 취득가액에 직접 가산한다.

7 - 02

1) 토지와 건물의 취득원가

토지 = 1,000,000 + 850,000 - 200,000 + 50,000 = ₩1,700,000

건물 = 1,800,000 + 1,800,000 = ₩3,600,000

2) 건물의 감가상각비

3,600,000 × 5% × 5/12 = ₩75,000

3) 회계처리 오류 & 수정

회계처리 오류

• 공장을 토지와 건물로 구분하지 않았음

• 그 결과 비상각자산인 토지에 대해서도 감가상각을 함

• 감가상각누계액을 사용하지 않고 취득원가에서 직접 차감함

수정분개

① 8월 1일 분개의 취소

(차)	건설중인자산	5,300,000	(대)	공 장	5,300,000

② 8월 1일의 올바른 분개

(차)	토 지	1,700,000	(대)	건설중인자산	5,300,000
	건 물	3,600,000			

③ 12월 31일 분개의 취소

(차)	공 장	265,000	(대)	감가상각비	265,000

④ 12월 31일의 올바른 분개

(차)	감가상각비	75,000	(대)	감가상각누계액	75,000

별해

위 ①~④의 분개를 통합하여 다음과 같이 나타낼 수도 있다.

(차)	토 지	1,700,000	(대)	공 장	5,035,000
	건 물	3,600,000		감가상각비	190,000
				감가상각누계액	75,000

7 - 03

(1) (12,000,000 - 잔존가치) × 1/5 = ₩2,000,000

∴ 잔존가치 = 12,000,000 - 2,000,000 × 5 = ₩2,000,000

(2) $(12{,}000{,}000 - 2{,}000{,}000) \times \dfrac{3}{5 + 4 + 3 + 2 + 1} = ₩2{,}000{,}000$

(3) 20 × 5년 감가상각비 = 12,000,000 × 0.3 = ₩3,600,000

20 × 5년 말 장부금액 = 12,000,000 - 3,600,000 = ₩8,400,000

20 × 6년 감가상각비 = 8,400,000 × 0.3 = ₩2,520,000

20 × 6년 말 장부금액 = 8,400,000 - 2,520,000 = ₩5,880,000

(4) 20 × 5년 감가상각비 = 12,000,000 × 0.25 = ₩3,000,000

20 × 5년 말 장부금액 = 12,000,000 - 3,000,000 = ₩9,000,000

20 × 6년 감가상각비 = 9,000,000 × 0.25 = ₩2,250,000

7 - 04

(1) 정액법

20 × 1년 상각액: (1,000,000 - 100,000) × 1/5 = ₩180,000

이하 20 × 2년~20 × 5년 모두 ₩180,000으로 동일하다.

(2) 정률법

20 × 1년 상각액: 1,000,000 × 0.37 = ₩370,000

20 × 1년 장부금액 = 1,000,000 - 370,000 = 630,000

20 × 2년 상각액: 630,000 × 0.37 = ₩233,100

20 × 2년 말 장부금액 = 630,000 - 233,100 = ₩396,900

20 × 3년 상각액: 396,900 × 0.37 = ₩146,853

20 × 3년 말 장부금액 = 396,900 - 146,853 = ₩250,047

20 × 4년 상각액: 250,047 × 0.37 = ₩92,517

20 × 4년 말 장부금액 = 250,047 - 92,577 = 157,530

20 × 5년 상각액: 157,530 - 100,000 = ₩57,530

(3) 연수합계법

20 × 1년 상각액: (1,000,000 - 100,000) × 5/15 = ₩300,000

20 × 2년 상각액: (1,000,000 - 100,000) × 4/15 = ₩240,000

20 × 3년 상각액: (1,000,000 - 100,000) × 3/15 = ₩180,000

20 × 4년 상각액: (1,000,000 - 100,000) × 2/15 = ₩120,000

20 × 5년 상각액: (1,000,000 - 100,000) × 1/15 = ₩60,000

7 - 05

(1) 정액법

감가상각대상금액: 25,000,000 - 5,000,000 = ₩20,000,000

(1) 20 × 5년: 20,000,000 × 1/4 × 9/12 = ₩3,750,000

(2) 20 × 6년: 20,000,000 × 1/4 × 12/12 = ₩5,000,000

(3) 20 × 7년: 20,000,000 × 1/4 × 12/12 = ₩5,000,000

(2) 정률법

(1) 20 × 5년: 25,000,000 × 0.33 × 9/12 = ₩6,187,500

(2) 20 × 6년: (25,000,000 - 6,187,500) × 0.33 = ₩6,208,125

(3) 20 × 7년: (25,000,000 - 6,187,500 - 6,208,125) × 0.33 = ₩4,159,444

(3) 연수합계법

(1) 20 × 5년: 20,000,000 × 4/10 × 9/12 = ₩6,000,000

(2) 20 × 6년: 20,000,000 × 4/10 × 3/12 + 20,000,000 × 3/10 × 9/12 = ₩6,500,000

(3) 20 × 7년: 20,000,000 × 3/10 × 3/12 + 20,000,000 × 2/10 × 9/12 = ₩4,500,000

7 - 06

1. 감가상각누계액, 장부금액, 처분손익

(1) 감가상각누계액

20 × 1년 감가상각비: (8,000,000 - 500,000) × 1/5 = ₩1,500,000

20 × 2년 감가상각비: (8,000,000 - 500,000) × 1/5 × 4/12 = ₩500,000

처분일의 감가상각누계액 = 1,500,00 + 500,000 = ₩2,000,000

(2) 장부금액 = 취득원가 - 상각누계액 = 8,000,000 - 2,000,000 = ₩6,000,000

(3) 처분손익 = 처분가액 - 장부금액 = 6,200,000 - 6,000,000 = ₩200,000(처분이익)

2. 회계처리

(차)	감가상각비	500,000	(대)	감가상각누계액	500,000
(차)	현 금	6,200,000	(대)	차량운반구	8,000,000
	감가상각누계액	2,000,000		유형자산처분이익	200,000

7 - 07

(1) 연수합계법

⟨처분일의 감가상각누계액⟩

취득일부터 처분일까지의 기간이 3년이므로, 회계기간별로 상각액을 배분할 필요없이 3년간의 상각액을 한번에 계산함

3년간의 감가상각누계액 $= (6,200,000 - 500,000) \times \dfrac{5 + 4 + 3}{5 + 4 + 3 + 2 + 1} = ₩4,560,000$

⟨처분일의 회계처리⟩

(차)	감가상각비	285,000*	(대)	감가상각누계액	285,000

* 20 × 4년 말까지의 감가상각은 장부에 반영되어 있으나 20 × 5년 1월 1일부터 3월 30일까지의 감가상각비는 장부에 반영되지 않은 상태임. 따라서 이 기간의 상각비를 인식하는 분개가 필요함.

20 × 5년 감가상각비: $(6,200,000 - 500,000) \times \dfrac{3}{5 + 4 + 3 + 2 + 1} \times 3/12 = ₩285,000$

(차)	현 금	1,400,000	(대)	차량운반구	6,200,000
	감가상각누계액	4,560,000			
	유형자산처분손실	240,000			

(2) 정률법(상각률 : 0.4)

위 (1)과 마찬가지로 사용기간이 3년이므로 회계기간별로 감가상각을 배분할 필요가 없으므로 다음과 같이 처분일의 상각누계액을 구한다.

① 1차년도 상각액 = 6,200,000 × 0.4 = ₩2,480,000

② 2차년도 상각액 = (6,200,000 - 2,480,000) × 0.4 = ₩1,488,000

③ 3차년도 상각액 = (6,200,000 - 2,480,000 - 1,488,000) × 0.4 = 892,800

① + ② + ③ = 4,860,800

별해

① 20 × 2년 상각액 = 6,200,000 × 0.4 × 9/12 = ₩1,860,000

② 20 × 3년 상각액 = 6,200,000 × 0.4 × 3/12 + 3,720,000 × 0.4 × 9/12 = ₩1,736,000

③ 20 × 4년 상각액 = 3,720,000 × 0.4 × 3/12 + 2,232,000 × 0.4 × 9/12 = ₩1,041,600

④ 20 × 5년 상각액 = 2,232,000 × 0.4 × 3/12 = ₩223,200

① + ② + ③ + ④= ₩4,860,800

〈처분일의 회계처리〉

(차)	감가상각비	223,200 *	(대)	감가상각누계액	223,200

* 20 × 5.1.1 ~ 20 × 5.3.31의 감가상각비 = $892,800 × \dfrac{3}{12}$ = ₩223,200

(차)	현 금	1,400,000	(대)	차량운반구	6,200,000
	감가상각누계액	4,860,800		유형자산처분이익	60,800

7 - 08

1. 감가상각비

건물 감가상각비: 20 × 7년 = (140,000,000 - 10,000,000)/25 = ₩5,200,000

20 × 8년 = (140,000,000 - 10,000,000)/25 = ₩5,200,000

기계 감가상각비: 20 × 7년 = 18,500,000 × 0.15 × 8/12 = ₩1,850,000

20 × 8년 = (18,500,000 - 1,850,000) × 0.15 = ₩2,497,500

차량 감가상각비: 20 × 7년 = 10,000,000 × 0.25 × 3/12= ₩625,000

20 × 8년 = (10,000,000 - 625,000) × 0.25 = ₩2,343,750

2. 자본적 지출 후 건물 감가상각비

새로운 장부금액: 140,000,000 - 5,200,000 × 20 + 10,000,000 = 46,000,000

20 × 9년 건물 감가상각비: (46,000,000 - 10,000,000)/10년 = ₩3,600,000

3. 기계 처분의 회계처리

1차년도 상각액 = 18,500,000 × 0.15 = ₩2,775,000

2차년도 상각액 = (18,500,000 - 2,775,000) × 0.15 = ₩2,358,750

20 × 9년분 기계 감가상각비: 2,358,750 × 4/12 = ₩786,250

처분시점의 감가상각누계액: 2,775,000 + 2,358,750 = ₩5,133,750

(차)	감가상각비	786,250	(대)	감가상각누계액	786,250
(차)	현 금	12,000,000	(대)	기계장치	18,500,000
	감가상각누계액	5,133,750			
	유형자산처분손실	1,366,250			

7 - 09

(1) 20 × 7년도 감가상각비

20 × 6년 말 상각누계액 = (3,600,000 - 240,000) × 6/8 = ₩2,520,000

20 × 6년 말 장부금액 = 3,600,000 - 2,520,000 = ₩1,080,000

20 × 7년 감가상각비 = (1,080,000 - 140,000) × 1/4 = ₩235,000

(2) 20 × 8년도 처분일의 분개

20 × 8년분 감가상각비: (1,080,000 - 140,000) × 1/4 × 6/12 = ₩117,500

처분시점의 상각누계액 = × 6년말상각누계액 + × 7년상각액 + × 8년상각액

= 2,520,000 + 235,000 + 117,500 = ₩2,872,500

(차)	감가상각비	117,500	(대)	감가상각누계액	117,500
(차)	현 금	450,000	(대)	건 물	3,600,000
	감가상각누계액	2,872,500			
	유형자산처분손실	277,500			

7 - 10

(1) 20 × 6년말 장부금액

20 × 6년 말 장부금액 = 취득원가 - × 5년 상각액 - × 6년 상각액

= 8,000,000 - 8,000,000 × 0.15 - (8,000,000 - 8,000,000 × 0.15) × 0.15

= (8,000,000 - 8,000,000 × 0.15) × (1 - 0.15)

= 8,000,000 × (1 - 0.15) × (1 - 0.15)

= 8,000,000 × (1 - 0.15)^2 = ₩5,780,000

(2) 20 × 7년 감가상각비와 장부금액

감가상각비 = 5,780,000 × 0.18 = ₩1,040,400

장부금액 - 5,780,000 × (1 0.18) = ₩4,739,600

(3) 20 × 8년도 처분일의 분개

20 × 8년분 감가상각비: 4,739,600 × 0.18 × 3/12 = ₩213,282

처분시점의 감가상각누계액: (8,000,000 - 5,780,000) + 1,040,400 + 213,282

= ₩3,473,682

(차)	감가상각비	212,282	(대)	감가상각누계액	212,282
(차)	현 금	5,000,000	(대)	기계장치	8,000,000
	감가상각누계액	3,473,682		유형자산처분이익	473,682

7 - 11

1. 회계처리

A: 20 × 5년 말에 개발활동이 완료되었으므로 20 × 6년부터 상각한다.

B: 미래 경제적 효익을 기대할 수 없는 개발비이므로 경상개발비로 처리한다.

C: 신기술 탐구를 위한 연구활동이므로 발생시점에서 연구비로 처리한다.

D: 20 × 6년에 개발활동이 완료되었으므로 20 × 7년부터 상각한다.

(1) 20 × 5년 회계처리

(차)	개발비	1,300,000*	(대)	현 금	1,900,000
	경상개발비	400,000			
	연구비	200,000			

* 600,000(A) + 700,000(D) = ₩1,300,000

(2) 20 × 6년 회계처리

(차)	개발비	500,000	(대)	현 금	800,000
	연구비	300,000			
(차)	무형자산상각비	120,000*	(대)	개 발 비	120,000

* 600,000(A) × 1/5 = ₩120,000

(3) 20 × 7년 회계처리

(차)	연구비	200,000	(대)	현 금	200,000
(차)	무형자산상각비	360,000*	(대)	개 발 비	360,000

* 600,000(A) × 1/5 + 1,200,000(D) × 1/5 = ₩360,000

2. 개발비 계정잔액

(1) 20 × 5년 개발비 = 600,000(A) + 700,000(D) = ₩1,300,000

(2) 20 × 6년 개발비 = 600,000(A) × 4/5 + 1,200,000(D) = ₩1,680,000

(3) 20 × 7년 개발비 = 600,000(A) × 3/5 + 1,200,000(D) × 4/5 = ₩1,320,000

Chapter 8   부 채

8 - 01

1) 사채 발행일의 분개

(차) 현 금	96,209	(대) 사 채	96,209

2) 사채 장부금액 조정표

	기초장부가액	유효이자(10%)	액면이자(9%)	이자차이
×5년두	96,209	9,621	9,000	621
×6년도	96,830	9,683	9,000	683

3) 이자지급일의 회계처리

20×5년:	(차) 이자비용	9,621	(대) 현 금	9,000
			사 채	621
20×6년:	(차) 이자비용	9,683	(대) 현 금	9,000
			사 채	683

8 - 02

1) 사채 발행거래의 분개

(차) 현 금	94,974	(대) 사 채	94,974

2) 사채의 액면이자율

액면이자(6,000) ÷ 액면금액(100,000) = 6%

3) 사채의 유효이자율

유효이자(6,648) ÷ 기초장부금액(94,974) = 7%

4) 20×5년 말 장부금액

20×5년 초 장부금액(94,974) + 이자차이(648) = ₩95,622

5) 20 × 6년도 이자비용

20 × 6년 초 장부금액(95,622) × 유효이자율(7%) = ₩6,694

8 - 03

1) 20 × 1년 4월 1일의 분개

(차)	현 금	44,448	(대)	사 채	44,448

2) 20 × 1년 9월 30일의 분개

(차)	이자비용	2,822	(대)	현 금	2,500
				사 채	322

* 44,448 × 6.35% = 2,822

3) 20 × 1년 12월 31일의 분개

(차)	이자비용	1,422 *	(대)	미지급이자	1,250 **
				사 채	172

* (44,448 + 322) × 6.35% × 3/6 = 1,422
** 2,500 × 3/6 = 1,250

4) 20 × 2년 3월 31일의 분개

(차)	미지급이자	1,250	(대)	현 금	2,500
	이자비용	1,421 *		사 채	171

* (44,448 + 322) × 6.35% - 1,422 = 1,421

8 - 04

1) A사채 발행일(20 × 5년 1월 1일)의 분개

(차)	현 금	92,416	(대)	사 채(A)	92,416

2) B사채 발행일(20 × 5년 4월 1일)의 분개

(차)	현 금	50,000	(대)	사 채(B)	50,000

3) B사채 이자지급일(20 × 5년 9월 30일)의 분개

(차)	이자비용	2,000	(대)	현 금	2,000

4) 20 × 5년 12월 31일의 분개

A: (차)	이자비용	9,242 *	(대)	현 금	8,000
				사 채(A)	1,242

* 92,416 × 10% = 9,242

B: (차)	이자비용	1,000 *	(대)	미지급이자	1,000

* 2,000 × 3/6 = 1,000

5) B사채 상환일(20 × 6년 1월 31일)의 분개

(차)	이자비용	333	(대)	미지급이자	333
(차)	사 채	50,000	(대)	현 금	51,500
	미지급이자	1,333			
	사채상환손실	167			

8 - 05

1) 사채 발행일(20 × 5년 4월 1일)의 분개

(차)	현 금	481,046	(대)	사 채	481,046

2) 결산일(20 × 5년 12월 31일)의 분개

(차)	이자비용	36,078 *	(대)	미지급이자	33,750 **
				사 채	2,328

* 481,046 × 10% × 9/12 = 36,078
** 500,000 × 9% × 9/12 = 33,750

3) 이자지급일(20 × 6년 3월 31일)의 분개

(차)	미지급이자	33,750	(대)	현 금	45,000
	이자비용	12,027 *		사 채	777

* 481,046 × 10% – 36,078 = 12,027

4) 사채상환일(20 × 6년 3월 31일)의 분개

(차)	사 채	242,075*	(대)	현 금	245,000
	사채상환손실	2,925			

* (481,046 + 2,328 + 777) × 1/2 = 242,075

8 - 06

1) 총 할부금액의 현재가치

월 할부금액	₩2,000,000
× 연금의 현가계수(18회, 2%)	14.9920315
현재가치	₩29,984,063

2) 20 × 5년 4월 1일의 회계처리

(차)	차량운반구	29,984,063	(대)	장기미지급금	29,984,063

3) 20 × 5년 4월 30일의 회계처리

(차)	이자비용	599,681*	(대)	현 금	2,000,000
	장기미지급금	1,400,319**			

* 29,984,063 × 2% = 599,681
** 2,000,000 - 599,681 = 1,400,319

4) 20 × 5년 5월 31일의 회계처리

(차)	이자비용	571,675*	(대)	현 금	2,000,000
	장기미지급금	1,428,325			

* (29,984,063 - 1,400,319) × 2% = 571,675

5) 20 × 5년 12월 31일의 장기미지급금 잔액 = ₩16,324,473

	기초잔액	이자율	이자비용	할부금	원금상환액	기말잔액
1회(4월)	29,984,063	2%	599,681	2,000,000	1,400,319	28,583,744
2회(5월)	28,583,744	2%	571,675	2,000,000	1,428,325	27,155,419
3회(6월)	27,155,419	2%	543,108	2,000,000	1,456,892	25,698,527

4회(7월)	25,698,527	2%	513,971	2,000,000	1,486,029	24,212,498
5회(8월)	24,212,498	2%	484,250	2,000,000	1,515,750	22,696,747
6회(9월)	22,696,747	2%	453,935	2,000,000	1,546,065	21,150,682
7회(10월)	21,150,682	2%	423,014	2,000,000	1,576,986	19,573,696
8회(11월)	19,573,696	2%	391,474	2,000,000	1,608,526	17,965,170
9회(12월)	17,965,170	2%	359,303	2,000,000	1,640,697	16,324,473
10회	16,324,473	2%	326,489	2,000,000	1,673,511	14,650,963
11회	14,650,963	2%	293,019	2,000,000	1,706,981	12,943,982
12회	12,943,982	2%	258,880	2,000,000	1,741,120	11,202,862
13회	11,202,862	2%	224,057	2,000,000	1,775,943	9,426,919
14회	9,426,919	2%	188,538	2,000,000	1,811,462	7,615,457
15회	7,615,457	2%	152,309	2,000,000	1,847,691	5,767,767
16회	5,767,767	2%	115,355	2,000,000	1,884,645	3,883,122
17회	3,883,122	2%	77,662	2,000,000	1,922,338	1,960,784
18회	1,960,784	2%	39,216	2,000,000	1,960,784	0
			6,015,937	36,000,000	29,984,063	

8 - 07

1) 20 × 5년 무상교환

(차)	판매보증 충당부채	4,500,000	(대)	재고자산	5,000,000 *
	보증비용	500,000			

* 500대 × 10,000 = ₩5,000,000

2) 20 × 5년 결산 수정분개

(차)	보증비용	6,700,000	(대)	판매보증 충당부채	6,700,000 *

* 추정총보증비용 - 20 × 5년 발생액 = 12,000대 × 15,000 × 4% - 500,000 = ₩6,700,00

3) 20 × 6년 무상교환

(차)	판매보증 충당부채	6,000,000	(대)	재고자산	6,000,000 *

* 600대 × 10,000 = ₩6,000,000

4) 20 × 6년 결산 수정분개

| (차) | 보증비용 | 9,000,000 | (대) | 판매보증 충당부채 | 9,000,000* |

* 추정총보증비용 - 20 × 6년 발생액 = 15,000대 × 15,000 × 4% - 0 = ₩9,000,00

Chapter 9   자 본

9 - 01

1/17 | (차) 자기주식 | 600,000* | (대) 현 금 | 600,000

* 80주 × ₩7,500 = ₩600,000

2/25 | (차) 자기주식 | 1,200,000* | (대) 현 금 | 1,200,000

* 150주 × ₩8,000 = ₩1,200,000

5/22 | (차) 현 금 | 870,000* | (대) 자기주식 | 760,000**
       | | | 자기주식처분이익 | 110,000

* 100주 × ₩8,700 = ₩870,000
** 80주 × ₩7,500 + 20주 × ₩8,000 = ₩760,000

7/10 | (차) 자기주식 | 468,000* | (대) 현 금 | 468,000

* 60주 × ₩7,800 = ₩468,000

10/5 | (차) 현 금 | 980,000 | (대) 자기주식 | 1,118,000*
      | 자기주식처분이익 | 110,000** |
      | 자기주식처분손실 | 28,000** |

* 130주 × ₩8,000 + 10주 × ₩7,800 = ₩1,118,000
** 자기주식처분손실(₩138,000)은 5/22일의 자기주식처분이익₩110,000과 우선 상계하고 잔액 ₩28,000
   을 자기주식처분손실로 기록

9 - 02

1/15	(차)	자기주식	180,000	(대)	현 금	180,000
4/10	(차)	자기주식	70,000	(대)	현 금	70,000
6/15	(차)	현 금	130,000	(대)	자기주식	125,000*
					자기주식처분이익	5,000

$$* \frac{180,000 + 70,000}{15주 + 5주} \times 10주 = ₩125,000$$

7/20	(차)	자기주식	77,500	(대)	현 금	77,500
8/25	(차)	현 금	55,000	(대)	자기주식	67,500*
		자기주식처분이익	9,000**			
		자기주식처분손실	3,500**			

$$* \frac{125,000 + 77,500}{10주 + 5주} \times 5주 = ₩67,500$$

** 자기주식처분손실(₩12,500)은 자기주식처분이익₩9,000(전기이월₩4,000 + 7/15일₩5,000)과 상계
하고 잔액 ₩3,500을 자기주식처분손실로 기록

9/30	(차)	이익잉여금	135,000	(대)	자기주식	135,000*

* (125,000 + 77,500) - 67,500 = ₩135,000

9 - 03

1. 차기이월 미처분 이익잉여금

Ⅰ. 미처분이익잉여금		
1. 전기이월미처분이익잉여금	1,500,000	
2. 당기순이익	2,000,000	3,500,000
Ⅱ. 이익잉여금처분액		
1. 이익준비금	100,000	
2. 배당평균적립금	600,000	
3. 현금배당	1,000,000	
4. 주식배당	500,000	(2,200,000)
Ⅲ. 차기이월미처분이익잉여금		1,300,000

2. 20 × 6. 3. 10의 회계처리

(차)	미처분이익잉여금	2,200,000	(대)	미지급배당금	1,000,000
				미교부주식배당금	500,000
				배당평균적립금	600,000
				이익준비금	100,000

9 - 04

1) 거래일자 별 분개

2/2	(차)	미처분이익잉여금	106,000	(대)	미지급배당금	60,000 *
					미교부주식배당	40,000 **
					이익준비금	6,000 ***

* 2,000,000 × 3% = ₩60,000
** 2,000,000 × 2% = ₩40,000
*** 현금배당액의 10%

3/2	(차)	미지급배당금	60,000	(대)	현 금	60,000
		미교부주식배당	40,000		자 본 금	40,000

5/1	(차)	현 금	300,000 *	(대)	자 본 금	250,000 **
					주식발행초과금	50,000

* 600 × 500주 = ₩300,000
** 500 × 500주 = ₩250,000

6/1	(차)	자기주식	80,000 *	(대)	현 금	80,000

* 400 × 200주 = ₩80,000

9/1	(차)	현 금	30,000 *	(대)	자기주식	20,000 *
					자기주식처분이익	10,000

* 600 × 50주 = ₩30,000
** 400 × 50주 = ₩20,000

9/3	(차)	이익잉여금	32,000	(대)	자기주식	32,000 *

* 400 × 80주 = ₩32,000

11/1	(차)	현 금	9,000 *	(대)	자기주식	12,000 **
		자기주식처분이익	3,000 ***			

* 300 × 30주 = ₩9,000
** 400 × 30주 = ₩12,000
*** 자기주식처분손실 ₩3,000은 9/1일의 자기주식처분이익과 상계함

2) 자본항목의 기말잔액

(1) 자본금 = 2,000,000 + 40,000 + 250,000 = ₩2,290,000

(2) 자본잉여금 = 500,000 + 50,000 + 10,000 - 3,000 = ₩557,000

(3) 자기주식 = 80,000 - (20,000 + 32,000 + 12,000) = ₩16,000

(4) 이익잉여금 = 200,000 - 100,000 - 32,000 + 250,000 = ₩318,000

9 - 05

(1) 20 × 5. 01. 01

| (차) | 현 금 | 1,400,000 | (대) | 자 본 금 | 1,000,000 * |
| | | | | 주식발행초과금 | 400,000 ** |

* 100 × 10,000주 = ₩1,000,000
** 1,400,000 - 1,000,000 = ₩400,000

자본금	자본잉여금	이익잉여금	자본조정	자본총계
₩1,000,000	₩400,000	-	-	₩1,400,000

(2) 20 × 5. 07. 01

| (차) | 주식발행초과금 | 300,000 | (대) | 자 본 금 | 300,000 |

자본금	자본잉여금	이익잉여금	자본조정	자본총계
300,000	(300,000)	-	-	-

(3) 20 × 6. 02. 28

| (차) | 주식발행초과금 | 100,000 | (대) | 미처분이익잉여금 | 100,000 |

자본금	자본잉여금	이익잉여금	자본조정	자본총계
-	(100,000)	100,000	-	-

(4) 20 × 6. 08. 31

| (차) | 자기주식 | 480,000 * | (대) | 현 금 | 480,000 |

* 120 × 4,000주 = ₩480,000

자본금	자본잉여금	이익잉여금	자본조정	자본총계
-	-	-	(480,000)	(480,000)

(5) 20 × 7. 02. 28

(차) 미처분이익잉여금	160,000	(대) 미교부주식배당금	160,000

자본금	자본잉여금	이익잉여금	자본조정	자본총계
-	-	(160,000)	160,000	-

(6) 20 × 7. 03. 31

(차) 미교부주식배당금	160,000	(대) 자 본 금	160,000

자본금	자본잉여금	이익잉여금	자본조정	자본총계
160,000	-	-	(160,000)	-

9 - 06

1) 자본변동표

거래내역	자 본 금	자본잉여금	자본조정	이익잉여금	총 계
20 × 5. 1. 1	5,000,000	115,000	-	1,000,000	6,115,000
2월 28일				(150,000)①	(150,000)
3월 20일	2,500,000②	1,750,000②			4,250,000
8월 25일			(1,950,000)③		(1,950,000)
10월 1일			1,300,000④		1,300,000
		(45,000)④	(55,000)④		(100,000)
11월 8일				(210,000)⑤	(210,000)
당기순이익				1,300,000	1,300,000
20 × 5. 12. 31	7,500,000	1,820,000	(705,000)	1,940,000	10,555,000

① 배당금 = 유통주식수 × 주당배당액 = 1,000주 × ₩150 = ₩150,000

② 자본금 = 500주 × ₩5,000 = ₩2,500,000

주식발행초과금 = 500주 × (₩8,500 - ₩5,000) = ₩1,750,000

③ 자기주식 = 300주 × ₩6,500 = ₩1,950,000

④ (차) 현　금　　　　　　　1,200,000　　(대) 자기주식　　　　　　　1,300,000
　　　　자기주식처분이익　　　45,000
　　　　자기주식처분손실　　　55,000

⑤ 유통주식수 × 주당 배당액 = (1,000주 + 500주 - 300주 + 200주) × ₩150 = ₩210,000

2) 부분재무상태표

Ⅰ. 자본금(발행주식수: 1,000주)		₩7,500,000
Ⅱ. 자본잉여금		1,820,000
1. 주식발행초과금	1,820,000	
2. 자기주식처분이익	-	
Ⅲ. 이익잉여금		1,940,000
1. 이익준비금	450,000	
2. 미처분이익잉여금	1,490,000	
자본총계		10,555,000

Chapter 10　금융자산

10 - 01

① A사채:　(차)　미수이자　　　60,000*　　　(대)　이자수익　　　　　60,000
　　　　　　(차)　FVPL채권　　 20,000**　　(대)　FVPL채권평가이익　20,000
　　　　　*1,000,000 × 8% × 9/12 = ₩60,000
　　　　　**1,020,000 - 1,000,000 = ₩20,000

② B주식:　(차)　FVPL주식　　110,000*　　(대)　FVPL주식평가이익　110,000
　　　　　*1,130,000 - 1,020,000 = ₩110,000

10 - 02

1. 회계처리

(1) 20 × 5년 말

| (차) | FVOCI주식평가손실 | 30,000* | (대) | FVOCI주식 | 30,000 |

* 공정가치(120,000) - 장부금액(150,000) = (₩30,000)

(2) 20 × 6년 말

| (차) | FVOCI주식 | 40,000* | (대) | FVOCI주식평가손실 | 30,000** |
| | | | | FVOCI주식평가이익 | 10,000** |

* 공정가치(160,000) - 장부금액(120,000) = ₩40,000
** 당기의 평가이익(₩40,000)은 전기이월 평가손실(₩30,000)과 상계한 후 나머지를 평가이익으로 계상

10 - 03

(1) "갑"주식

취득일:	(차)	FVPL주식	100,000	(대)	현 금	100,000
결산일:	(차)	FVPL주식평가손실	20,000	(대)	FVPL주식	20,000
배당일:	(차)	현 금	2,000		배당금수익	2,000
처분일:	(차)	현 금	120,000		FVPL주식	80,000
					FVPL주식처분이익	40,000

(2) "을"주식

취득일:	(차)	FVOCI주식	150,000	(대)	현 금	150,000
결산일:	(차)	FVOCI주식	20,000	(대)	FVOCI주식평가이익	20,000
배당일:	(차)	현 금	2,500	(대)	배당금수익	2,500
처분일:	(차)	FVOCI주식평가이익	10,000	(대)	FVOCI주식	10,000*
	(차)	현 금	160,000	(대)	FVOCI주식	160,000

* 장부금액을 처분일의 공정가치로 재측정: 160,000-170,000 = (₩10,000)

(3) "병"주식

취득일:	(차)	관계기업투자주식	90,000	(대)	현 금	90,000
결산일:	(차)	관계기업투자주식	3,000	(대)	지분법이익	3,000
배당일:	(차)	현 금	1,500	(대)	관계기업투자주식	1,500
처분일:	(차)	현 금	90,000	(대)	관계기업투자주식	91,500
		관계기업투자주식처분손실	1,500*			

* 처분가액(90,000) − 장부금액(91,500) = (₩1,500)

10 - 04

(1) FVPL금융자산으로 분류할 경우

취득일:	(차)	FVPL채권	950,258	(대)	현 금	950,258
×5년 말:	(차)	현 금	80,000	(대)	이자수익	80,000
	(차)	FVPL채권	9,742	(대)	FVPL채권평가이익	9,742*

* 공정가치(960,000) − 장부금액(950,258) = ₩9,742

처분일:	(차)	현 금	960,000	(대)	FVPL채권	960,000

(2) AC금융자산으로 분류할 경우

취득일:	(차)	AC채권	950,258	(대)	현 금	950,258
×5년 말:	(차)	현 금	80,000	(대)	이자수익	95,026*
		AC채권	15,026			

* 직전장부금액 × 유효이자율 = 950,258 × 0.1 = ₩95,026

처분일:	(차)	현 금	960,000	(대)	AC채권	965,284
		AC채권처분손실	5,284			

10 - 05

1. FVPL금융자산

(1) 20 × 5년 결산일

(차)	미수이자	30,000	(대)	이자수익	30,000	
(차)	FVPL채권	21,544	(대)	FVPL채권평가이익	21,544 *	

* 970,000 - 948,456 = ₩21,544

(2) 20 × 6년 처분일

(차)	미수이자	15,000	(대)	이자수익	15,000
(차)	현 금	1,000,000	(대)	FVPL채권	970,000
	채권처분손실	15,000		미수이자	45,000

2. AC금융자산

(1) 20 × 5년 결산일

(차)	미수이자	30,000	(대)	이자수익	37,938 *
	AC채권	7,938			

* 948,456 × 8% × 6/12 = ₩37,938

(2) 20 × 6년 처분일

(차)	미수이자	15,000	(대)	이자수익	18,969 *
	AC채권	3,969			

* 948,456 × 8% = 3/12 = ₩18,969

(차)	현 금	1,000,000	(대)	AC채권	960,363 *
	채권처분손실	5,363		미수이자	45,000

* 948,456 + 7,938 + 3,969 = ₩960,363

10 - 06

취득일:	(차) 관계기업투자주식	300,000	(대) 현 금	300,000
결산일:	(차) 관계기업투자주식	90,000	(대) 지분법이익	90,000 *

       * 300,000 × 30% = ₩90,000

배당일:	(차) 현 금	60,000	(대) 관계기업투자주식	60,000 *

       * 200,000 × 30% = ₩60,000

Chapter 11 현금흐름표

11- 01

손익계산서	조정 내역	현금 흐름
보 험 료 (120,000)	선급보험료증가 (10,000)	보험료 지급액 (130,000)
소모품비 (790,000)	소 모 품 증 가 (21,000)	소모품 구입액 (811,000)

(1) 보험료 지급액 = ₩130,000

(2) 소모품 구입액 = ₩811,000

11- 02

손익계산서	조정 내역	현금 흐름
보 험 료 (1,725,000)	선급보험료 증가 (900,000)	보험료 지급액 (2,625,000)
이자비용 (725,000)	미지급이자 감소 (20,000)	이자 지급액 (745,000)
급 여 (3,725,000)	미지급이자 증가 180,000	급여 지급액 (3,545,000)

(1) 보험료지급액 = ₩2,625,000

(2) 이자지급액 = ₩745,000

(3) 급여지급액 = ₩3,545,000

11 - 03

	영업활동 현금흐름
(1) 당기순이익	₩58,000
(2) 감가상각비	6,000
(3) 매출채권 증가	(10,000)
(4) 재고자산 감소	8,000
(5) 매입채무 증가	5,000
(6) 미지급비용 감소	(2,000)
계	₩65,000

11 - 04

매출에서 유입된 현금 = 매출액 - 순매출채권의 증가

$$= 1,000,000 - 70,000 = ₩930,000$$

11 - 05

매입에서 유출된 현금 = 매출원가 + 재고자산증가 + 매입채무감소

$$= 800,000 + 40,000 + 10,000 = ₩850,000$$

별해

손익계산서	조정 항목	현금 흐름
매출원가 (800,000)	재고자산증가 (40,000)	매입지출액 (850,000)
	매입채무감소 (10,000)	

11 - 06

건물 장부금액의 변동은 다음과 같다.

	전기 말	증 가	감 소	당기 말
건 물	425,000	130,000	95,000	460,000
상각누계액	(140,000)	(76,000)	(60,000)	(156,000)
장부금액	285,000	54,000	35,000	304,000

처분된 건물의 장부금액	35,000
건물의 처분이익	5,000
건물의 처분금액	40,000

11 - 07

영업활동의 현금흐름(간접법)

당기순이익	46,000
감가상각비	35,000
매출채권 증가	(72,000)
재고자산 감소	57,000
선급비용 증가	(10,000)
매입채무 증가	20,000
미지급비용 감소	(6,000)
영업활동의 현금흐름	70,000

11 - 08

영업활동의 현금흐름(간접법)

당기순이익	14,000
감가상각비	15,000
유형자산처분손실	12,000
매출채권 증가	(76,000)
매입채무 증가	54,000
미지급비용 증가	6,000
영업활동의 현금흐름	25,000

▶ 현금의 증가액 ₩53,000은 영업활동의 현금흐름 ₩25,000과 투자활동 현금흐름 ₩28,000으로 구성됨.

11 - 09

	전 기	당 기	변동액	영업활동	투자활동	재무활동
매 입 채 무	13,000	24,000	11,000	11,000		
미지급비용	31,000	29,000	(2,000)	(2,000)		
자 본 금	90,000	90,000	-			
이익잉여금	10,000	30,000	20,000	25,000		(5,000)
매 출 채 권	(26,000)	(21,000)	5,000	5,000		
재 고 자 산	(51,000)	(56,000)	(5,000)	(5,000)		
비 품	(60,000)	(60,000)	-			
상각누계액	5,000	9,000	4,000	4,000		
현 금	12,000	45,000	33,000	38,000	0	(5,000)

11 - 10

	전 기	당 기	변동액	영업활동	투자활동	재무활동
매 입 채 무	45,000	30,000	15,000	15,000		
미 지 급 비 용	15,000	40,000	(25,000)	(25,000)		
장 기 차 입 금	180,000	140,000	40,000			40,000
보 통 주 자 본 금	100,000	100,000	0			
이 익 잉 여 금	106,000	76,000	30,000	55,000		(25,000)
매 출 채 권	(50,000)	(60,000)	10,000	10,000		
재 고 자 산	(90,000)	(110,000)	20,000	20,000		
선 급 비 용	(5,000)	(5,000)	0			
기 계 설 비	(321,000)	(271,000)	(50,000)		(50,000)	
상 각 누 계 액	100,000	70,000	30,000	30,000		
현 금	80,000	10,000	70,000	105,000	(50,000)	15,000

11 - 11

1. 현금흐름 정산표

	당 기	전 기	변동액	영업활동	투자활동	재무활동
매 입 채 무	117,700	165,200	(47,500)	(47,500)		
미 지 급 비 용	12,700	45,800	(33,100)	(33,100)		
장기미지급금	170,000	100,000	70,000			70,000 *
사 채	250,000	190,000	60,000			60,000
보통주자본금	400,000	400,000	0			
이 익 잉 여 금	83,600	68,000	15,600	25,000		(9,400)
매 출 채 권	(174,600)	(184,400)	9,800	9,800		
재 고 자 산	(240,000)	(200,000)	(40,000)	(40,000)		
선 급 비 용	(14,000)	(32,000)	18,000	18,000		
토 지	(260,000)	(190,000)	(70,000)		(70,000) *	
건 물	(230,000)	(230,000)	0			
기 계 장 치	(120,000)	(120,000)	0			
상 각 누 계 액	84,000	44,000	40,000	40,000		
현 금	79,400	56,600	22,800	(27,800)	(70,000)	120,600

* 토지의 증가와 장기미지급금의 증가는 현금의 유출입이 없는 거래이므로 각각을 투자활동과 재무활동의 현금흐름에 나타내지 않음. 따라서 현금흐름표에는 투자활동 현금흐름은 ₩0, 재무활동 현금흐름은 ₩50,600으로 표시됨.

    토지 취득 거래의 분개: (차) 토 지　　70,000　　　　(대) 장기미지급금　　70,000

2. 현금흐름표

Ⅰ. 영업활동의 현금흐름		₩(27,800)
1. 당기순이익	25,000	
2. 당기순이익의 조정		
감가상각비	40,000	
3. 영업활동 자산·부채의 변동		
매출채권의 감소	9,800	
재고자산의 증가	(40,000)	
선급비용의 감소	18,000	
매입채무의 감소	(47,500)	
미지급비용의 감소	(33,100)	
Ⅱ. 투자활동의 현금흐름		-
1. 투자활동의 현금유입액	-	
2. 투자활동의 현금유출액	-	
Ⅲ. 재무활동의 현금흐름		50,600
1. 재무활동의 현금유입액		
사채의 발행	60,000	
2. 재무활동의 현금유출액		
배당금 지급	(9,400)	
Ⅳ. 현금의 증가(Ⅰ + Ⅱ + Ⅲ)		22,800
기초의 현금		56,600
기말의 현금		79,400

Chapter 13 재무제표분석

13 - 01

(1) 유동비율: $\dfrac{20{,}000 + 60{,}000 + 60{,}000}{70{,}000} \times 100 = 200\%$

(2) 총자산회전율: $\dfrac{540{,}000}{(280{,}000 + 320{,}000)/2} = 1.8회$

(3) 자기자본이익률: $\dfrac{20{,}000}{(120{,}000 + 150{,}000)/2} \times 100 ≒ 14.8\%$

(4) 부채비율: $\dfrac{70{,}000 + 100{,}000}{120{,}000 + 30{,}000} \times 100 ≒ 113.3\%$

13 - 02

1. 재무비율

① 유동비율 $= \dfrac{40{,}000 + 90{,}000 + 130{,}000 + 3{,}000}{50{,}000 + 126{,}000 + 5{,}000} = \dfrac{263{,}000}{181{,}000} ≒ 145.3\%$

② 총자산회전율 $= \dfrac{1{,}540{,}000}{(347{,}000 + 443{,}000)/2} = \dfrac{1{,}540{,}000}{395{,}000} ≒ 3.9회$

③ 자기자본이익률 $= \dfrac{70{,}000}{(288{,}000 + 262{,}000)/2} = \dfrac{70{,}000}{275{,}000} ≒ 25.45\%$

④ 부채비율 $= = \dfrac{50{,}000 + 126{,}000 + 5{,}000}{250{,}000 + 12{,}000} = \dfrac{181{,}000}{262{,}000} ≒ 69.1\%$

⑤ 매출액이익률 $= \dfrac{70{,}000}{1{,}540{,}000} ≒ 4.55\%$

⑥ 주당순이익 $= \dfrac{70{,}000}{500주} = ₩140$

⑦ 주가이익배수 $= \dfrac{1{,}750}{140} = 12.5배$

2. 오류수정이 재무비율에 미치는 영향

1) 매입채무 ₩20,000 지급 거래의 기록누락

① 분자의 유동자산과 분모의 유동부채가 각각 ₩20,000 감소함.
유동비율은 150.9%(243,000/161,000)로 증가됨

② 분모의 평균총자산이 ₩10,000 감소함. 총자산회전율은 4.0회($\frac{1,540,000}{385,000}$)로 증가됨

③ 자기자본과 당기순이익에 미치는 영향이 없으므로 자기자본이익률은 변동 없음

④ 부채가 ₩20,000 감소함. 부채비율은 61.5%($\frac{161,000}{262,000}$)로 감소됨

⑤ 매출액과 당기순이익에 미치는 영향이 없으므로 매출액이익률은 변동 없음
⑥ 발행주식수와 당기순이익에 미치는 영향이 없으므로 주당순이익은 변동 없음
⑦ 주당순이익에 미치는 영향이 없으므로 주가이익배수는 변동 없음

2) 감가상각비 ₩20,000 과소계상

① 유동자산과 유동부채에 미치는 영향이 없으므로 유동비율은 변동 없음

② 분모의 평균총자산이 ₩10,000 감소함. 총자산회전율은 4.0회($\frac{1,540,000}{385,000}$)로 증가됨

③ 자기자본과 당기순이익이 각각 ₩20,000 감소함. 자기자본이익률은 18.87%($\frac{50,000}{265,000}$)로 감소됨

④ 분모인 자기자본이 ₩20,000 감소함. 부채비율은 74.8%($\frac{181,000}{242,000}$)로 증가됨

⑤ 당기순이익이 ₩20,000 감소함. 매출액이익률은 3.25%($\frac{50,000}{1,540,000}$)로 감소됨

⑥ 당기순이익이 ₩20,000 감소함. 주당순이익은 ₩100($\frac{50,000}{500주}$)으로 감소됨

⑦ 주당순이익이 감소됨에 따라 주가이익배수는 17.5배($\frac{1,750}{100}$)로 증가됨

〈표 1〉 미래가치계수

$$CVIF = (1+r)^n \ (n=기간, \ r=이자율)$$

n\r	1%	2%	3%	4%	5%	6%	7%	8%	9%	10%	11%	12%	13%	14%	15%	16%	17%	18%	19%	20%
1	1.01	1.02	1.03	1.04	1.05	1.06	1.07	1.08	1.09	1.1	1.11	1.12	1.13	1.14	1.15	1.16	1.17	1.18	1.19	1.2
2	1.0201	1.0404	1.0609	1.0816	1.1025	1.1236	1.1449	1.1664	1.1881	1.21	1.2321	1.2544	1.2769	1.2996	1.3225	1.3456	1.3689	1.3924	1.4161	1.44
3	1.0303	1.06121	1.09273	1.12486	1.15763	1.19102	1.22504	1.25971	1.29503	1.331	1.36763	1.40493	1.4429	1.48154	1.52088	1.5609	1.60161	1.64303	1.68516	1.728
4	1.0406	1.08243	1.12551	1.16986	1.21551	1.26248	1.3108	1.36049	1.41158	1.4641	1.51807	1.57352	1.63047	1.68896	1.74901	1.81064	1.87389	1.93878	2.00534	2.0736
5	1.05101	1.10408	1.15927	1.21665	1.27628	1.33823	1.40255	1.46933	1.53862	1.61051	1.68506	1.76234	1.84244	1.92541	2.01136	2.10034	2.19245	2.28776	2.38635	2.48832
6	1.06152	1.12616	1.19405	1.26532	1.3401	1.41852	1.50073	1.58687	1.6771	1.77156	1.87041	1.97382	2.08195	2.19497	2.33306	2.4364	2.56516	2.69955	2.83976	2.98598
7	1.07214	1.14869	1.22987	1.31593	1.4071	1.50363	1.60578	1.71382	1.82804	1.94872	2.07616	2.21068	2.35261	2.50227	2.66002	2.82622	3.00124	3.18547	3.37932	3.58318
8	1.08286	1.17166	1.26677	1.36857	1.47746	1.59385	1.71819	1.85093	1.99256	2.14359	2.30454	2.47596	2.65844	2.85259	3.05902	3.27841	3.51145	3.75886	4.02139	4.29982
9	1.09369	1.19509	1.30477	1.42331	1.55133	1.68948	1.83846	1.999	2.17189	2.35795	2.55804	2.77308	3.00404	3.25195	3.51788	3.80296	4.1084	4.43545	4.78545	5.15978
10	1.10462	1.21899	1.34392	1.48024	1.62889	1.79085	1.96715	2.15892	2.36736	2.59374	2.83942	3.10585	3.39457	3.70722	4.04556	4.41144	4.80683	5.23384	5.69468	6.19174
11	1.11567	1.24337	1.38423	1.53945	1.71034	1.8983	2.10485	2.33164	2.58043	2.85312	3.15176	3.47855	3.83586	4.22623	4.65239	5.11726	5.62399	6.17593	6.77667	7.43008
12	1.12683	1.26824	1.42576	1.60103	1.79586	2.0122	2.25219	2.51817	2.81266	3.13843	3.49845	3.89598	4.33452	4.8179	5.35025	5.93603	6.58007	7.28759	8.06424	8.9161
13	1.13809	1.29361	1.46853	1.66507	1.88565	2.12293	2.40985	2.71962	3.0658	3.45227	3.88328	4.36349	4.89801	5.49241	6.15279	6.88579	7.69868	8.59936	9.59645	10.6993
14	1.14947	1.31948	1.51259	1.73168	1.97993	2.2609	2.57853	2.93719	3.34173	3.7975	4.31044	4.88711	5.53475	6.26135	7.07571	7.98752	9.00745	10.1472	11.4198	12.8392
15	1.16097	1.34587	1.55797	1.80094	2.07893	2.39656	2.75903	3.17217	3.64248	4.17725	4.78459	5.47357	6.25427	7.13794	8.13706	9.26552	10.5387	11.9738	13.5895	15.407
16	1.17258	1.37279	1.60471	1.87298	2.18287	2.54035	2.95216	3.42594	3.97031	4.59497	5.31089	6.13039	7.06733	8.13725	9.35762	10.748	12.3303	14.129	16.1715	18.4884
17	1.1843	1.40024	1.65285	1.9479	2.29202	2.69277	3.15882	3.70002	4.32763	5.05447	5.89509	6.86604	7.98608	9.27646	10.7613	12.4677	14.4265	16.6723	19.2441	22.1861
18	1.19615	1.42825	1.70243	2.02582	2.40662	2.85434	3.37993	3.99602	4.71712	5.55992	6.54355	7.68997	9.02427	10.5752	12.3755	14.4625	16.879	19.6733	22.9005	26.6233
19	1.20811	1.45681	1.75351	2.10685	2.52695	3.0256	3.61653	4.3157	5.14166	6.11591	7.26334	8.61276	10.1974	12.0557	14.2318	16.7765	19.7484	23.2144	27.2516	31.948
20	1.22019	1.48595	1.80611	2.19112	2.6633	3.20714	3.86968	4.66096	5.60441	6.7275	8.06231	9.64629	11.5231	13.7435	16.3665	19.4608	23.1056	27.393	32.4294	38.3376

〈표 2〉 현재가치계수

$$CVIF = 1/(1+r)^n \ (n=기간, \ r=이자율)$$

r / n	1%	2%	3%	4%	5%	6%	7%	8%	9%	10%	11%	12%	13%	14%	15%	16%	17%	18%	19%	20%
1	0.9901	0.98039	0.97087	0.96154	0.95238	0.9434	0.93458	0.92593	0.91743	0.90909	0.9009	0.89286	0.88496	0.87719	0.86957	0.86207	0.8547	0.84746	0.84034	0.83333
2	0.9803	0.96117	0.9426	0.92456	0.90703	0.89	0.87344	0.85734	0.84168	0.82645	0.81162	0.79719	0.78315	0.76947	0.75614	0.74316	0.73051	0.71818	0.70616	0.69444
3	0.97059	0.94232	0.91514	0.889	0.86384	0.83962	0.8163	0.79383	0.77218	0.75131	0.73119	0.71178	0.69305	0.67497	0.65752	0.64066	0.62437	0.60863	0.59342	0.5787
4	0.96098	0.92385	0.88849	0.8548	0.8227	0.79209	0.7629	0.73503	0.70843	0.68301	0.65873	0.63552	0.61332	0.59208	0.57175	0.55229	0.53365	0.51579	0.49867	0.48225
5	0.95147	0.90573	0.86261	0.82193	0.78353	0.74726	0.71299	0.68058	0.64993	0.62092	0.59345	0.56743	0.54276	0.51937	0.49718	0.47611	0.45611	0.43711	0.41905	0.40138
6	0.94205	0.88797	0.83748	0.79031	0.74622	0.70496	0.66634	0.63017	0.59627	0.56447	0.53464	0.50663	0.48032	0.45559	0.43233	0.41044	0.38984	0.37043	0.35214	0.3349
7	0.93272	0.87056	0.81309	0.75992	0.71068	0.66506	0.62275	0.58349	0.54703	0.51316	0.48166	0.45235	0.42506	0.39964	0.37594	0.35383	0.3332	0.31393	0.29592	0.27908
8	0.92348	0.85349	0.78941	0.73069	0.67684	0.62741	0.58201	0.54027	0.50187	0.46651	0.43393	0.40388	0.37616	0.35056	0.3269	0.30503	0.28478	0.26604	0.24867	0.23257
9	0.91434	0.83676	0.76642	0.70259	0.64461	0.5919	0.54393	0.50025	0.46043	0.4241	0.39092	0.36061	0.33288	0.30751	0.28426	0.26295	0.2434	0.22546	0.20897	0.19381
10	0.90529	0.82035	0.74409	0.67556	0.61391	0.55839	0.50835	0.46319	0.42241	0.38554	0.35218	0.32197	0.29459	0.26974	0.24718	0.22668	0.20804	0.19106	0.1756	0.16151
11	0.89632	0.80426	0.72242	0.64958	0.58468	0.52679	0.47509	0.42888	0.38753	0.35049	0.31728	0.28748	0.2607	0.23662	0.21494	0.19542	0.17781	0.16192	0.14757	0.13459
12	0.88745	0.78849	0.70138	0.6246	0.55684	0.49697	0.44401	0.39711	0.35553	0.31863	0.28584	0.25668	0.23071	0.20756	0.18691	0.16846	0.15197	0.13722	0.124	0.11216
13	0.87866	0.77303	0.68095	0.60057	0.53032	0.46884	0.41496	0.3677	0.32618	0.28966	0.25751	0.22917	0.20416	0.18207	0.16253	0.14523	0.12989	0.11629	0.10421	0.09346
14	0.86996	0.75788	0.66112	0.57748	0.50507	0.4423	0.38782	0.34046	0.29925	0.26333	0.23199	0.20462	0.18068	0.15971	0.14133	0.1252	0.11102	0.09855	0.08757	0.07789
15	0.86135	0.74301	0.64186	0.55526	0.48102	0.41727	0.36245	0.31524	0.27454	0.23939	0.209	0.1827	0.15989	0.1401	0.12289	0.10793	0.09489	0.08352	0.07359	0.06491
16	0.85282	0.72845	0.62317	0.53391	0.45811	0.39365	0.33873	0.29189	0.25187	0.21763	0.18829	0.16312	0.1415	0.12289	0.10686	0.09304	0.0811	0.07078	0.06184	0.05409
17	0.84438	0.71416	0.60502	0.51337	0.4363	0.37136	0.31657	0.27027	0.23107	0.19784	0.16963	0.14564	0.12522	0.1078	0.09293	0.08021	0.06932	0.05998	0.05196	0.04507
18	0.83602	0.70016	0.58739	0.49363	0.41552	0.35034	0.29586	0.25025	0.21199	0.17986	0.15282	0.13004	0.11081	0.09456	0.08081	0.06914	0.05925	0.05083	0.04367	0.03756
19	0.82774	0.68643	0.57029	0.47464	0.39573	0.33051	0.27651	0.23171	0.19449	0.16351	0.13768	0.11611	0.09806	0.08295	0.07027	0.05961	0.05064	0.04308	0.0367	0.0313
20	0.81954	0.67297	0.55368	0.45639	0.37689	0.3118	0.25842	0.21455	0.17843	0.14864	0.12403	0.10367	0.08678	0.07276	0.0611	0.05139	0.04328	0.03651	0.03084	0.02608

〈표 3〉 연금 현재가치계수 주관식

$$PVIFa = (1 - PVIF)/r \quad (n = 기간, r = 이자율)$$

r／n	1%	2%	3%	4%	5%	6%	7%	8%	9%	10%	11%	12%	13%	14%	15%	16%	17%	18%	19%	20%
1	0.9901	0.98039	0.97087	0.96154	0.95238	0.9434	0.93458	0.92593	0.91743	0.90909	0.9009	0.89286	0.88496	0.87719	0.86957	0.86207	0.8547	0.84746	0.84034	0.83333
2	1.9704	1.94156	1.91347	1.88609	1.85941	1.83339	1.80802	1.78326	1.75911	1.73554	1.71252	1.69005	1.6681	1.64666	1.62571	1.60523	1.58521	1.56564	1.5465	1.52778
3	2.94099	2.88388	2.82861	2.77509	2.72325	2.67301	2.62432	2.5771	2.53129	2.48685	2.44371	2.40183	2.36115	2.32163	2.28323	2.24589	2.20958	2.17427	2.13992	2.10648
4	3.90197	3.80773	3.7171	3.6299	3.54595	3.46511	3.38721	3.31213	3.23972	3.16987	3.10245	3.03735	2.97447	2.91371	2.85498	2.79818	2.74324	2.69006	2.63859	2.58873
5	4.85343	4.71346	4.57971	4.45182	4.32948	4.21236	4.1002	3.99271	3.88965	3.79079	3.6959	3.60478	3.51723	3.43308	3.35216	3.27429	3.19935	3.12717	3.05763	2.99061
6	5.79548	5.60143	5.41719	5.24214	5.07569	4.91732	4.76654	4.62288	4.48592	4.35526	4.23054	4.11141	3.99755	3.88867	3.78448	3.68474	3.58918	3.4976	3.40978	3.32551
7	6.72819	6.47199	6.23028	6.00205	5.78637	5.58238	5.38929	5.20637	5.03295	4.86842	4.7122	4.56376	4.42261	4.2883	4.16042	4.03857	3.92238	3.81153	3.7057	3.60459
8	7.65168	7.32548	7.01969	6.73274	6.46321	6.20979	5.9713	5.74664	5.53482	5.33493	5.14612	4.96764	4.79877	4.63886	4.48732	4.34359	4.20716	4.07757	3.95437	3.83716
9	8.56602	8.16224	7.78611	7.43533	7.10782	6.80169	6.51523	6.24689	5.99525	5.75902	5.53705	5.32825	5.13166	4.94637	4.77158	4.60654	4.45057	4.30302	4.16333	4.03097
10	9.4713	8.98259	8.5302	8.1109	7.72173	7.36009	7.02358	6.71008	6.41766	6.14457	5.88923	5.65022	5.42624	5.21612	5.01877	4.83323	4.6586	4.49409	4.33893	4.19247
11	10.3676	9.78685	9.25262	8.76048	8.30641	7.88687	7.49867	7.13896	6.80519	6.49506	6.20652	5.9377	5.68694	5.45273	5.23371	5.02864	4.83641	4.65601	4.4865	4.32706
12	11.2551	10.5753	9.954	9.38507	8.86325	8.38384	7.94269	7.53608	7.16073	6.81369	6.49236	6.19437	5.91765	5.66029	5.42062	5.19711	4.98839	4.79322	4.6105	4.43922
13	12.1337	11.3484	10.635	9.98565	9.39357	8.85268	8.35765	7.90378	7.4869	7.10336	6.74987	6.42355	6.12181	5.84236	5.58315	5.34233	5.11828	4.90951	4.71471	4.53268
14	13.0037	12.1063	11.2961	10.5631	9.89864	9.29498	8.74547	8.24424	7.78615	7.36669	6.98187	6.62817	6.30249	6.00207	5.72448	5.46753	5.2293	5.00806	4.80228	4.61057
15	13.8651	12.8493	11.9379	11.1184	10.3797	9.71225	9.10791	8.55948	8.06069	7.60608	7.19087	6.81086	6.46238	6.14217	5.84737	5.57546	5.32419	5.09158	4.87586	4.67547
16	14.7179	13.5777	12.5611	11.6523	10.8378	10.1059	9.44665	8.85137	8.31256	7.82371	7.37916	6.97399	6.60388	6.26506	5.95423	5.6685	5.40529	5.16235	4.9377	4.72956
17	15.5623	14.2919	13.1661	12.1657	11.2741	10.4773	9.76322	9.12164	8.54363	8.02155	7.54879	7.11963	6.72909	6.37286	6.04716	5.7487	5.47461	5.22233	4.98966	4.77463
18	16.3983	14.992	13.7535	12.6593	11.6896	10.8276	10.0591	9.37189	8.75563	8.20141	7.70162	7.24967	6.83991	6.46742	6.12797	5.81785	5.53385	5.27316	5.03333	4.81219
19	17.226	15.6785	14.3238	13.1339	12.0853	11.1581	10.3356	9.6036	8.95011	8.36492	7.83929	7.36578	6.93797	6.55037	6.19823	5.87746	5.58449	5.31624	5.07003	4.8435
20	18.0456	16.3514	14.8775	13.5903	12.4622	11.4699	10.594	9.81815	9.12855	8.51356	7.96333	7.46944	7.02475	6.62313	6.25933	5.92884	5.62777	5.35275	5.10086	4.86958

저자 소개

강내철_ nckang@hongik.ac.kr

경영학 박사
공인회계사
금융감독원 회계자문 교수
홍익대학교 상경학부 교수

김수인_ suinkim@hongik.ac.kr

경영학 박사
공인회계사
삼일회계법인
홍익대학교 상경학부 조교수

허진숙_ jinsukheo@hongik.ac.kr

경영학 박사
공인회계사
국세공무원교육원심의위원
삼정회계법인
홍익대학교 상경학부 조교수

K-IFRS를 반영한 회계원리

초판 발행 2015년 2월 27일
7판 발행 2024년 2월 20일

저 자 강내철 · 김수인 · 허진숙
펴낸이 임순재
펴낸곳 (주)한올출판사
등 록 제11-403호
주 소 서울시 마포구 모래내로 83(성산동 한올빌딩 3층)
전 화 (02) 376-4298(대표)
팩 스 (02) 302-8073
홈페이지 www.hanol.co.kr
e-메일 hanol@hanol.co.kr
ISBN 979-11-6647-432-3